U0693173

# 理论思维的追寻

## 与

# 爱智之忱的弘扬

### 黑龙江大学哲学专业本科生优秀论文集
### （2007—2017）

蒋红雨 ◆ 主编

孙美晖　周来顺 ◆ 副主编

黑龙江大学出版社
HEILONGJIANG UNIVERSITY PRESS
哈尔滨

**图书在版编目（CIP）数据**

理论思维的追寻与爱智之忱的弘扬：黑龙江大学哲学专业本科生优秀论文集：2007-2017 / 蒋红雨主编. — 哈尔滨：黑龙江大学出版社，2024.4（2025.4 重印）
ISBN 978-7-5686-1064-3

Ⅰ．①理… Ⅱ．①蒋… Ⅲ．①哲学—文集 Ⅳ．
① B-53

中国国家版本馆 CIP 数据核字（2023）第 254292 号

理论思维的追寻与爱智之忱的弘扬——黑龙江大学哲学专业本科生优秀论文集（2007—2017）
LILUN SIWEI DE ZHUIXUN YU AIZHIZHICHEN DE HONGYANG——HEILONGJIANG DAXUE ZHEXUE ZHUANYE BENKESHENG YOUXIU LUNWENJI（2007—2017）
蒋红雨　主编　孙美晖　周来顺　副主编

责任编辑　陈连生　张琳琳
出版发行　黑龙江大学出版社
地　　址　哈尔滨市南岗区学府三道街 36 号
印　　刷　三河市金兆印刷装订有限公司
开　　本　720 毫米 ×1000 毫米　1/16
印　　张　19.25
字　　数　329 千
版　　次　2023 年 12 月第 1 版
印　　次　2025 年 4 月第 2 次印刷
书　　号　ISBN 978-7-5686-1064-3
定　　价　78.00 元

本书如有印装错误请与本社联系更换，联系电话：0451-86608666。

**版权所有　侵权必究**

# 序

  黑龙江大学哲学学院前身是黑龙江大学哲学系,始建于 1958 年。由于学科门类的不断扩大,1994 年更名为哲学与行政管理系,2000 年更名为哲学与公共管理学院。出于学科发展建设与人才培养的需要,2012 年在哲学与公共管理学院主体的基础上,分别成立哲学学院与政府管理学院。目前,哲学学院下设一个本科专业:哲学专业。历经多年建设发展,哲学专业在人才培养等方面达到国内一流专业水平。2008 年哲学专业获批"国家级特色专业"建设点,2009年"哲学基础理论人才培养模式创新实验区"获批成为国家级人才培养模式创新实验区,2012 年哲学专业成为教育部、财政部支持的高等学校省级"专业综合改革试点"专业,2019 年哲学专业入选首批"双万计划"国家一流专业。哲学专业是黑龙江省级重点专业,黑龙江大学基础学科拔尖学生培养计划 2.0 试点专业,并于 2023 年入选黑龙江首批省级基础学科高水平培养基地。

  学院师资力量雄厚,现有专任教师 46 人,其中教授职称的 20 人,博士生导师 18 人,硕士生导师 34 人。学院有 2 人获国家级教学名师奖,1 人入选新世纪百千万人才工程,1 人入选国家高层次人才特殊支持计划,4 人为马克思主义理论研究和建设工程首席专家,1 人入选全国宣传文化系统"四个一批"理论人才,2 人入选教育部新世纪优秀人才支持计划,2 人获得全国模范教师称号,3人获霍英东教育基金会青年教师奖,1 人入选中宣部宣传思想文化青年英才,3人获得黑龙江省教学名师奖,3 人获评黑龙江省优秀教师,1 人获评黑龙江省课程思政教学名师,2 个省级优秀研究生导师团队(马克思主义哲学、中国哲学),4 人受聘为"龙江学者"特聘教授,1 人入选黑龙江省文史馆员,2 人获得黑龙江省青年五四奖章,7 人获得黑龙江省师德先进个人称号。

  哲学学院学科建设处于省内领先水平,在全国居于高水平行列。哲学一级学科在 2012 年教育部学科排名中,与清华大学、浙江大学并列全国第 7 位,在 2017 年教育部学科评估中进入 B+(前 10%~20%)行列。哲学学科拥有哲学博士后流动站、哲学一级学科博士学位授予权、哲学一级学科硕士学位授予权,开设了马克思主义哲学、中国哲学、外国哲学、宗教学、伦理学、美学、科学技术哲学、文化哲学、管理哲学、国学 10 个二级学科博士点,开设了哲学(一级学科)、马克思主义哲学、中国哲学、外国哲学、宗教学、伦理学、美学、科学技术哲学、文化哲学、管理哲学、国学 11 个二级学科硕士点。马克思主义哲学学科为国家重点培育学科,马克思主义哲学、中国哲学、外国哲学学术梯队为省级领军人才梯队。

哲学学院在学术研究方面取得了令人瞩目的成绩。近年来,在科研项目上,承担马克思主义理论研究和建设工程重大项目与国家哲学社会科学基金重大项目 3 项,承担国家社科基金项目、教育部人文社会科学研究规划基金项目等共 160 余项,获得科研经费共 1500 余万元。在科研获奖上,先后获中国高校人文社科优秀成果奖、黑龙江省社会科学优秀科研成果奖等国家级、省部级奖励 130 余项。在论文发表上,先后在 A&HCI 期刊《中国社会科学》《哲学研究》《哲学动态》《马克思主义研究》等具有全球影响力的重要期刊发表学术论文共 600 余篇。在著作出版上,先后在人民出版社、商务印书馆、社会科学文献出版社等权威出版社出版学术专著近 100 部。同时,以学院为依托,建有黑龙江省首批重点培育智库——黑龙江省文化发展战略研究中心、黑龙江省哲学社会学科重点研究基地——黑龙江省马克思主义哲学研究基地、中共中央编译局共建基地——黑龙江大学文化发展战略研究基地、黑龙江省首批协同创新中心——新时代中国特色社会主义文化理论与实践协同创新中心、黑龙江省高校人文社会科学重点研究基地——黑龙江大学文化哲学研究中心、中国近现代思想文化研究中心等。

哲学学院在教学质量建设方面成绩突出,哲学专业是首批国家一流专业建设点,拥有 2 个国家级教学团队(马克思主义哲学教学团队、中国哲学核心课程教学团队),3 门国家级精品课程(马克思主义哲学史、中国哲学史、西方哲学史),1 门国家级精品资源共享课(中国哲学史),1 门国家级精品视频公开课(哲学的魅力),1 门国家级一流本科课程,3 门省级精品课程(逻辑学、伦理学原理、中国哲学经典著作导读),1 门省级一流课程(西方哲学史),承担马克思主义理论和研究工程重点教材 2 部(《中国伦理思想史》《当代西方哲学思潮评析》)。基于学院在人才培育模式与课程建设探索领域取得的成果,先后获国家级优秀教学成果奖、教育部首批新文科研究与改革实践项目等。

学院旨在培养具有坚定正确的政治方向,扎实的哲学专业基础知识,较强的理论思维能力和能够运用哲学思维认识、分析理论及现实问题的能力,良好的人文基础和自然科学素养,强烈的社会责任感和宽广的国际视野,良好的人际沟通和社会交往能力,善于合作的团队意识和一定的创新、创业能力的专门型、复合型人才。学院在注重人才知识技能培养的同时,也注重对学生家国情怀与爱国主义的培养。学院始终立足于为党育人、为国育才,2022 年学院党总支入选"全国党建工作标杆院系"培育创建单位,学院教工第二党支部入选"全国党建工作样板支部"培育创建单位。

哲学总在途中,哲学是开放的、反思的、批判的,哲学不是独白而是对话,不是名词而是动词,不是冥想而是践行。哲学学院始终以"爱智致用、批判创新"为院训,以"传承延安精神,崇尚科学理性;秉持务实奉献,共襄和谐发展"为院风,以"夯实基础、彰显个性,立足实践、服务社会"为人才培养理念。立足时代潮头,服务国家需要与时代要求,持续探索人才培养的路径,切实提升人才培养的质量。本论文集收录了多篇 2007 至 2017 级本科生优秀毕业论文,既是近年来学院注重内涵式发展建设的阶段性成果,也是教学改革成效与人才培养质量的集中展现。这些论文涉及马克思主义哲学、中国哲学、外国哲学、文化哲学、宗教学、科技哲学、逻辑学、伦理学、美学等多个领域。学院将以此次优秀论文出版为契机,进一步探索人才培养方案、完善教学管理机制、提升教学服务水平、加快师资队伍建设、强化优秀教材建设,为培育更多优秀人才而努力。

论文集的编写与出版得到黑龙江大学教务处、重点建设与发展工作处的大力支持,并得到教育部首批新文科研究与改革实践项目"新文科背景下哲学学科拔尖创新人才培养改革研究与实践"(2021080013)、黑龙江省地方高校 101 计划建设项目——黑龙江大学哲学基础学科高水平培养基地、黑龙江省新文科研究与改革实践项目:新文科背景下哲学学科拔尖创新人才培养创新与实践(2021HLJXWZ018)、黑龙江大学顶石示范课程"当代哲学前沿专题"等项目给予的出版经费支持。

# 目　录

## 伦理学与逻辑学

马克思主义哲学

# 马克思《1844 年经济学哲学手稿》中的实践观研究

王德莉

## 前言

马克思的早期实践观是马克思主义理论的重要组成部分,也是一份伟大的理论遗产,《1844 年经济学哲学手稿》(以下简称《手稿》)作为一部马克思早期的未完成著作,书中的思想内容自然也应当引起广泛的重视。自从 1932《手稿》年正式公开发表以来,它已经历经了许多的洗礼,关于它的各种争论也一直没有停止。国内和国外的学者针对《手稿》的性质和地位以及其主要的思想和内容提出了各种不同的观点,并进行了深入的探讨和研究,形成了百家争鸣的局面。学界对于《手稿》的争论,一方面因为《手稿》本身丰富庞杂的思想内容,另一方面也是由于《手稿》那容易混淆人们思路的支离的形式。总之,对于《手稿》各方面的研究是纷繁复杂的,很难达成一致。在一段时间内,许多学者只是通过对"异化劳动"理论的解读来对《手稿》中的思想内容进行研究,而忽视了《手稿》中其他的重要思想,没有对《手稿》中马克思哲学的创新性从全篇和整体上来理解和掌握,较为片面。其实,马克思在《手稿》中,对其实践观也可以称之为新哲学的基石已经做了基本成熟的论述,他把"实践"看作物质生产活动,认为实践是以现实的人在社会中的实际生存和其他的一切社会活动作为基础的,是人的感性活动,是自由自觉的。国内外的学者对马克思主义哲学都有一个共同的认识,那就是马克思主义学说的基本特征是具有实践性。对于实践,不同的学者从不同的角度提出了不同的观点和看法，同时许多学者也对马克思的实践做了诸多的说明和界定，但是，目前为止都没有一个观点得到普遍的认可。因此，《手稿》中的实践观点是应当引起重视的。本文的主要目的就是深入了解、探究《手稿》中马克思的实践观的内涵和本质，以及厘清《手稿》在马克思的早期思想发展历程中的重要历史地位，从而更好地认识《手稿》中的马克思实践观思想。

# 一、马克思实践观的萌芽时期

任何一种理论体系的形成都要经历一个循序渐进的过程，都是在总结前人思想的基础上不断地突破，形成新的观点而逐渐完善的。马克思当然也不例外，他的思想的形成必然也是有一个不断进步的历程的。

## （一）博士论文时期的实践观

1835 年 10 月到 1841 年 3 月是马克思的大学时期，这段时间可以初见马克思的实践观的萌芽，此时的实践观主要是处于理论批判的阶段。正处于成长时期的马克思的思想还不够成熟，因此，马克思的思想波动很大，这也是一种正常的表现。由于认识到康德和费希特的学说是抽象的、远离现实生活的，用他们的学说不但不能正确地认识现实，而且与现实有很大的矛盾，也无法克服理想与现实、应有与现有之间存在的矛盾，因此马克思开始对黑格尔的思想产生兴趣，并对其进行研究，后来加入了青年黑格尔派，希望可以从现实本身中寻找到答案。在这样的前提下，马克思第一次使用了"实践"的观念，他在博士论文《德谟克利特的自然哲学和伊壁鸠鲁的自然哲学的差别》中指出："一个本身自由的理论精神变成实践的力量，并且作为一种意志走出阿门塞斯的阴影王国，转而面向那存在于理论精神之外的世俗的现实，——这是一条心理学的规律……不过哲学的实践本身是理论的。正是批判从本质上衡量个别存在，而从观念上衡量特殊的现实。"①从这段话中可以看出,此时马克思所理解的"实践"还是理论上的实践,他只是把实践看作理论批判活动,还是处于一种精神或观念层面上的实践当中,没有突破思维的限制,是一种典型的唯心主义。

### (二)莱茵报时期的实践观

大学毕业之后,马克思在大学取得教职的愿望没有实现,于是他参加了编辑出版《莱茵报》的工作。走出校园,加入《莱茵报》的马克思,开始接触社会,卷入政治斗争之中。在《莱茵报》工作的过程中,马克思不断地接触到一些社会中普遍存在着的实际问题,这些问题引发了他对现实的深刻反思,此时的马克思在思想上有了很大的转变。一方面,和之前相比,马克思此时发表的文章发生了很大的变化,他的着眼点不再局限于抽象的哲学领域,着重于理论上的表述,而是注重对实际存在的经济、政治、社会历史领域的研究,在现实生活中探寻答案;另一方面,马克思逐渐地认识到现存的政治制度有很大的缺陷,在这种统治下下层人民群众的物质利益很难得到保障,而要改变这种现状,仅仅依靠理论的批判是行不通的,因为思想本身存在着局限性,只有在现实世界中寻找到支持,通过现实的手段才能使这种现状发生改变,此时的马克思处于一种对旧制度不妥协的革命民主主义立场之中。同时,马克思逐渐地认识到黑格尔的思想有很大的缺陷,对其产生了怀疑,并且和布·鲍威尔的主观唯心主义思想发生了冲突。马克思指明:"正确的理论必须结合具体情况并根据现存条件加以阐明和发挥。"②"少发些不着边际的空论,少唱些高调,少来些自我欣赏,多说些明确的意见,多注意一些具体的现实,多提供一些实际的知识。"③可以说,此时马克思通过政治批判逐渐地走出唯心主义的桎梏,并意识到要深入现实之中寻求解决的方法。

---

① 《马克思恩格斯全集》第40卷,人民出版社1982年版,第258页。
② 《马克思恩格斯全集》第27卷,人民出版社1972年版,第433页。
③ 《马克思恩格斯全集》第27卷,人民出版社1972年版,第436页。

### （三）德法年鉴时期的实践观

《莱茵报》被迫停办后，马克思专心投入写作之中，同时他和青年黑格尔派划清了界限，并且批判了黑格尔的思想和布·鲍威尔的主观唯心主义思想，他本人也从唯心主义向唯物主义迈出了重要的一步。这期间，他相继完成了许多著作，其中《黑格尔法哲学批判》《论犹太人问题》《〈黑格尔法哲学批判〉导言》的内容深刻，对世人的影响颇深。在此，将对这三部著作中具有马克思实践观思想萌芽意味的理论内容进行集中论述。在《黑格尔法哲学批判》中，马克思对家庭和市民社会与国家的关系做出了说明，他指出："实际上，家庭和市民社会是国家的前提，它们才是真正的活动者；而思辨的思维却把这一切头足倒置。"①"国家分为家庭和市民社会是一种理想的，即必然的属于国家本质的划分。家庭和市民社会是国家的真正的构成部分，是意志所具有的现实的精神实在性，它们是国家存在的方式。家庭和市民社会本身把自己变成国家。它们才是原动力。"②黑格尔认为，现实的理念产生出家庭和市民社会。马克思对此并不赞同，在他看来，家庭和市民社会才是决定者，应该是家庭和市民社会决定国家。可以看出，马克思认为家庭和市民社会是更重要的部分，他更加注重的是现实，强调物质的重要性，而不再仅仅提倡精神。在《论犹太人问题》中，马克思着重对政治解放和人类解放二者之间的关系做出了分析，他指出："政治解放和宗教的关系问题已经成了政治解放和人类解放的关系问题。"③他如此表述，很可能是要强调人类解放的过程是需要逐渐进行的，不可能一蹴而就，正像宗教解放一样，存在于人心中的宗教信仰是根深蒂固的，不可能一下子就消失、不存在，人类解放也不可能马上就实现，需要一个渐进的过程。他还指出："既然你们不必完全和无条件地放弃犹太教，也可以在政治上获得解放，那就说明，政治解放本身还不是人类解放。"④可以看出，政治解放不能等同于人类解放，因为人类解放是彻底的解放，要真正实现人的自由，最终目的是消灭私有制，消灭剥削、压

---

① 《马克思恩格斯全集》第 1 卷，人民出版社 1956 年版，第 250—251 页。
② 《马克思恩格斯全集》第 1 卷，人民出版社 1956 年版，第 251 页。
③ 《马克思恩格斯全集》第 1 卷，人民出版社 1956 年版，第 425 页。
④ 《马克思恩格斯全集》第 1 卷，人民出版社 1956 年版，第 435 页。

迫,而政治解放是不彻底的解放,在当时而言,只是流于表面的,只要从表面上看摆脱了宗教对它的束缚就算完成了。马克思对政治解放和人类解放的表述说明,他研究问题已经更加深入事物的本质。在《〈黑格尔法哲学批判〉导言》中,马克思对理论批判和现实斗争进行了说明,他指出:"批判的武器当然不能代替武器的批判,物质力量只能用物质力量来摧毁;但是理论一经掌握群众,也会变成物质力量。"①从这句话中可以看出,在他看来,理论批判只是一种必要的手段,现实斗争才是目的本身,他此时已经把实践理解为不只是思想上的活动,而且是物质上的活动。马克思的实践观在这一阶段有了很大的进展。

马克思从博士论文到《德法年鉴》这段时间内,对实践的理解发生了很大的变化,有了很大的进展。他从最初单纯的理论批判走向关注现实社会的政治批判,又走向对现实进行深刻反思的实际斗争,要求理论批判与现实斗争相联系,理论的批判最终转为革命的实践。在此基础上,他为了更进一步找到真正的、明确的方向,在《手稿》中转向了对政治经济学的研究,"异化劳动"理论,是他站在无产阶级的立场上对资产阶级进行批判和对资产阶级政治经济学潜心研究的产物。同时,为了消除异化现象并扬弃异化,为了实现共产主义理想的最终目标、促进无产阶级的兴起,为了人的主体性的复归,真正地恢复和占有自己的本性,马克思以异化劳动理论为出发点,初步阐述了他的实践观思想。

## 二、马克思《手稿》中的实践观

《手稿》是马克思 1844 年 4—8 月间在巴黎写的一部手稿,它本身是不完整的、尚未完成的,从《手稿》的序言中可以看出,它只是马克思当时设想的庞大写作计划中的一部分,马克思本人也并没有给出明确的标题,他生前《手稿》也并未发表,《手稿》的标题是 1932 年在苏联首次全文发表时编者根据内容添加的。《手稿》很长一段时间内没有受到重视,甚至不为人所知晓。直到 1927 年,《手稿》的部分内容才在《马克思恩格斯文库》中发表,后重印于 1929 年出版的《马克思恩格斯全集》俄文第 3 版上,标题为《〈神圣家族〉的准备材料》。后来,历

---

① 《马克思恩格斯全集》第 1 卷,人民出版社 1956 年版,第 460 页。

经了许多波折，1932 年，《手稿》在德国人齐·朗兹胡特和迈耶尔主编的《历史唯物主义：卡尔·马克思早期著作》中发表，但是也并不是完整的。同年稍晚，《手稿》以现在的标题被全文整理收入苏联马克思恩格斯列宁研究院编辑出版的德文版《马克思恩格斯全集》的第三卷中并发表。《手稿》一经发表就因为思想内容的深刻和丰富引起了人们对它的高度重视，同时由于人们在理解上存在差异，因此，引起了极其激烈的争论。几十年来，学界对《手稿》的探讨和研究持续不断，世界多个国家的学者都参与其中，既涉及对整个马克思主义的重新探讨，又涉及对各个领域，包括哲学、经济、政治、社会、历史、美学等的理论和实践领域的研究和讨论，对它的研讨的深度和规模在马克思主义研究史上是少见的，可以说已经成为一种世界性的思潮，由此可见《手稿》中思想内容的庞杂性和重要性，因此，对其进行深入探寻是必要的。要想深入研究一部著作中的思想内容，对其写作背景的初步了解是必不可少的，因此，下面将对《手稿》的写作的历史背景做出论述。

（一）《手稿》写作的历史背景

十九世纪上半叶，西欧许多国家的资本主义迅速发展，在英国，工业革命已经完成，在法国，工业革命正在进行，在德国，工业革命也已经开始。这一时期，在西欧的主要资本主义国家中，工业生产占据国民经济的统治地位，并且成倍地增长。英国和法国的资产阶级都取得了主导地位，夺得了政权，德国的资产阶级也尽力地寻求统治地位并努力获取政权，此时，资本主义正扩张至整个欧洲甚至全世界。然而，工业革命产生一个资产阶级的同时也产生了一个无产阶级，二者的关系是密切的。伴随着资本的不断积累，资本主义的不断发展，资产阶级与无产阶级之间的矛盾也逐渐显现，它们的阶级关系日渐明显，随着两者之间矛盾的激化和日益尖锐，资本主义制度本身的根本缺陷也逐渐显现出来，那就是：这种制度根本不尊重人，不在乎人，不把人当作人来看待，人甚至连机器都不如，造成了严重的异化状态。其实，资产阶级和无产阶级都处于这种异化状态之中，不同的是，无产阶级在这种异化状态之中受到的伤害更大一些，因为无产阶级始终处于一种被剥削、被压迫、被奴役的地位，生活在一个满是痛苦和绝望的社会中，他们渴望改变现状却无能为力，而资产阶级始终处于一种主导统治的地位之中,他们在这个过程中感到自己是被肯定的,并享受这种状态。从这样的情况来看,资产阶级是更可悲的,他们处于这种异化之中无法自拔。因为无产阶级在社会中的处境变得无比艰难,所以这种阶级矛盾被彻底地激化,导致工人阶级起义的不断爆发,比如 1831 年和 1834 年法国里昂工人的两次起义,持续长达十几年的英国工人"宪章运动"以及 1844 年德国西里西亚纺织工人起义。这些工人起义具有变革的精神,但是缺乏科学的理论思想的指导,最终没有取得成功,也没有完成推翻资产阶级统治的使命。马克思的《手稿》就是立足于这种时代背景之中,通过深入观察、了解和研究工人阶级的劳动以及生活现状,为满足无产阶级反对资产阶级斗争的需要,帮助无产阶级获得最终的解放而产生的。

### (二)《手稿》中实践观的内涵

《手稿》是马克思通过深入研究国民经济学家们的大量著作,重点考察资本主义社会"当前的经济事实"而写出的一部重要的政治经济学哲学著作。在《手稿》中,他通过对"异化"这一概念的分析,不仅深刻批判了资本主义制度,而且在实践观上有了巨大飞跃。简单来说,马克思《手稿》中的实践观可以归结为以下三点:

#### 1. 实践:异化的扬弃

在《手稿》的笔记本Ⅰ中,马克思揭露和分析了资本主义社会条件下三种不同的收入形式(即工资、资本的利润、地租)以及所对应的三类人(即工人、资本家、土地所有者)的不同的命运和生活境况,以此揭示出资本主义的本质,指出资本主义社会中的基本矛盾,批判国民经济学家们的主张。在此基础上,他"从当前的经济事实出发"提出了"异化劳动"的思想,从理论上论述了异化劳动的四个规定性。第一,人同自己的劳动产品相异化。工人生产出来的产品不仅不属于他自身,而且是与他自身相对立的存在,工人生产出来的产品越多,他就越贫穷,他丧失的东西就越多,也就是说,"工人同自己的劳动产品的关系就是同一个异己的对象的关系……工人在劳动中耗费的力量越多,他亲手创造出来反对自身的、异己的对象世界的力量就越强大,他自身、他的内部世界就越贫乏,归他所有的东西就越少"①。第二，人同自己的生命活动相异化。工人不是出于真心地、自愿地进行劳动，是不得已地进行劳动，因此，工人在劳动的过程中是极其痛苦的。"他在自己的劳动中不是肯定自己，而是否定自己，不是感到幸福，而是感到不幸，不是自由地发挥自己的体力和智力，而是使自己的肉体受折磨、精神遭摧残。"②第三，人同自己的类本质相异化。为了维持基本的生存需要，工人不得不一直劳动，但是他只是为了生活而处于一种麻木的劳动之中，完全没有自己的感受。工人在劳动中完全丧失了自我，他作为人的机能已经不存在，他甚至连动物都不如。"异化劳动使人自己的身体，以及在他之外的自然界，他的精神本质，他的人的本质同人相异化。"③第四，人同人相异化。这种状态下，工人不能称为人，他已经完全丧失了人的机能，沦为一种完全异己的存在物。"当人同自身相对立的时候，他也同他人相对立。凡是适用于人同自己的劳动、自己的劳动产品和自身的关系的东西，也都适用于人同他人、同他人的劳动和劳动对象的关系。"④

　　马克思并没有像论述异化劳动的四个规定性时那样，详细地阐述如何才能对异化劳动进行扬弃，但是他在《手稿》中留下了一些非常有意义而且极其深刻的语句，这些话为我们探索异化劳动的扬弃指明了关键所在。如，"自我异化的扬弃同自我异化走的是一条道路"⑤。这句话表明，产生异化的条件本身蕴含着异化扬弃的途径，异化劳动的扬弃跟异化劳动的产生和发展的途径是相同的。"异化借以实现的手段本身就是实践的。"⑥也就是说，异化扬弃的途径应当从现实中、从社会历史中寻找。资本主义条件下的社会分工和私有财产产生的结果是异化劳动，因此，要扬弃异化劳动，就必须扬弃资本主义条件下的社会分工和私有财产，这体现出异化劳动产生和发展的现实条件本身就蕴含着异化劳动被扬弃的必然性。从社会历史发展的角度来看，资本主义必然会灭亡，共产主义必然会胜利。异化劳动产生的政治根源来自资产阶级的统治，只有消灭资产阶级，才能扬弃异化。消灭资产阶级的途径是无产阶级的兴起，也就是共产主

---

① 《马克思恩格斯全集》第 42 卷，人民出版社 1979 年版，第 91 页。
② 《马克思恩格斯全集》第 42 卷，人民出版社 1979 年版，第 93 页。
③ 《马克思恩格斯全集》第 42 卷，人民出版社 1979 年版，第 97 页。
④ 《马克思恩格斯全集》第 42 卷，人民出版社 1979 年版，第 98 页。
⑤ 《马克思恩格斯全集》第 42 卷，人民出版社 1979 年版，第 117 页。
⑥ 《马克思恩格斯全集》第 42 卷，人民出版社 1979 年版，第 99 页。

义运动。因此，异化劳动扬弃的途径就是共产主义，应该坚定不移地走共产主义道路。而共产主义对资本主义条件下的社会分工和私有财产的扬弃，不仅需要理论上的指导，更需要实践上的指导，只有这样才能在实际行动中取得胜利，正如马克思所说："要消灭私有财产的思想，有共产主义思想就完全够了。而要消灭现实的私有财产，则必须有现实的共产主义行动。"①社会历史的发展前进将会促使共产主义运动的进行，在思想上，我们已经认识到这种自我扬弃运动的必要性，这一运动在我们的思想中不断演练着，但是实际的进程必然会是极其艰难而漫长的。只有在成熟的现实条件下才能够完成对异化劳动的扬弃，因此，需要一个不断实践的历程。换句话说，异化的扬弃是一个不断发展的过程，是要在理论的基础上不断地通过现实的实践才能够完成的。

**2. 实践：共产主义运动的实现**

在《手稿》中，马克思从异化劳动理论出发，分析了各种共产主义学说，并进行了批判。在他看来，这些共产主义学说仅仅是在理论上或是从空想主义者的角度来理解共产主义，它们脱离人类社会历史的发展进程，是不彻底的，它们还深受私有财产的束缚，不了解私有制的本质。在此基础上，马克思在《手稿》中明确论述了他理解的共产主义的基本思想，他指出："共产主义是私有财产即人的自我异化的积极的扬弃，因而是通过人并且为了人而对人的本质的真正占有；因此，它是人向自身、向社会的（即人的）人的复归，这种复归是完全的、自觉的而且保存了以往发展的全部财富的。这种共产主义，作为完成了的自然主义，等于人道主义，而作为完成了的人道主义，等于自然主义，它是人和自然界之间、人和人之间的矛盾的真正解决，是存在和本质、对象化和自我确证、自由和必然、个体和类之间的斗争的真正解决。它是历史之谜的解答，而且知道自己就是这种解答。"②根据这段话，可以看出，马克思所理解的共产主义不是一种乌托邦式的美好愿望，而是建立在扬弃私有财产和实现人的解放的基础之上的社会历史发展的必然性结果。也就是说，共产主义最终得以实现的基本要求就是消灭私有财产和扬弃自我异化，但并不是完全否定私有财产运动和人的自我异化过程中产生的积极影响，而是在此基础上实现人的解放，找回人已经丧失

---

① 《马克思恩格斯全集》第42卷，人民出版社1979年版，第140页。
② 《马克思恩格斯全集》第42卷，人民出版社1979年版，第120页。

的本质。实现人的本质的复归，并不是要恢复到人类最初的原始状态，不是对现存的全部的文化和文明世界的单纯的否定，而是在保留以往发展的全部成果的基础上进到一个更高的发展阶段。这种共产主义的实现是继承以往一切积极成果的基础上的更高层次的发展，是对以往一切问题的清算，是在实践的基础上不断发展的结果。马克思从现实和实践出发，以他独特的自然主义和人道主义的理解，阐述了共产主义的价值和归宿。

### 3. 实践：人的主体性的复归

前面已经论述了"异化劳动"理论，这种异化的状态带给人们的是无尽的痛苦和不幸，工人始终处于一种被奴役、被压迫、丧失自我的境况之中，因此唤醒人的主体性是有重要意义的。在《手稿》中，马克思通过一些表述，批判了资产阶级国民经济学家们的主张，揭露了资本主义制度的生产方式下工人主体性完全丧失的奴隶状态，说明了人的主体性的复归的重要性。在《手稿》中，马克思对资本主义政治制度和经济事实进行了系统的研究，通过对国民经济学家们的著作和理论的深入探讨，并从国民经济学的各个前提出发，对国民经济学家们把工人当作劳动的动物看待的伪善性、否定人的主体性以及他们只认物不认人的本质做了深刻的探讨和批判，在国民经济学家们看来，经济利益是最重要的，是他们的全部，而人的主体性是完全被忽视的，微不足道的，人在资本面前完全没有地位，只是充当着一个生产的机器。马克思指出："以劳动为原则的国民经济学，在承认人的假象下，无宁说不过是彻底实现对人的否定而已……如果说上述国民经济学是在承认人、人的独立性、自我活动等等的假象下开始……那么，国民经济学在它往后的发展过程中必定抛弃这种伪善性，而使自己的犬儒主义充分表现出来。"[①]可以看出，这种状态下人根本不能称为人，完全失去了作为人的根本，这是极其可悲的。他还指出："全部历史是为了使'人'成为感性意识的对象和使'人作为人'的需要成为[自然的、感性的]需要而作准备的发展史。"[②]可以看出人在历史发展过程中的重要地位。"人以一种全面的方式，也就是说，作为一个完整的人，占有自己的全面的本质。"[③]这表明马克思对人的充

---

① 《马克思恩格斯全集》第 42 卷，人民出版社 1979 年版，第 113 页。
② 《马克思恩格斯全集》第 42 卷，人民出版社 1979 年版，第 128 页。
③ 《马克思恩格斯全集》第 42 卷，人民出版社 1979 年版，第 123 页。

分的肯定,在他看来,人是真正的自由自觉的、有意识的,可以全面掌握自身的主体。"理论的对立本身的解决,只有通过实践方式,只有借助于人的实践力量,才是可能的。"①从这句话中可以看出马克思对人的重视、人的实践的力量的巨大。因此,人的主体性的复归在马克思看来是重要的,而且与实践关联紧密。

总的来说,《手稿》中的实践观是从马克思的"异化劳动"理论引出的。对资产阶级状态下产生的异化劳动的论述表明扬弃这种异化的必要性,而异化扬弃的过程不仅是理论上的论述,更是实践的力量,扬弃的途径就是推翻现有的制度,实现共产主义。共产主义最终实现的结果是人摆脱了资本主义制度下的异化状态,获得最终的解放,不仅人的肉体不再受折磨,人的意识也得到了恢复,也就是人的主体性的复归。可见,《手稿》中实践观的三方面内容是相互联系,互为补充的。

# 三、马克思实践观的最终形成及《手稿》中实践观的地位及作用

## (一)马克思实践观的最终形成

马克思在《手稿》中初步阐述了其实践观的思想,《关于费尔巴哈的提纲》(以下简称《提纲》)和《德意志意识形态》(以下简称《形态》)这两部著作中的思想内容可以看作是《手稿》中实践观思想的进一步延续和扩展,一般认为,马克思的实践观的成熟和最终的形成是以这两部著作为标志的。这一阶段,马克思对青年黑格尔派和费尔巴哈的人本学唯物主义所产生的影响做了彻底的清算,并逐渐形成了自己的独特的思想体系。《提纲》共有十一条,在《提纲》中,马克思集中对费尔巴哈哲学做出了批判。马克思认为费尔巴哈虽然走出了黑格尔唯心主义的困境,是一位唯物主义者,但是他所理解的唯物主义是直观的,还不能被称为真正的唯物主义者。一方面,他没有真正地认识实践,"不了解

---

① 《马克思恩格斯全集》第42卷,人民出版社1979年版,第127页。

'革命的'、'实践批判的'活动的意义"①。另一方面，他"把宗教的本质归结于人的本质。但是，人的本质并不是单个人所固有的抽象物，实际上，它是一切社会关系的总和"②。费尔巴哈还处于宗教的束缚之中，没有真正地走出来。可以看出，马克思此时已经认识到费尔巴哈的人本学唯物主义存在的缺陷，对其进行了彻底的摒弃。在此基础上，他还提出了"社会生活在本质上是实践的"③，表明了实践的重要性，以及"哲学家们只是用不同的方式解释世界，而问题在于改变世界"④的科学结论，与以往的哲学家只注重理论不同，他更注重现实或实践。马克思通过《提纲》中的十一条论述对以往的唯心主义和旧唯物主义做了清算，并简单清楚地论述了自己的实践观点。一般认为，《提纲》只是一部纲领性的文件，而《形态》是对其详细的阐述。《形态》是马克思和恩格斯合作的批判费尔巴哈、鲍威尔、施蒂纳以及"真正社会主义者"的一部批判性著作，是马克思和恩格斯对德意志意识形态影响的彻底清算，标志着马克思主义哲学的创立，也代表着马克思实践观走向成熟。与以往的实践观相比较，马克思的实践观有很大的不同，他的实践观克服了以往一切唯心主义和旧唯物主义的缺陷，同旧哲学的实践观划清了界限，揭示了实践观的哲学本质，提出了自己的全新的观点。马克思把主观和客观、主体和客体第一次统一起来，标志着其主观能动性和客观物质性二者相结合的实践观的正式形成。到此为止，马克思的实践观已经形成并得以完善，后人称之为"科学的实践观"。

## （二）《手稿》中实践观的地位及作用

上文已经简要地论述了马克思实践观的形成过程，重点地论述了马克思《手稿》中实践观的思想，为了更好地了解《手稿》中实践观的重要性，下面将要对《手稿》中实践观的地位及作用做出说明。

先论述《手稿》在马克思主义史上的重要地位，以求对《手稿》中实践观的地位及作用有更好的认识。对于《手稿》在马克思主义史上的地位和作用问题

---

① 《马克思恩格斯全集》第3卷，人民出版社1960年版，第3页。
② 《马克思恩格斯全集》第3卷，人民出版社1960年版，第5页。
③ 《马克思恩格斯全集》第3卷，人民出版社1960年版，第5页。
④ 《马克思恩格斯全集》第3卷，人民出版社1960年版，第6页。

一直以来都存在着很大的争议,其中,有两种长期以来比较常见的看法可以概括为以西解马和以苏解马。前一种是在西方长期以来存在的思潮,他们对《手稿》的评价过高,高到一定的程度,以至于同后来马克思的思想发展、同恩格斯都根本对立起来,并且要求用他们所理解的《手稿》中的精神内涵来修改或重新解释、重新批判全部的马克思主义。后一种是苏联(1922年—1991年)官方哲学及其追随者们的观点,他们的主要论点是:《手稿》是马克思不成熟时期的作品,是没有价值和意义的,不应该予以重视,只有成熟时期的马克思著作才能代表真正的马克思的观点。这种观点低估了《手稿》的重要价值。面对对《手稿》的这两种评价,不能单纯地以对错来衡量,只能说是着眼点不同、理解上存在差异。其实,《手稿》在马克思主义史上的重要地位是难以抹杀的,自《手稿》公开发表以来,对其的各种争论和研究就没有中断,《手稿》可以说是马克思争议较大的文本之一,因此,正视《手稿》的地位是不可回避的主题。《手稿》是马克思思想真正的源头,在《手稿》中可以发现马克思思想体系中许多观点的雏形,虽然《手稿》不是马克思哲学思想的最高峰,但是称《手稿》是马克思哲学创新的新的起点,是不过分的。在《手稿》中,马克思从经济学的角度出发,在哲学的高度上对资本主义政治经济制度做出了深刻的批判,并且对共产主义运动的实现和人的真正自由的实现进行了论述。可以看出,马克思的思想虽然还受费尔巴哈人本学唯物主义的影响,但是,实际上马克思已经超越了费尔巴哈,形成了自己独到的见解,除此之外,他还对黑格尔的辩证法和整个哲学进行了批判。总的来说,《手稿》还是一部不成熟的著作,但是它作为创立马克思主义世界观的最初尝试是成功的,其内容的广泛性和思想的丰富性,让人们对马克思世界观的构想有了初步的了解,对马克思之后的唯物史观的正式确立和马克思主义的最终形成具有重要的奠基作用,它可以称为马克思主义哲学真正的发源地。

通过以上对《手稿》的地位及其作用的分析,可以得出,《手稿》中的实践观是不成熟的,只是马克思的初步的见解,但是,它的作用是不可忽视的。可以说,马克思的科学实践观的最终的形成离不开《手稿》中的实践观的思想,《手稿》中的实践观是基础。因此,对马克思《手稿》中的实践观进行研究具有重要意义。

# 结论

《手稿》是马克思的思想体系形成过程中的一部关键性著作，它是马克思哲学的真正发源地，是哲学革命的源泉，是马克思对历史之谜和理论之谜做出科学解答的开端。因此，《手稿》在马克思主义哲学史上的重要地位是毋庸置疑的。《手稿》中的思想内容是马克思通过深入考察和研究当时的政治、经济和社会历史状况，提出的有价值、有意义的理论探讨。马克思通过对国民经济学家们的批判，从"当前的经济事实"出发，论述了资本主义社会中的异化现象的严重性，提出了"异化劳动"理论，以此为出发点他又进一步提出了共产主义运动的必要性，只有真正地实现共产主义才能实现人的解放，最终恢复人的主体性，从而摆脱异化的状态，真正获得自由。从《手稿》内容的表述来看，这种状态的真正获得需要理论的指导，但是更重要的是实践的力量，也就是说，马克思此时已经认识到了实践的重要性。在《手稿》中可以发现，马克思把"实践"看作物质生产活动，是以现实的人在社会中的实际生存和其他的一切社会活动作为基础的，这种实践是人的感性活动，是自由自觉的。因此，可以说《手稿》中马克思的实践观思想已经初步奠定了基础，是应当引起重视与肯定的。

# 参考文献

[1]马克思.1844年经济学哲学手稿[M].北京:人民出版社,2000.

[2]马克思恩格斯全集:第1卷[M].北京:人民出版社,1956.

[3]马克思恩格斯全集:第3卷[M].北京:人民出版社,1960.

[4]马克思恩格斯全集:第27卷[M].北京:人民出版社,1972.

[5]马克思恩格斯全集:第40卷[M].北京:人民出版社,1982.

[6]马克思恩格斯全集:第42卷[M].北京:人民出版社,1979.

[7]张一兵.回到马克思:经济学语境中的哲学话语[M].南京:江苏人民出版社,2009.

［8］孙伯鍨,张一兵.走进马克思［M］.南京:江苏人民出版社,2008.

［9］孙伯鍨,侯惠勤.马克思主义哲学的历史和现状［M］.南京:南京大学出版社,2004.

［10］张奎良.跨世纪的回:马克思学说的精粹及其现代意义［M］.哈尔滨:黑龙江教育出版社,1993.

［11］杨适.马克思《经济学–哲学手稿》述评［M］.北京:人民出版社,1982.

［12］聂世明.马克思主义实践观新探［M］.北京:当代中国出版社,1994.

［13］刘秀萍.马克思"巴黎手稿"再研究［M］.北京:中国人民大学出版社,2013.

［14］黄楠森,庄福龄,林利.马克思主义哲学史(修订版)［M］.北京:北京出版社,2005.

［15］姚顺良.马克思主义哲学史:从创立到第二国际［M］.北京:北京师范大学出版社,2010.

［16］泰·伊·奥伊则尔曼.马克思的《经济学–哲学手稿》及其解释［M］.刘丕坤,译.北京:人民出版社,1981.

［17］王晓红.《1844年经济学哲学手稿》的实践观新探［J］.东岳论丛,2006(4):32-37.

［18］刘军.马克思哲学创新的逻辑起点和历史起点:《1844年经济学哲学手稿》历史地位新探［J］.东岳论丛.2006(4):43-46.

［19］韩立新.《巴黎手稿》的文献学研究及其意义［J］.马克思主义与现实,2007(1):114-123.

［20］张奎良.哲学革命变革的源头和对"历史之谜"的解答:纪念马克思写作《1844年经济学哲学手稿》160周年［J］.现代哲学,2004(1):9-18.

［21］曹立群.《1844年经济学哲学手稿》发表65周年研讨会综述［J］.哲学动态,1998(6):10-12.

［22］丁立卿.马克思的哲学革命——《1844年经济学哲学手稿》的哲学观［J］.学术交流,2013(1):22-25.

［23］HENNINGS K H . A note on Marx's reading list in his Economic and Philosophical Manuscripts of 1844［J］. Economy and Society, 1985, 14（1）: 128-137.

# 《资本论》中物与商品的"断裂"

## ——以《商品》章为例

李俊鑫

# 前言

马克思在《资本论》第一章《商品》中便开宗明义，他指出："资本主义生产方式占统治地位的社会的财富，表现为'庞大的商品堆积'，单个的商品表现为这种财富的元素形式。因此，我们的研究就从分析商品开始。"①在《商品》中，马克思一开始就直接将资本主义生产方式下的物抽象为商品，舍弃了以亚当·斯密为代表的古典政治经济学将商品作为物而进行的分析模式，并以此作为分析资本主义生产方式，以及和它相对应的生产关系和交换关系的政治经济学批判的思想起点。因此，海德格尔在《关于人道主义的书信》中说："因为马克思在体会到异化的时候深入到历史的本质性的一度中去了，所以马克思主义关于历史的观点比其余的历史学优越。"②在现实的个人的物质生产与再生产的基础之上，马克思将资本主义生产方式的分析和形而上学的批判连接在一起，作为一种结构的整体性从而具体展现为真正的历史科学和政治经济学批判，彻底扬弃了传统形而上学对于现实生活的纯粹逻辑演绎。

商品作为《资本论》的开端既是一个分析命题，又是一个综合命题，综合来

---

① 《马克思恩格斯文集》第5卷，人民出版社2009年版，第47页。
② 孙周兴：《海德格尔选集（上）》，生活·读书·新知.上海三联书店1996年版，第383页。

说,商品就是潜在的资本,资本就是扬弃了商品的有限性的绝对理念。哲学体系建构的成功,关键在于寻找到一个必然性开端。在《小逻辑》中,黑格尔指出作为体系科学的开端的直接性和间接性矛盾。黑格尔认识到,不仅要对事物进行直接性的思维的考察,还要证明思维的内容的必然性,哲学的开端就是一个假定。那作为开端的存在,起初似乎是一个直接的、抽象的规定性,归根结底,其实是否定性、间接性的,是设定起来的。因此哲学的开端是直接性与间接性的统一,既不是既定的内容,也不是主体的兴趣,更不是直接知识。"开端是逻辑的,因为它应当是在自由地、自为地有的思维原素中,在纯粹的知中造成的。于是开端又是间接的,因为纯知是意识的最后的、绝对的真理。"①按照常识和经验,开端应该以时间的先在性为根据,但是在逻辑中,开端却是思维按照普遍性和必然性考察事物的结果,也就是说,开端既是前提又是结果,是对思维内容最根本的抽象。马克思与黑格尔不同,即使马克思高度赞扬黑格尔的辩证法,他仍然明确地指出黑格尔的哲学仅仅停留在逻辑层面上解释现实,而忽略了现实对于理念的决定性作用。

# 一、商品作为《资本论》的开端

## (一)《资本论》中的商品

资本主义生产方式下的商品不具有时间的还原性,货币作为商品的展开和进展是内含于商品自身之中的。《商品》章中出现的商品是现实的商品,是作为"资本主义财富的表现形式"的庞大堆积。《资本论》的《商品》章没有货币出现不代表那里的商品就是未经货币中介的原始商品概念。马克思语境下的商品是现实的商品,是代表资本现象界、商品拜物教表现形式的商品,而不是作为时间先在性的原始商品概念。因此,以《商品》章为例,即是在指出资本自身的循环性和黑格尔《逻辑学》中观念的循环的一致性。马克思明确指出,在《资本

---

① 黑格尔:《逻辑学》,杨一之译,商务印书馆 1966 年版,第 26 页。

论》中,他运用了黑格尔的辩证法,即资本的开端往往就意味着资本自身的表现形态。因此,马克思在《资本论》中分析的商品不是亚当·斯密等人理解的物,而是他在资本主义生产方式中当即遭遇到的现实的商品,即作为商品的物,表现为资本现象界的商品。与此同时,马克思也强调,分析资本产生的历史,要用"从后追溯"法,即从资本理解自身,发展自身的顺序去理解资本,而不是用时间去理解资本产生的样态。也就是说:根据时间顺序,生产逻辑,那么商品本身就是物,然而单纯的物与物的交换却无法解释剩余价值和利润为何出现,但立足于逻辑顺序——资本逻辑,将商品理解为资本的表现形式,我们会发现在商品的交换中出现了有用劳动以抽象劳动表现自身,交换价值取代使用价值成为资本增殖的载体,作为商品的物消解了作为物的商品,有定在的物以一定的量的商品形式呈现等一系列变化。从商品二重性的分析出发再到生产二重性从而证明马克思的经典论断:资本主义生产方式本身是特殊的,绝不是亚当·斯密、大卫·李嘉图和蒲鲁东等人所理解的绝对的普遍性。因此,分析商品自身,就是在分析资本,运用资本逻辑的展开方式,指出商品在《资本论》中出现了阿尔都塞意义上的"断裂",在理解资本过程中就是要区分时间顺序和逻辑顺序、生产逻辑和资本逻辑的不同表现形式,从而区分现实的个人和个人主义现实感性基础和理论来源。

马克思认为,哲学的开端一方面应该是现实生活的内容,另一方面又应该是现实生活抽象的形式。商品作为哲学的开端,不是纯逻辑思辨的结果,而是历史发展的产物。按照黑格尔的理解,开端是直接性与间接性的统一,是纯粹思维思维自身的结果,资本主义生产方式下的商品恰恰就体现着生产的直接性和交换的间接性的统一。马克思和黑格尔的分歧体现在对于统一的不同理解。黑格尔认为统一只发生在纯粹思维领域,商品的产生是逻辑发展的必然结果。马克思则认为统一发生在现实历史领域,商品的产生意味着传统社会与现代社会的断裂。在《政治经济学批判》中,马克思指出:即使在前资本主义社会就存在了高度繁荣的商品生产与交换,它也只具有特殊性意义。那时商品的生产只是为了使用和满足人的需要,或者说商品生产的目的是追求商品的质的规定性。但是在资本主义生产方式中,基于使用价值的商品交换被交换价值所替代,准确地说,是作为商品的物取代了作为物的商品。在这时,商品的使用价值不再重要,商品交换关注的点已经转变为以交换价值为基础的等价交换。在马克思的视域里,不存在黑格尔所界定的纯粹的、超历史的观念,也不存在内在的、纯理性的主体,存在的只是一些商品交换中的现实的个人和物质生产与再生产过程。对于马克思来说,资本主义生产方式下的形式化理解的人与物,独立的主体与静止的客体,个体生产与普遍交换的矛盾与对立都只是资本作为商品的现象而不是资本的本质。资本在本质上来说是关系,物只有在资本主义生产关系之中才作为商品而存在。因此,如果在前资本主义社会,我们遭遇的是作为物的商品的话,那么在资本主义社会,我们遭遇的则是作为商品的物,因此对于资本主义生产方式及其相应的生产关系的批判性分析,应当从商品开始。

在资本主义生产方式中,商品是最简单的,同时它又是最复杂的,如何看待商品是区分英国古典政治经济学和马克思政治经济学批判的关键点。在亚当·斯密和大卫·李嘉图的视野中,商品在直接的现象层面表现为单纯的物,因此围绕着这个作为物的商品就自然地展开了关于经济人、社会契约、道德伦理等一系列假定。在《国民财富的性质和原因的研究》中,亚当·斯密在开篇就将分工和人的需要作为理论的两个立足点讨论资本主义财富产生的原理。在亚当·斯密眼中,分工是人的自然本性,人天生就有互通有无的自然倾向。"它是不以这广大效用为目标的一种人类倾向所缓慢而逐渐造成的结果,这种倾向就是互通有无,物物交换,互相交易。"①我们注意到,亚当·斯密并没有区分出商品在前资本主义社会的物物交换和资本主义社会的商品交换的不同性质。因此,亚当·斯密自然地就将前资本主义社会中作为物的商品混同于资本主义社会中作为商品的物进行分析,这种作为物的商品立即就与资本主义社会自我设定的社会契约、法律等获得同一。在这个理论起点之上,亚当·斯密所关注到的资本主义社会的历史特殊性被悬置了,人与物、人与人的关系还原为以经验论为哲学基础的物与物之间的关系和人的自然需要。亚当·斯密关于自私的伦理学和同情心的论述是与他的经济人设定相匹配的,表面上,亚当·斯密无时无刻不在关注人的情感与道德,实际上这些关于人的讨论只是建立在单纯的物的有用性和人与物的自然关系之上的,缺乏相应的历史感。

---

① 亚当·斯密:《国民财富的性质和原因的研究(节选本)》,郭大力、王亚南译,商务印书馆2002年版,第14页。

（二）商品中蕴含的生产二重性矛盾

资本主义生产方式下,作为商品的物和作为物的商品之间的矛盾在生产层面进展为劳动中蕴含的使用价值和交换价值的决定性地位的置换。商品作为物既有质的规定性也有量的规定性。在资本主义生产方式下,商品的使用价值就是质的规定性,交换价值就是量的规定性。黑格尔指出,定在是有规定的存在,一物存在就是因为它有质的规定性。"定在返回到它自己本身的这种规定性里就是在那里存在着的东西,或某物。"①质的规定性保证了定在成为与别物有所区别的某物。商品作为物能够保持自身的稳定性就在于它有定在,有质的规定性。使用价值就是商品的质的规定性。因此单从质的规定性来看,不同有用性,不同质的商品是互相区别和对立的,不具有通约性。此外,商品还有量的规定性。黑格尔指出:"量是纯粹的存在,不过这种纯粹存在的规定性不再被认作与存在本身相同一,而是被认作扬弃了的或无关轻重的。"②在通常的情况下,我们观察事物首先按照质的规定性去看,而质就是与事物的存在相同一的规定性。由质的规定性出发,我们就会发现一个中立的和外在的量的规定性,即一个物无论在数量大小方面有怎样的变化,物都仍然保持其原有的质。质的规定性是内在的,量的规定性是外在的,不同质的物无法进行比较,而物与物之间之所以能够交换是因为有量的关系。质量关系的辩证法贯彻于资本主义生产方式下作为物的商品到作为商品的物的转换中。在前资本主义社会,商品交换的范围局限于某个区域,交换的目的是满足人的需要和使用,商品的量的规定性从属于商品的质的规定性。在资本主义社会,普遍化的商品交换成了社会的运行机制,量的规定性成了商品的支配性因素,追求量的增长和交换价值的增殖成了商品交换的目的,商品的质的规定性似乎变得无关紧要了。因此,马克思指出:"成为使用价值,对商品来说,看来是必要的前提,而成为商品,对使用价值来说,看来却是无关紧要的规定。"③在这里,可以看到一个有趣的现象,那就是:在物的规定性中,质的规定性是内在的,量的规定性是外在的,但是在资本

---

① 黑格尔:《小逻辑》,贺麟译,商务印书馆1980年版,第202页。
② 黑格尔:《小逻辑》,贺麟译,商务印书馆1980年版,第218页。
③ 《马克思恩格斯全集》第13卷,人民出版社1962年版,第16页。

主义生产方式下商品的规定性中,以量的规定性为表现形式的交换价值成了内在的,以质的规定性为表现形式的使用价值却成了外在的,可有可无的东西。这种转换,不仅仅是说作为物的商品和作为商品的物在资本主义生产方式下出现了"断裂",而且还意味着商品成了社会存在的本体。也就是说,假如坚持以作为物的商品为角度看待现代社会中的商品,就会离商品越来越远。作为物的商品是有限的,而作为商品的物则是无限的。资本主义社会通过普遍化的商品交换,商品之间内在质的差别经过货币的中介反映为外在量的多少,形成了一个相互联系并无限指涉对方的复杂结构。因此,黑格尔在论述质量关系辩证法时强调:"质基本上仅仅是一个有限事物的范畴,因此这个范畴只在自然界中有其真正的地位,而在精神界中则没有这种地位。"①在资本主义生产方式中,作为物的商品只是作为商品的物的前提,一旦进入资本自身循环之中,作为物的商品就只占次要地位,并被作为商品的物所决定和取代。

商品中的质的规定性和量的规定性的转换,体现了资本主义生产方式中作为物的商品和作为商品的物的断裂。直接的规定性同时就是否定性。黑格尔指出:"某物由于它自己的质:第一是有限的,第二是变化的,因此有限性与变化性即属于某物的存在。"②一方面,因为质的规定性的有限性,某物与别物相区分,某物的存在建立在对别物的否定之上;另一方面,因为质的规定性的变化性,某物和别物之间呈现出恶的无限性,否定的无限即某物和别物之间相互转化的无穷进展。黑格尔认为这种无限是有限的无限,只是一特殊之物,不足以表达质的全体。自为存在是\否定在中存在的有限的无限的否定。在别物中回归到自身的某物就是自为存在,通过对其内在一与多关系的否定,存在建立自身为外在的量与他物重新建立联系。质与量的过渡建立在对质的否定之否定的基础之上并在量中重新理解质。因此,量的规定性就是对于质的规定性的扬弃。在商品交换中,作为物的商品转变为作为商品的物,内在的质进入到外在的量,使用价值转向为交换价值。使用价值作为质是潜在的量,量在质之中只是简单的自身联系,建立自身为自为存在。使用价值和交换价值之间的运动体现的是质量互变辩证法。辩证法的精髓在于始终坚持用运动性和发展性眼光

---

① 黑格尔:《小逻辑》,贺麟译,商务印书馆1980年版,第202页。
② 黑格尔:《小逻辑》,贺麟译,商务印书馆1980年版,第204页。

看待事物的发展,商品也不例外。在存在论阶段,质仅仅将量理解为一与多之间的简单关系,并将自身建立为否定外部联系的自为存在。正是在否定质、否定自为存在的基础上,自为存在自身所否定的多才建立为作为事物之间广泛联系的外在的量。在这个运动中,通过量的关系,不同质的物的相互联系建立了起来,被扬弃的质的规定性成了可有可无的东西,并由量的规定性所决定。马克思指出:"作为使用价值,商品首先有质的差别;作为交换价值,商品只能有量的差别,因而不包含任何一个使用价值的原子。"①因此,在资本主义生产方式中,作为物的商品与作为商品的物相断裂。普遍性商品交换和抽象劳动的普遍化是资本主义生产过程的两个方面,商品体现为一般性人类劳动。通过作为物的商品到作为商品的物的视角的转换,马克思意识到现代社会实际上是抽象化的人类劳动的物质载体。一方面,资本表现为庞大的商品堆积,通过有用劳动构建了一个感性的现实世界;另一方面,资本表现为抽象化的一般性人类劳动,通过抽象劳动构建了一个超感性的资本世界。如果说在前资本主义社会,使用价值和人的需要是社会生产的目的的话,那么在资本主义社会则相反,交换价值和资本的需要成了社会的本质规定。在普遍性商品交换中,有用劳动必须转化成抽象劳动才能具有社会性劳动的意义。有用劳动和具体劳动之间的颠倒,不仅体现了质量关系的辩证法,更是一种社会存在论范式的转换。具体表现为:就人作为有生命的感性存在来说,具体劳动是人的本质,资本是人劳动的产物,但是在资本主义社会中,人与资本的关系出现了本质性的颠倒,抽象劳动在生产中获得了决定性的地位,资本取代了人,成了社会的主体,人成了资本的物质载体和资本自身增殖的工具。人的关系直接地表现为物的关系,体现为一种有用的物。在作为物的商品和作为商品的物、人与资本之间的互动之中,一个形式化的商品世界被构建出来了。这种抽象化的一般性人类劳动,形成了一个古典政治经济学家所不能理解的"幽灵",我们每一个人包括资本家就像一个木偶,在资本所设定的剧本之下扮演不同的角色,却忽略了一个根本的事实——我们只是资本的工具而不是资本的目的。

---

① 《马克思恩格斯全集》第 23 卷,人民出版社 1972 年版,第 50 页。

### （三）商品中潜在的无意识观念

在观念层面,从作为物的商品到作为商品的物的转换,标志着不同类别认知型和总问题之间的碰撞与交锋。总问题或者说认知型指的是在特定历史条件下决定和主导思维运行方式的深层精神结构。思维展开的过程就是思维自身的过程,思维自身的过程就是对思维自身的灵魂回忆。正如黑格尔在《小逻辑》中揭示的思维的辩证运动一样,思维自身从直接性存在形式进展为间接性实存内容,最后界定自身为扬弃了直接性形式和间接性内容的绝对概念。黑格尔在《精神现象学》中指出,同一种思维方式在历史不同的发展阶段会有不同的表现形式,但是在本质上它们是同一种思维。比如自我意识中的主奴辩证法,不仅在封建奴隶时代能够解释主人和奴隶之间身份的转换,而且在资本主义生产关系中,主奴辩证法的运用也让福山得出了历史终结的经典论断。阿尔都塞指出,马克思之所以超过古典政治经济学家,不在于马克思运用了新的分析方法或者是获得了更多的资料,而在于马克思针对相同的社会经济现实看到了亚当·斯密、大卫·李嘉图等人所看不到的东西,这恰恰就是两种不同的总问题和认知型在思维深层结构之间的对立与矛盾。古典政治经济学家单纯地将商品理解为物,将劳动和劳动力混同为一,因此无法说清剩余价值的起源和利润的组成方式。马克思则清晰地认识到资本主义生产方式下的物直接地就是商品,剩余价值的生产的奥秘就在于劳动力替代了劳动,成了资本生产的目的。作为物的商品体现的是对资本主义生产方式永恒化和自然化理解的认知型。在《哲学的贫困》中,马克思指出蒲鲁东思想的核心问题在于:他将资本主义生产关系定义为一种超历史的,或者说无历史的,永恒支配现实社会的永恒自然规律。因此,马克思指出,蒲鲁东的哲学仍然没有超出黑格尔的视野,他对于资本主义的理解仅仅是黑格尔哲学在经济学领域的复活,所以马克思必须针对经济学领域的黑格尔主义进行哲学和政治经济学的双重批判。

只要存在商品交换的地方,就时刻存在资本主义的形而上学观念。这种无意识的观念,经过哲学家们在纯粹理性层面的演绎,成了自笛卡儿以来一直存在于哲学中的悖论:无时无刻的碎片化和存有总体性信念的矛盾。在《资本论》中,尤其是在第一章,马克思意识到,作为商品的物在资本主义生产方式中的生成,意味着近代哲学中一直存有的资产阶级物化意识找到了其物质基础,即商品本身,商品自身的二元性矛盾,在生产中体现为劳动二重性,而在哲学中,恰恰就体现为碎片化和总体性的对立。"辩证法不崇拜任何东西,按其本质来说,它是批判的和革命的。"①因此,马克思指出,如果不能通过辩证法在哲学高度上打破这种形而上学思维,那么无意识的商品拜物教就会成为普遍认同的物化意识。对于资本主义形而上学思维的本质和运行方式来说,"一旦我们逃到其他的生产形式中去,商品世界的全部神秘性,在商品生产的基础上笼罩着劳动产品的一切魔法妖术,就立刻消失了"②。而这种摆脱了资本世界全部魔法和幽灵之后的生产形式,就是马克思在《共产党宣言》中写到的自由人的联合体。

## 二、商品拜物教:资本世界的幽灵与魔法

### (一)商品作为商品拜物教的现象界

资本主义生产方式下,作为商品的物和作为物的商品之间的矛盾和断裂集中地表现在商品拜物教之中。一方面,商品拜物教在现象层面上表现为庞大的商品堆积,而另一方面则在本质层面上体现为一种深层次的无意识观念。商品拜物教是建立在对商品交换形式化、抽象化理解的资本主义生产方式之上的普遍化意识形态。在这种意识形态决定下的社会生产中,社会关系遵循着商品交换的抽象化原则,通过商品和货币的交换遮蔽社会关系中的抽象化和形式化过程。在这种物化理解下的人的生活突出体现为一种二元性:一方面,人们遵循着商品交换的平等、形式化原则,强调人的自由、独立、平等、博爱,将人想象为独立而自由的个体;另一方面,在社会关系中,人却直接被物化的关系所支配,人与人之间独立的感性交往只是物与物之间关系所塑造的幻象。

资本主义生产方式是以商品交换的普遍化为基础,以现实的个人的特殊性

---

① 《马克思恩格斯文集》第5卷,人民出版社2009年版,第22页。
② 《马克思恩格斯文集》第5卷,人民出版社2009年版,第93页。

的劳动为中介,以追逐交换价值和剩余价值为目的的复杂结构和资本的自身循环。通过普遍化的商品交换,商品之间内在质的差别经过货币的中介反映为外在量的多少,形成了一个相互联系并无限指涉对方的复杂结构。商品的世界外在于人并按照资本运行的自身规律界定自身,而这种资本运行的外在现象往往会引起一种古典政治经济学的错误论断,即将商品的运行规律等同于自然规律。商品拜物教是资本主义生产方式的必然产物。商品交换在前资本主义社会就大量存在,而商品拜物教只有在资本主义社会才会产生。按照马克思的理解,资本主义社会的突出特点就是以物的依赖性为基础的人的独立性。在前资本主义社会,人与物之间的关系主要是一种直接的使用和占有,即使出现了大量的商品交换,其目的仍然是满足人的需要,人和人之间的关系直接地体现为一种人身依附关系。因此,马克思指出前资本主义社会为:"物质生产的社会关系以及建立在这种生产的基础上的生活领域,都是以人身依附为特征的。"①只有到了资本主义社会中,作为商品的物取代了作为物的商品成了资本生产的目的,商品拜物教才真正地产生出来。其特点具体表现为:其一,在人与物之间的关系上,人与物的关系以商品交换中的一般等价物即货币为中介;其二,在人与人之间的关系上,因为要与普遍性商品交换的抽象性、形式化的原则相统一,所以人与人的关系直接地被物与物的关系所决定。"人和人之间的社会关系可以说是颠倒地表现出来的,就是说,表现为物和物之间的社会关系。"②因此,在资本主义生产方式中,人与物的关系颠倒了,作为生产主体的人以物的形式进入到资本的自身循环之中,商品的世界成了人们的现实世界。在商品拜物教中,资本超越了个体商品对于资本自身增殖的限制,资本成了与个体商品相区别的普遍性,并继续保持其普遍性于个体商品之中,成了资本主义生产方式中既现实又神秘的存在。

(二)商品拜物教关于人与物的三重抽象

商品中现实性与神秘性的交织,根源于资本主义生产方式中的劳动二重性

---

① 《马克思恩格斯文集》第 5 卷,人民出版社 2009 年版,第 95 页。

② 《马克思恩格斯全集》第 13 卷,人民出版社 1962 年版,第 22 页。

矛盾。马克思指出："最初一看，商品好像是一种简单而平凡的东西。对商品的分析表明，它却是一种很古怪的东西，充满形而上学的微妙和神学的怪诞。"①马克思认为，资本主义生产方式下的商品的虚幻之处在于：作为物的商品，是一个普通的又可感觉的直接存在，但是作为商品的物，则是一个可感觉却超感觉的神秘存在。在这里，可感觉指的是商品的有用性，是看得见、摸得着的实用性；超感觉则指的是商品的价值规定性，是以交换价值为基础的交换关系和与之相应的各种复杂的社会关系。在资本主义社会，正是这种超感觉的价值规定性和抽象劳动改变了物的存在方式，象征着作为商品的物的神秘性。

　　商品的神秘性实际上就是资本主义生产方式下社会关系的抽象化和形式化过程的体现。马克思认为，正是因为资本主义生产关系的确立，即商品生产的普遍化成了社会生产的现实，才形成了商品中超感觉的神秘性。商品中的抽象劳动表征的就是抽离了所有特殊性的一般性人类劳动，通过外在的、机械的劳动时间计量其中所蕴含的价值量。因此，人们可以通过价值量的多少来进行不同质的商品的交换，人与物、人与人的关系进而就表现为一种外在的物的关系，而这种关系恰恰就被界定为基于商品交换原则之上的社会关系。商品交换的抽象化、形式化过程，不仅是社会生产的具体普遍化过程，更是社会关系的抽象化过程。商品拜物教就在这种抽象的、形式化的生产过程和交换过程中产生，并内化于人们的现实生活之中，成了人们内心之中非批判的意识形态观念。资本主义生产方式下抽象化和形式化过程是一个复杂的多重结构而非一个单纯平面，人与商品都是经过多重抽象化过程的产物。首先，从商品的角度来看，作为物的商品转变为作为商品的物是第一重抽象，商品的交换价值取代了使用价值成了价值的载体和决定性因素。其次，货币作为一般等价物成为商品之间交换的中介是第二重抽象，不同质的商品通过交换价值为基础的价值量的关系而相互联系，通过货币的中介，直接的抽象化的物与物的关系就进展为相互反映的有中介的商品关系。最后，商品拜物教作为物与物的关系掩盖下的人与人之间的关系是第三重抽象，以价值量交换为基础的抽象化的商品交换塑造了人的存在方式和相应的社会关系。经过三重抽象的商品，已经不再作为资本的开端，准确来说它就是资本。资本在高度形式化的商品出现之后才能真正地显

---

　　① 《马克思恩格斯文集》第5卷，人民出版社2009年版，第88页。

现，因此只有在资本主义社会之中才能说商品是资本，在前资本主义社会中商品只是作为物而存在。资本获得的自由正是扬弃了商品作为物的属性之后才呈现出来的。从这个意义上来说，资本主义生产方式下的资本就是黑格尔的绝对理念的化身，资本在自身内部思维和筹划自身的内容与表现形式，商品就是资本的感性生命。

从人的存在方式来看，在资本循环中人也经历了三重抽象。首先，第一重抽象是物的抽象。在商品交换中，作为生产主体和交换主体的人被抽象为物，人变成了可交换的商品。其次，第二重抽象是时间的抽象。只有在劳动力成为商品之后，资本主义生产才能完全地展开，商品交换使得个人的特殊性劳动通过货币的中介被界定为一般性社会劳动，这种形式化的抽象劳动表现自身的方式就在于外在的量，即劳动时间，人变成了可换算的时间。最后，第三重抽象是观念的抽象。通过形式化、普遍化的商品交换，人先天地被设定为自由而平等的存在，按照等价交换和计算化方式进行着价值的生产与交换，人变成了非批判的观念。经过三重抽象化的人，已经不再是生产劳动的主体，而是资本所塑造的幻象。一切生产与交换都在资本内部产生，作为主体的人只是资本主义商品交换的现象界所塑造的观念。在劳动力的交换中，人不得不成为一个主体来交换他所拥有的一切，或者说，人成为主体，是因为资本需要这种观念化存在的人将一切能够交换的存在变成商品。就像马克思在《哲学的贫困》中所指出："人们一向认为不能出让的一切东西，这时都成了交换和买卖的对象，都能出让了。这个时期，甚至象德行、爱情、信仰、知识和良心等最后也成了买卖的对象。"①在资本主义生产方式中，人只有作为可交换的物，可计算的劳动力，非批判的观念时，才能进入资本主义生产过程之中。个体的存在只是一个假象，正如黑格尔理解的那样，每一个个体只是理性认识自身的工具，主体本身并不存在。一般认为，树立人在生产劳动中的主体性地位可以消解拜物教观念。但是这种抽象理解下的人，将人的主体性定义为一种超出物质生产规定性的主体观念，这种好似超越和扬弃了异化状态下的人，其本身仍没有脱离作为拜物教实质的资本拜物教，抑或说，在资本主义社会中人或许可以摆脱生产逻辑下商品、货币对于人精神的控制，但是却无法摆脱资本逻辑对于主体间关系的生成。马

---

① 《马克思恩格斯全集》第4卷，人民出版社1958年版，第79-80页。

克思指出："劳动不是一切财富的源泉。"①主体间的关系不是超历史的抽象观念决定的，而是被现实物质生产和再生产即市民社会所决定，具有社会历史性和特殊性。因此，马克思在经过商品二重性和劳动二重性的分析之后进展到市民社会这个客观性领域，着重探讨现实的个人在资本逻辑下的生成与断裂。

# 三、市民社会：现实的个人及其超越

## （一）现实的个人与个人主义

市民社会是商品在资本主义社会获得统治性力量的现实基础。从作为物的商品到作为商品的物，从使用价值决定交换价值到交换价值成为使用价值的载体，标志着资本主义生产方式从资本自身生产的现象界进入到本质领域。如果说立足于生产逻辑，扬弃生产社会化和生产资料私人占有的矛盾是超越资本主义生产关系对于社会生产力的限制的首要前提，那么立足于资本逻辑，实现人的自由而全面的发展就成了超越资本主义生产关系对于现实的个人的压制的主要任务。马克思指出，唯物史观的前提是现实的个人而不是现实的个人主义，唯物史观的目的是实现现实的个人的全面而自由的发展，而不是仅仅追求独立个体价值的实现。因此现实的个人是建立在人的生产劳动基础之上的社会性与历史性的统一，是马克思对于古典政治经济学批判反思的必然结果，最终走向的是对于资本主义生产方式的政治经济学批判。个人主义则是资本主义意识形态之下关于人的本质的抽象性和形式性的理解，是以亚当·斯密、大卫·李嘉图为代表的古典政治经济学家的理论为支点和前提，具体表现为一种经验上的唯物主义和理念上的唯心主义的二元对立。现实的个人的提出正是马克思从资本主义生产方式所制造的"自由的个体、平等的交换、民主的政体"的个人主义意识形态的迷雾中退回，将资本理解为关系而不是物，从而展开对于资本主义生产方式，以及和它相适应的生产关系和交换关系的政治经济学批

---

① 《马克思恩格斯文集》第3卷，人民出版社2009年版，第428页。

判,并以此作为理论基础来实现人的自由全面发展。

现实的个人的物质基础是作为商品的物,而作为物的商品则是个人主义在市民社会中的展开。作为商品的物成了社会经济的主体意味着现实的个人不再是古典政治经济学家理解下的个人主义。唯物史观的立脚点是社会化的人类而不是黑格尔、亚当·斯密等人所定义的市民社会。马克思在《关于费尔巴哈的提纲》和《德意志意识形态》中通过对费尔巴哈人本学和以布鲁诺·鲍威尔、麦克斯·施蒂纳等人为代表的青年黑格尔派的反思和批判,将唯物主义建立在真正的历史科学之上,形成了以历史为解释原则的新世界观。这种新的历史观的变革之处在于:用现实生活中现实的个人的物质生产与再生产过程决定人们的社会意识。这就意味着传统形而上学通过思辨所塑造的主体形成过程,只有在历史性的生产力与生产关系的辩证运动中才能进行合理的解释。马克思指出,全部社会生活在本质上是实践的,不存在孤立的、抽象的个人。不能通过自我意识或者宗教情感来界定人的本质。从根本上来说,只有人在一定的社会关系中所从事的物质生产过程才能将人与动物区别开来。因此,马克思哲学中的主体既不是费尔巴哈的"类",也不是青年黑格尔派宣扬的"自我意识",而是一些现实的个人,即在一定的历史条件下从事社会性劳动的个人。在资本主义生产方式下,作为商品的物消解了作为物的商品,有用劳动以抽象劳动表现自身,交换价值取代使用价值成为资本增殖的载体,有定在的物以一定的量的商品呈现,现实的个人取代了仅仅在观念中存在的单纯的个人主义。生产总是现实的个人在一定的社会关系中的生产,但是在古典政治经济学的视野中,个人在现象层面表现为自由活动者,作为一种自由人进入到资本主义生产劳动的各个环节之中,因此人与人之间的关系就明确地体现为两个互不干涉、莫不相干的独立主体的关系。在《政治经济学批判大纲》的导言中,马克思就立即明确地批判了亚当·斯密、大卫·李嘉图在经济学中进行的经济人假定,即将现实的个人定义为孤立的个人作为资本主义生产的主体。马克思指出,这种对于个体的想象正是立足于18世纪英国和法国的市民社会,是一种基于自然主义的假象。这种孤立的个人的假定,既是资本主义生产的前提,也是其运动发展的结果。根据资本主义生产方式,资本家和工人就是两个孤立的个人之间的关系,他们之间是平等的,资本家占有一定的生产资料,工人通过向资本家出卖自己的劳动力获得报酬,因此他们的交换也是自由而平等的,但这实际上只是一种资本主义意识形态所预设的假象。实际上在真正的物质生产过程中,资本家正是通过隐匿的形式占有工人生产所创造的剩余价值进而进行进一步的资本增殖,在看似平等的交换关系中恰恰隐藏了一种不平等,不自由的生产关系。

因此,这种抽离了任何社会关系属性的个人体现着资本主义交换关系的虚假性。当资本主义经济学家将资本的关系简化为物与物之间的关系时,平等的交换关系也就成了社会关系的全部规定性,资本主义生产方式的历史性和特殊性在经济人假定和作为所谓资本生产起点的"生产一般"中消失了。比如亚当·斯密就认为,人类天生就有互通有无的倾向,在《国民财富的性质和原因的研究》中,亚当·斯密开篇讨论的就是分工,他认为出现分工的原因就是人们不可能生产出满足自己需要的所有产品,所以人们有互通有无的自然倾向。如果顺着亚当·斯密的思路继续向下进行,就会得出资本主义产生危机的原因在于分配关系的错误结论,而其危机的真正原因则在于资本主义生产方式的固有矛盾——生产社会化与生产资料私人占有。因此马克思超越古典政治经济学之处即在于:马克思认为资本家不过只是资本的人格化,资本是一种关系而不是物,作为物的商品在资本主义生产方式中直接地就是作为商品的物。而这一点,正是以亚当·斯密、大卫·李嘉图为代表的古典政治经济学家所看不到的。总体来说,如果将资本主义生产方式当作一种超历史存在,那么在这个社会关系中,剩下的只是一些以原子形式存在的抽象个体和作为社会经济主体的物,而现实的个人只有在破除这种资本主义意识形态迷雾的遮蔽之后才能显现,而这正是唯物史观进行政治经济学批判的目的。

## (二)双重批判与人的自由全面发展的实现

实现人的自由全面发展是马克思对于黑格尔哲学和古典政治经济学的双重超越。对黑格尔哲学的研究可以说是构成青年马克思思想发展的重要内容,尤其是马克思注意到在黑格尔哲学中包含着对于古典政治经济学的深刻理解。黑格尔在《法哲学原理》中说道:"政治经济学就是从上述需要和劳动的观点出发、然后按照群众关系和群众运动的质和量的规定性以及它们的复杂性来阐明这些关系和运动的一门科学。"①马克思指出,黑格尔不仅注意到了资本主义生产方式中的内部结构,还深入到了古典政治经济学的内部将其表述为一种思辨哲学,因此黑格尔的哲学思考也具有了一定的社会历史规定性,所以马克思在《1844 年经济学哲学手稿》中评价黑格尔哲学是站在国民经济学家的立场上的。在《法哲学原理》中,黑格尔以市民社会作为资本主义生产方式的考察对象,并与古典政治经济学家处于同一理论视野之内。具体表现为:第一,黑格尔与亚当·斯密一样,都以分工为中介,都强调人的劳动和需要,并认为劳动体现了人的精神自由与解放。比如在《精神现象学》的"自我意识"一章中,黑格尔将劳动定义为人的自我意识的确证。黑格尔洞见到,正是通过劳动,奴隶才克服了自身对于外在事物的恐惧,并开始意识到自身是自在自为地存在着的,正是通过劳动陶冶自然的过程中,主人和奴隶的关系才发生了辩证的颠倒。第二,黑格尔将市民社会中的个人理解为他人实现自身目的的工具,个人如果不同他人发生联系,就不能实现他的全部目的。这样对于个人的理解与亚当·斯密的经济人假定如出一辙,不同的是黑格尔从逻辑学的高度上加工了亚当·斯密所认识到的经济现实并将之观念化、抽象化,从普遍性与特殊性之间的辩证关系出发,以具体普遍性的国家理性来调和市民社会中抽象化理解的个人与他人之间的矛盾。马克思意识到,亚当·斯密和黑格尔所认识的市民社会中的个人是孤立的、原子化的存在,人与人之间通过交换价值和货币交换构成了一个外在的依赖关系。在《政治经济学批判》的序言中,马克思指出:"法的关系正像国家的形式一样,既不能从它们本身来理解,也不能从所谓人类精神的一般发展来理解,相反,它们根源于物质的生活关系,这种物质的生活关系的总和,黑格尔按照 18 世纪的英国人和法国人的先例,概括为'市民社会'。"②马克思将市民社会中的个人定义为以物的依赖性为基础的人的独立性,这种外在的依赖性一方面表明人是异化的存在,另一方面又为人的进一步发展提供了条件。在这种形势下,人们以个人的身份参与到以分工和协作为基础的资本主义生产与交换的过程之中,逐渐产生出普遍性的社会生产和社会交换,从而进展为广阔的世界市场。当然这种普遍性的联系还是以异己的方式展现的,社会化的生产

①　黑格尔:《法哲学原理》[M].范扬、张企泰译,商务印书馆 1961 年版,第 204 页。
②　《马克思恩格斯选集》第 2 卷,人民出版社 1995 年版,第 32 页。

也仅仅是有中介的、为社会的生产而不是直接的社会生产,仍存在社会化生产与生产资料私人占有的固有矛盾。因此马克思指出,能够扬弃和取代这种资本主义市民社会的必然是一个建立在人的自由全面发展之上的自由人的联合体。

这种全面发展的个人正是现实的个人摆脱了资本主义生产方式中的异己性之后的展现,其前提是建立在以交换价值为基础的社会化生产之上的人的普遍性和全面性。在这样的自由人的联合体之中,人是真正的自在自为的存在而不是市民社会中一切人反对一切人的战争。在联合体中,个人劳动的特殊性经过社会化生产的中介进展为社会性的个人劳动。一切劳动在交换之前就已经是一般性劳动,无须再经过商品交换的中介。只有在这样的联合体中,才能真正地打破资本主义生产方式下的商品拜物教神话。由此可见,实现人的自由而全面的发展一方面不仅超越了古典政治经济学,另一方面更是扬弃了作为其哲学基础的黑格尔哲学,用市民社会决定国家,将现实的个人的发展真正地建立在现实的物质生产与再生产的基础之上,实现了对黑格尔哲学和古典政治经济学的双重超越。

# 结论

基于商品的分析是本文的立足点。从生产逻辑和资本逻辑的划分入手,区分了两个独立的概念:一个是作为物的商品,另一个就是作为商品的物。关于这两者的区分,在亚当·斯密、大卫·李嘉图那里没有,但是在《资本论》中,马克思准确地分析和界定了这两者的概念。商品作为资本论的开端的循环性类似于逻辑学中观念自身的循环,因此本文的理论基础有三个:一个是黑格尔的辩证法,一个是亚当·斯密等人的古典政治经济学,最后一个就是马克思的资本论。目的就是要确定商品自身在资本主义生产方式下的"断裂",从而确定现实的个人的感性基础。

本文有三个主要的创新点:第一,区分商品在生产逻辑和资本逻辑中的不同意义。通过分析确定两种视角下的商品的特殊性,一步一步地导出了生产的二重性矛盾。第二,黑格尔质量关系辩证法在使用价值到交换价值中的作用。列宁曾说过:不钻研和不理解黑格尔的全部逻辑学,就不能完全理解马克思的

《资本论》,特别是它的第1章。马克思自己也说:"我要公开承认我是这位大思想家的学生,并且在关于价值理论的一章中,有些地方我甚至卖弄起黑格尔特有的表达方式。"①所以质量关系的辩证法贯穿于作为物的商品和作为商品的物之间的转换和断裂。第三,基于商品的分析确立现实的个人的感性基础,目的是明确现实的个人区别于古典政治经济学语境下的个人主义。现实的个人和个人主义的感性现实基础不同,因此现实的个人的塑造必须建立在扬弃个人主义即市民社会的基础之上。一方面,市民社会是个人主义的基础,个人主义是市民社会普遍化、形式化的商品交换原则在人的生存状态中的体现。另一方面,市民社会又是现实的个人前提,个人主义的批判,异化状态的扬弃不是脱离了现实的观念自身运转,而是基于市民社会,即在异化之中才能扬弃异化。

在最后,笔者得出了三个结论。第一,生产逻辑构建与生成的资本世界,只有在资本逻辑中,抑或说,只有在资本理解了自身之后才能理解。资本逻辑在资本主义生产方式中实现了对于生产逻辑的重新理解和建构,如果坚持用生产和需要理解资本的话,那么资本很容易就会变成亚当·斯密和大卫·李嘉图理解的物,相反,资本是关系,这恰恰是他们二人意识不到的。第二,现实的个人的物质基础是作为商品的物,而作为物的商品则是个人主义在市民社会中的展开。假如仅仅坚持用生产理解人在社会中的地位,人很容易就被理解为一种原子,一种天性互通有无的自然人,人与人的关系只是物与物的关系。马克思指出,这种对于个体的想象正是立足于18世纪英国和法国的市民社会,是一种基于自然主义的假象。这种孤立的个人的假定,既是资本主义生产的前提,也是其运动发展的结果。根据资本主义生产方式,资本家和工人的关系就是两个孤立的个体之间的关系,他们之间是平等的,资本家占有一定的生产资料,工人通过向资本家出卖自己劳动力获得报酬,因此他们的交换也是自由而平等的,但这实际上只是一种资本主义意识形态所预设的假象。实际上在真正的物质生产过程中,资本家正是通过隐匿的形式占有工人生产所创造的剩余价值从而进行进一步的资本增殖,在看似平等的交换关系中恰恰隐藏了一种不平等、不自由的生产关系。因此笔者发现:这种抽离了任何社会关系属性的个人体现着资本主义交换关系的虚假性。当资本主义经济学家将资本的关系简化为物与物

---

① 《马克思恩格斯全集》第23卷,人民出版社1972年版,第24页。

之间的关系时,平等的交换关系也就成了社会关系的全部规定性,资本主义生产方式的历史性和特殊性在经济人假定和作为所谓资本生产起点的"生产一般"中消失了。第三,实现人的自由全面发展需要实现对黑格尔哲学和古典政治经济学的双重超越。对黑格尔哲学的研究可以说是构成了青年马克思思想发展的重要内容,尤其是马克思注意到在黑格尔哲学中包含着对于古典政治经济学的深刻理解。马克思将市民社会中的个人定义为以物的依赖性为基础的人的独立性,这种外在的依赖性一方面表明人是异化的存在,另一方面又为人的进一步发展提供了条件。在这种形势下,人们以个人的身份参与到以分工和协作为基础的资本主义生产与交换的过程之中,逐渐产生出普遍性的社会生产和社会交换,从而进展为广阔的世界市场。当然这种普遍性的联系还是以异己的方式展现的,社会化的生产也仅仅是有中介的、为社会的生产,而不是直接的社会生产,仍存在社会化生产与生产资料私人占有的固有矛盾。因此马克思指出,能够扬弃和取代这种资本主义市民社会的必然是一个建立在人的自由全面发展之上的自由人的联合体。

# 参考文献

[1]马克思恩格斯全集:第44卷[M].北京:人民出版社,1982.

[2]马克思恩格斯全集:第31卷[M].北京:人民出版社,1972.

[3]马克思恩格斯全集:第25卷[M].北京:人民出版社,1974.

[4]马克思恩格斯全集:第13卷[M].北京:人民出版社,1962.

[5]马克思恩格斯全集:第4卷[M].北京:人民出版社,1958.

[6]马克思恩格斯文集:第5卷[M].北京:人民出版社,2009.

[7]黑格尔.小逻辑[M].贺麟,译.北京:商务印书馆,1980.

[8]黑格尔.法哲学原理[M].范扬,张企泰,译.北京:商务印书馆,1961.

[9]黑格尔.逻辑学[M].杨一之,译.北京:商务印书馆,1966.

[10]列宁.哲学笔记[M].中共中央马克思恩格斯列宁斯大林著作编译局,译.
    北京:人民出版社,1993.

[11]孙周兴.海德格尔选集[M].上海:生活·读书·新知上海三联书店,1966.

［12］亚当·斯密.国民财富的性质和原因的研究（节选本）［M］.郭大力,王亚南,译.北京:商务印书馆,2002.

［13］高宣扬.德国哲学通史:第2卷［M］.上海:同济大学出版社,2007.

［14］黑格尔.黑格尔通信百封［M］.苗力田,译编.上海:上海人民出版社,1981.

［15］列宁全集:第55卷［M］.北京:人民出版社,1990.

［16］张世英.论黑格尔的"逻辑学"［M］.上海:上海人民出版社,1959.

［17］张世英.黑格尔《小逻辑》绎注［M］.长春:吉林人民出版社,1982.

［18］黑格尔.哲学史讲演录:第四卷［M］.贺麟,王太庆,译.北京:商务印书馆,1978.

［19］康德.纯粹理性批判［M］.蓝公武,译.北京:商务印书馆,1960.

中　国　哲　学

# 论梁启超的"知不可而为"思想

李 媛

## 前言

偶然与必然、理想与现实、有限与无限的矛盾推动了人自身的发展,作为特殊的存在方式,不同的人对人的本质、人生目的、人生价值的理解不同。人生观和价值观对于一个人的人格培养和发展方向有着重要的影响和指导作用。梁启超是中国近代学者,他对人生观有着独特的理解,体现了非凡的智慧。他倡导《易经》的"君子以自强不息"、孔子的"知其不可而为之"的自强与无畏精神,弘扬"为而不有""宠辱不惊"的生活态度。梁启超豁达向上的人生观对于现代人的精神生活、人格养成及生存智慧的培育有着重要的借鉴和启迪作用。近年来,有许多学者热衷于梁启超人生观的研究,如:方红梅的《梁启超趣味论》、彭树欣的《论梁启超的"趣味主义"人生观》等。这些研究都是从"趣味主义"的视角展开的。本文从"知不可而为"的视角揭示梁启超的人生观,意在突出体现其豁达向上、宠辱不惊的人生态度。

## 一、梁启超"知不可而为"思想的背景、渊源

研究梁启超的"知不可而为"的思想,就要追寻他人生及思想的变化历程,

从中了解是怎样的环境、经历造就梁启超从容淡定、积极乐观的人生哲学，使他提出了超越成败的"知不可而为"思想，即使人由对外物的追求回到对心灵的感受。

## （一）政治背景

在近代中国，现实需要的复杂性、多样性促使爱国之士积极寻求变革现实、救亡图存之路。梁启超作为爱国人士，提倡、宣传维新思想。1898 年，维新变法失败，他在政治上颇为失意。颠沛流离、亡命异国的生活使他对社会的艰险、黑暗刻骨铭心。1915 年，梁启超发表《吾今后所以报国者》，决定终止其政治生涯并在 1918 年的冬天远赴欧洲，在那里他看到了战后人们充满了幻灭感和危机感，失去了从前的乐观主义，对诞生于西欧的曾引以为傲的民主、自由、平等产生了怀疑。人的精神一旦堕落，虽生犹死。这使梁启超的思想发生了转变。从欧洲归来之后，梁启超主张用中华先哲的思想智慧来拯救社会。

## （二）文化渊源

"温故而知新"，正如卡尔·雅斯贝斯指出的，"个体自我的每一次伟大的提高都源于同古典世界的重新接触"①。近代爱国学者在提倡学习西方先进思想的同时，强调"西学中源"，在传统文化中寻求救国之道。在《射鹰楼诗话》中林昌彝说：外夷奇技，这个故事出自中华大地，慢慢地却断了传承，而外国人竟习得了它。梁启超在他的人生后期主要致力于中国传统文化的研究，在文学、历史和哲学等方面都有巨大的成就。对先秦诸子的研究中，梁启超比较注重探求先哲对人生价值及人格修养方面的智慧。可以说他的人生观是从佛经及儒书中领略来的。

1921 年，梁启超在北京哲学社演讲《"知不可而为"主义与"为而不有"主义》时，对孔子、老子的人格极为推崇。他认为，"孔子的人格，在平淡无奇中现

---

① 卡尔·雅斯贝斯：《时代的精神状况》，王德峰译，上海译文出版社 2003 年版，第 135 页。

出他的伟大,其不可及处在此,其可学处亦在此"。"孔学专在养成人格。"①梁启超还指出,老子更是效仿"道"之"生而不有,为而不恃,长而不宰"②的品性,做到了"宠辱不惊""少私寡欲"。同时,梁启超对《易经》中蕴含的生命哲学有十分独到的见解。《易经》中的"乐则行之,忧则违之,确乎其不可拔"是说人生不可不行动,而行动不必去猜想结果,不应有奢望。这一点又与孔子的"发愤忘食,乐以忘忧,不知老之将至"③这样一种人生观契合。这一演讲中所揭示的"趣味"的人生观,"知其不可而为之"的处事方法,"为而不有"的人生态度,是极高尚而极适用的。这对当时的年轻学生和知识分子的人生观具有一定的启示作用。

# 二、"知不可而为"思想

一个人是靠自我的人生观来安身立命的,梁启超的人生观是以"责任心"和"兴味"作为基础的。"责任心"是肩上的担子,是苦;"兴味"是有趣的,是乐。梁启超的感情丰富,不曾压抑,任其自然流露发展,结果则是将"责任"和"趣味"调和,苦乐结合。这样的人生没有烦恼,"是可赞美的,可讴歌的,有趣的"④。梁启超将这种人生观理解为"知其不可而为之"和"为而不有"精神。

## (一)"知不可而为"

在简要考察了梁启超的"知不可而为"思想的渊源,概括了其基本的人生观后,便可探求"知不可而为"的具体内涵了。

### 1.《论语》中的含义

何为"知不可而为"?"知不可而为"就其字面上往往理解为:明知道这件

---

① 梁启超:《梁启超全集 6》,北京出版社 1999 年版,第 3152 页。
② 梁启超:《人文心语录》,四川文艺出版社 1998 年版,第 116 页。
③ 刘琦译评:《论语通译》,吉林文史出版社 2003 年版,第 56 页。
④ 梁启超:《梁启超全集 6》,北京出版社 1999 年版,第 3411 页。

事情不能成功却偏要去尝试。看上去或许偏激一些，是自不量力，实则不然。探究其本质，这句话强调的是做事情不求结果好坏、成败，只管自己全心全力去做。这里蕴含一种精神。"知不可而为"出自《论语·宪问》："子路宿于石门。晨门曰：'奚自？'子路曰：'自孔氏。'曰：'是知其不可而为之者与？'"[①]司门者将孔子看作一个"知其不可而为之"的人，即一旦打定主意决不轻言放弃的人。

**2. 梁启超的见解及处事原则**

梁启超认为："'知不可而为'主义是我们做一件事明白知道他不能得着预料的效果，甚至于一无效果，但认为应该做的便热心做去。换一句话说，就是做事时候把成功与失败的念头都撇开一边，一味埋头埋脑的去做。"[②]在中华民族危机加深的背景下，梁启超倡导国人拿出"知不可而为"的勇气。他指出："《论语》之记孔子也，曰'知其不可为而为之'。夫天下事可为不可为，亦岂有定哉！人人知其不可而不为，斯真不可为矣！人人知其不可而为之，斯可为矣！使吾四万万人者，咸知吾国处必亡之势，而必欲厝之于不亡之域，各尽其聪明才力之所能及者，以行其分内所得行之事，人人如是，而国之亡犹不能救者，吾未之闻也。"[③]

众所周知，作为一名爱国主义者，梁启超演讲的目的和论证的内容都是激励青年知识分子积极投入到保卫祖国的事业中，他自身也将全部精力和热情倾注到救亡图存的斗争中。梁启超曾这样表明："我开始拥袁，是为了国家，以后反袁，也是为了国家……顾亭林说得好：天下兴亡，匹夫有责。假如国之不存，还谈什么主义、主张呢！"[④]这种为了国家兴亡义无反顾的精神正是"知不可而为"精神的体现。

## （二）"知不可而为"成立的基础

梁启超将"知不可而为"精神理解为不讲得失地、勇敢地做自己喜欢的事情。那么，"知不可而为"这句话何以成立？为什么要不计得失成败地努力做

① 刘琦译评：《论语通译》，吉林文史出版社 2003 年版，第 129 页。
② 梁启超：《梁启超全集 6》，北京出版社 1999 年版，第 3411 页。
③ 夷夏编：《梁启超讲演集》，河北人民出版社 2004 年版，第 2 页。
④ 夏晓虹译评：《追忆梁启超》，中国广播电视出版社 1997 年版，第 419 页。

事情？

### 1. 从成功与失败辩证关系的角度论证

梁启超指出，"天下事有许多从此一方面看说是成功，从别一方面看也可说是失败"①。所以，成败既无定形，则"可"与"不可"的根本对立便不复存在。梁启超将"知不可而为"思想与功利主义相比较，认为后者在每做一件事情之后一定要问效果，而前者却注重过程。因为矛盾双方可在一定条件下相互转化，成功与失败也因不同的条件而无定形。司门者只知孔子是不为成败无畏的坚持，却未必知道孔子所坚持的是什么，别人眼中的"不可"或许在孔子心中完全没有。如此一来，"知不可而为"则可以说成"无可无不可而为"。

梁启超进一步指出，宇宙间的事只有失败没有成功。成功意为圆满，失败则表示缺陷。在无尽的天地中，人生只是微弱的一个小段片。从时间上看，无论人的一生多么辉煌闪耀，终究不过是宇宙长河中的一个点，稍纵即逝。一个人无论能力多么强，总有许多事做不完，而其所做出的小段片又如何称得上成功？从事实和学问上看，梁启超给出的周公致太平而未见太平，以及爱因斯坦相对论对牛顿定律的冲击等例子表明，天下事无不可，天下事无成功。

### 2. 从"宇宙未济"的角度论证

既然只有失败没有成功，做了事只有失败，我们为何要去做事？生活就是必须做事，这样才是活着。梁启超用《易经》中的"宇宙未济"来说明我们必须将生命投入宇宙之中。他指出："宇宙是不圆满的，正在创造之中，待人类去努力，所以天天流动不息，常为缺陷，故为未济。"②《易经》六十四卦始"乾"而终"未济"。如此看，人生亦不是完满的。所以人生不能不做事，而参加活动不必非要追求好的结果。有时欲望过多，会适得其反，缺陷未必不是一种美。智者看透人生成败的真谛，认为"只有不做事才算失败，凡做事便不会失败"③。所以，孔子做事是"知不可而为"，普通人则是"不知不可而为"。

① 梁启超：《梁启超全集 6》，北京出版社 1999 年版，第 3411 页。
② 梁启超：《人文心语录》，四川文艺出版社 1998 年版，第 334 页。
③ 梁启超：《人文心语录》，四川文艺出版社 1998 年版，第 323 页。

### （三）"知不可而为"之人的行为特点

"不知不可而为"的人有怎样的特点呢？梁启超指出："'不知不可而为'的人，遇事总要计算计算某事可成功，某事必失败；可成功的便去做，必失败的便躲避。"①计划精密的人害怕去做没有把握的事情，却因形势所迫不得不做，因而有无限的犹疑、恐惧，惶惶不可终日；计划不精密的人狂妄自大，满怀欣喜地以为自己会成功，到了半路才发现是自不量力，遂灰心丧气地放弃，这个更遭。这一类人没有明白"成败必至事后始能下判断的。若事前横计算竖计算，反减少人作事的勇气。在他挑选趋避的时候，十件事至少有八件事因为怕失败，不去做了"②。殊不知"是非成败转头空，青山依旧在，几度夕阳红"！

"知不可而为"的人又有怎样的特点？第一，梁启超指出，"知不可而为"的人只知失败，那做事还有什么可畏惧的呢？正因为已拥有破釜沉舟之气势，这类人早已看透生死成败。孔子的人生就是这样："毋意！毋必！毋固！毋我！"③第二，"知不可而为"的人能够正确地对待生活，他们做自己认为正确的事，做自己喜欢的事，不打算，不犹豫。梁启超认为这是人的绝对自由的生活。子曰："鸟兽不可与同群，吾非斯人之徒与而谁与？天下有道，丘不与易也。"④孔子的言行即说明"知不可而为"主义是将人做事的自由大大解放，不做无为之打算，不自我束缚。第三，"知不可而为"的人做事能乐在其中。智者乐水，仁者乐山。天天快乐，无烦闷气象。这种"趣味"的人生观就是"知不可而为"的另一体现。"知不可而为"精神引导人以乐观向上的态度面对生活的苦闷辛酸。如果我们能领会这种人生观的真谛，事事都会变得不亦乐乎。

---

① 梁启超：《梁启超全集 6》，北京出版社 1999 年版，第 3413 页。
② 梁启超：《梁启超全集 6》，北京出版社 1999 年版，第 3413 页。
③ 梁启超：《梁启超全集 6》，北京出版社 1999 年版，第 3413 页。
④ 刘琦译评：《论语通译》，吉林文史出版社 2003 年版，第 162 页。

# 三、"为而不有"思想

梁启超指出:"'知不可而为'主义与'为而不有'主义都是要把人类无聊的计较一扫而空,喜欢做便做,不必瞻前顾后。"[①]它们是一个主义的两个方面:"知不可而为"是破除妄念,回归到原来质朴的状态,可使"世界从烦闷至清凉";"为而不有"是"认真去妄",可使"世界从极平淡上显出灿烂"。

## (一)"为而不有"的含义

在诠释了"知不可而为"的思想后,现在可以探讨梁启超对"为而不有"思想的认识了。

### 1. 罗素对"为而不有"的解释

梁启超指出,罗素对"为而不有"有很好的解释。罗素的中国社会改造思想中提到:"人类一切活动都发生于两个来源:冲动与愿望,冲动是人们行动的基础,它的范围大大超过了愿望。人的冲动和愿望可以分成创造性的和占有性的,在政治和私人生活里的最高原则都应该是促进一切创造性的东西,从而减少围绕着占有的冲动的愿望。创而不有主义就是创造而不占有。"[②]"为而不有"便是创造而不占有,我们劳动而不唯利是图,又能获得精神上的愉悦。

### 2. 梁启超对"为而不有"的解释

"为而不有"在梁启超看来是"不以所有观念做标准,不因为所有观念始劳动",简单说即"为劳动而劳动,为生活而生活"[③]。"为而不有"即将自我的私心清除,将对利益的算计清除。

"为而不有"的观点不同于功利主义做事之前必须问为什么。胡适指出:

---

① 梁启超:《梁启超全集 6》,北京出版社 1999 年版,第 3415 页。

② 北京师联教育科学研究所编译:《罗素中国社会和教育改造思想与文论选读》,中国环境科学出版社 2006 年版,第 7-8 页。

③ 梁启超:《梁启超全集 6》,北京出版社 1999 年版,第 3414 页。

"墨子以为无论何种事物、制度、学说、观念，都有一个'为什么'。换言之，事事物物都有一个用处。知道那事物的用处，方才可以知道它的是非善恶。"①然而，"为而不有"是主张凡事不为什么。梁启超指出常人每做一件事必要报酬，如求得金钱、名誉，这是"为而有"。这体现了人的占有的冲动，付出和获利是紧密联系的。"兼相爱，交相利"。这和冯友兰的人生四境界说中的"功利境界"相似。人们对自己的行为有完全的自觉，只不过是为自己的私利。"一切利他的行为，都可以作为一种利己的方法。"②而老子的人生哲学则认为人生劳动应该不求报酬，无论你为自己、家庭还是国家而有，都是"为而有"，这都不是劳动的真目的。人们应该为劳动而劳动，为生活而生活。

## （二）"为而不有"

分析了"为而不有"的具体内容后，梁启超从"上仁为之而无以为"与"既以为人己愈有"的角度出发，对"为而不有"思想的实质展开进一步论证。

### 1. "上仁为之而无以为"

老子说："上仁为之而无以为，上义为之而有以为。"③直译过来为：具备"上仁"的人不表现为虚情假意，因此实际上有仁德；"上义"之人有所作为，是为了让别人知道他的行为。梁启超说韩非子对这句话解释得好，即"生于其心之所不能，非求其为报也"，意思是"无所为而为"，既然无所为，就只好为劳动而劳动，为生活而生活，即为"劳动的艺术化，生活的艺术化"。

### 2. "既以为人己愈有"

"为而不有"还可以这样解释："既以为人己愈有，既以与人己愈多。"④梁启超给出的说明是：越帮助别人，自己越拥有。老子没有"多"与"少"的量化的观念，这些都是为常人区分而设定的。老子的哲学以"道"为核心，"道"首先是一个人精神生活的法则。《老子》四十八章提出："为学日益，为道日损。损之又

---

① 胡适：《中国哲学史大纲》，中国和平出版社 2014 年版，第 149 页。
② 冯友兰：《新原人》，生活·读书·新知三联书店 2007 年版，第 96 页。
③ 顾悦译注：《道德经》，世界图书出版西安公司 1997 年版，第 52 页。
④ 梁启超：《梁启超全集 6》，北京出版社 1999 年版，第 3414 页。

损,以至于无为,无为而无不为。"这里的"损"是要减损或消解既定经验给我们带来的思想禁锢,是要减损或消解固有知识带给人的不自然的"伪"的部分。因为自然事物瞬息万变,在这无穷无尽的进化长途中,心灵一旦停留在既成的形式里,就会僵化,不能实现"无为"。在一般人的眼中,"凡是为人的好象已便无……凡是与人的好象已便少"①。这样的人以为占据了便是"有"了,殊不知拥有是失去的开始。荀子语物与欲"相持而长",常人因其心被物与欲蒙蔽,失去了人的本性,而圣人则能"无知无欲",做事不问为什么,只是实实在在地做什么。

(三)"为而不有"与"无为而无不为"

梁启超认为,老子讲"无为而无不为",常人只重视"道"的"无为"而忽略"无不为"是不正确的。他说:"老子是一位最热心热肠的人;说他厌世的,只看见'无为'两个字,把底下'无不为'三个字读漏了。"②"为而不有"的精神和老子哲学的处事守柔、处下、居弱、主静一样,都是"无为"的一种体现。所谓"祸兮福之所倚,福兮祸之所伏"③,"为"和"不为","有"与"不有"相反相成,都能向彼此转化。"为而不有"也即为"为而有"了。树立"为而不有"的人生观即是为生活而生活,抛开对结果的预想,不瞻前顾后,做到顺理应事,尽伦尽职,能"知天""事天""乐天",实现生活的艺术化。

# 四、梁启超的人生观

"知不可而为"的"责任心"与"为而不有"的"兴味"结合是梁启超后期的人生哲学。因为在人生的前期他多参加政治活动,发表大量文章宣传西学,批判封建思想。直至赴欧洲考察后,他的人生观发生改变,他开始从事学术活动,宣传"东方的人生哲学",提倡"尽性主义"。从现有文献看,梁启超首次比较详细

---

① 梁启超:《梁启超全集6》,北京出版社1999年版,第3414页。
② 梁启超:《人文心语录》,四川文艺出版社1998年版,第125页。
③ 梁启超:《人文心语录》,四川文艺出版社1998年版,第112页。

地阐发关于人生的见解正是在 1921 年的《"知不可而为"主义与"为而不有"主义》的演讲中。他说："我半生来拿'责任心'和'兴味'这两样事情做我生活资粮，我觉得于我很是合宜……我的见解便是（一）孔子说的'知其不可而为之'和（二）老子的'为而不有'。"①"我生平对于自己所做的事，总是做得津津有味，而且兴会淋漓"②，并且，在人生的后期，他也一直秉持着"知不可而为"的宗旨和"为而不有"的态度，发扬了自强不息、知行合一的求实精神，展现了温良恭俭、己欲达而达人的品格。

### （一）"知不可而为"与"为而不有"人生观的内容

梁启超的人生观，因对生命之快乐与意义的追求，对创造与享受的叠合，而呈现出独具特色的智慧。这种人生观包括以下三方面内容。

#### 1. "趣味"主义

梁启超在 1922 年的《趣味教育与教育趣味》中提到："假如有人问我：'你信仰的什么主义？'我便答道：'我信仰的是趣味主义。'……我所做的事，常常失败——严格的可以说没有一件不失败——然而我总是一面失败一面做；因为我不但在成功里头感觉趣味，就在失败里头也感觉趣味。"③然而，对于大多数人来说，做到这样实在不易。人的一生中，当生存是规则，不是选择的时候，我们不免常常陷入其中。"人生在所有的社会上，受种种的牵掣，倘有人打破所有的观念，他立刻便缺乏生活的供给。"④如果能实现社会责任、物质收入与心灵快乐的三位一体，该是多么愉快的事！所以，梁启超指出，必须改革社会组织后方能实现这种主义。处于混浊的社会中，我们还应该用"知不可而为"与"为而不有"来寄托我们的精神生活，把两者当作"失败中的鼓舞，烦闷中的清凉，困倦中的兴奋"⑤。

---

① 梁启超：《梁启超全集 6》，北京出版社 1999 年版，第 3411 页。
② 夏晓虹编：《梁启超文选》（下集），中国广播电视出版社 1992 年版，第 469 页。
③ 夏晓虹编：《梁启超文选》（下集），中国广播电视出版社 1992 年版，第 469 页。
④ 梁启超：《梁启超全集 6》，北京出版社 1999 年版，第 3415 页。
⑤ 梁启超：《梁启超全集 6》，北京出版社 1999 年版，第 3415 页。

### 2. 知命与努力

梁启超认为，"知其不可而为之"从侧面也强调人应在知命的基础上努力。在《知命与努力》一文中，梁启超指出："'知其不可为'便是知命，'而为之'便是努力，孔子的伟大和勇气，在此可以完全看出了。"①他还提到："我们为何需要真正的努力，因为只有真正的努力，才可不厌不倦。人何以有厌倦，多因不知分限，希望过大，动遭失败，所以如此。知命的人，便无此弊。"②"知不可而为"所传达的"知命"，并不是胡适说的"懒惰哲学"，"实因镇定而知命"。所谓"努力"，是破釜沉舟的勇气，是一种牺牲。

### 3. 人生的目的

在知命与努力的基础上，梁启超指出，秉持"知不可而为"的精神，同时要有自己的责任及担当，要有目的地做事，这才是我们人生意义所在。在《现代教育之弊端》中，他指出："吾人须知人类为何生存，吾人在世界上有何责任，如仅为饮食男女等事，吾人又何必生此世乎？然则吾人生在世间，必有责任明矣。有责任，斯有目的。照此目的做去，则虽苦不觉其苦。否则即一日做一无目的之事，其苦已不可名状矣。"③所谓"知不可而为"，也有一个处事的标准，这便是责任与目的。人生若无追求，"如此则与禽兽奚择"了。

### (二)"宠辱不惊"的人生态度

至于如何实现艺术化的人生，老子的"宠辱不惊"帮助梁启超找到了方法。他指出："现在的一般青年或为宠而惊，或为辱而惊……有些青年自觉会做几篇文章，便以为满足……他们在报上出风头，不过是为眼前利害所鼓动，为虚荣心所鼓动，别人说成功，他们便自以为成功，岂知天下没成功的事？"④宠辱不惊是人生一个非常高的境界，北宋范仲淹《岳阳楼记》中的"不以物喜，不以己悲"和此人生态度不谋而合。按梁启超"宇宙未济，人生无我"的观点，做到"忘我"，

---

① 夏晓虹编：《梁启超文选》（下集），中国广播电视出版社 1992 年版，第 503 页。
② 夏晓虹编：《梁启超文选》（下集），中国广播电视出版社 1992 年版，第 504 页。
③ 梁启超：《梁启超演讲集》，天津古籍出版社 2005 年版，第 64 页。
④ 梁启超：《梁启超全集 6》，北京出版社 1999 年版，第 3415 页。

做到"不计较"，才会有"仁者不忧"的境域。

# 五、启示

梁启超所阐发的"知不可而为"与"为而不有"都是关乎人类存在问题的重要理论。这两句古语所蕴藏的精神没有因时间的久远而失去光辉，反而经过岁月的沉淀更彰显其精华，昭示其魅力。

一方面，梁启超积极乐观的人生态度和甘为天下的报国热情激励着无数有志青年为国家兴亡而奋斗。"知不可而为"的无畏精神和"为而不有"的生活态度作为青年修养的清凉散，成了他们奋斗的精神寄托，使他们摆脱"精神饥荒"。另一方面，这种"宠辱不惊"的人生观更是给当下的青年很多启发。"知不可而为"与"为而不有"讲的是：在我们的生活中，认为应该做的，喜欢做的，就勇敢去做，不应有太多的顾虑，要把计较得失成败的观念变为艺术的、情感的。做事前过多地考虑并不会让成功的概率变大，反而可能会失去斗志和决心，缺少"知不可而为"的勇气，使自己无法迈出第一步，也就更无成功的可能。

有人对于已经发生的事情喜欢问"为什么会这样？"有的人喜欢问"为什么不能这样？"总之，不论做什么事都要有坚定的信念，喜欢做就去做，毕竟机会并不是何时都有的。"千里之行，始于足下"，大胆地迈出第一步，知行合一，做一个有志者、苦心人，或破釜沉舟，或卧薪尝胆，在生活中体会生活，为生活而生活，面对结果保持一种豁达的、宠辱不惊的人生态度。

# 结论

梁启超的人生哲学不仅仅是一般性的理论阐发，实际上也是其自身思想和性格的生动写照，是其杰出人格的体现。"知不可而为"与"为而不有"的思想都是为了人们去除毫无意义的争吵，去实现自己，将生活艺术化，不做白日梦想家。这种人生态度在当今仍可为人们所学习。这也是本文的出发点。

# 参考文献

[1]梁启超. 梁启超全集 6[M].北京:北京出版社,1999.

[2]梁启超. 人文心语录[M]. 成都:四川文艺出版社,1998.

[3]夷夏. 梁启超讲演集[M].石家庄:河北人民出版社,2004.

[4]胡适. 中国哲学史大纲[M].北京:中国和平出版社,2014.

[5]袁刚,孙家祥,任丙强.中国到自由之路——罗素在华讲演集[M].北京:北京大学出版社,2004.

[6]李景林,郑万耕.中国哲学概论[M].北京:北京师范大学出版社,2010.

[7]卡尔·雅斯贝斯.时代的精神状况[M].王德峰,译.上海:上海译文出版社,1997.

[8]马福军.从《论语》看孔子的人生哲学[J].信阳农业高等专科学校学报,2009(3):35-37.

[9]陈泽环."知不可而为"与"为而不有"——梁启超后期人生观初探[J].华中科技大学学报(社会科学版),2010(2):1-6,86.

[10]彭树欣.论梁启超的"趣味主义"人生观[J].五邑大学学报(社会科学版),2011(3):12-16,93.

[11]周树山.梁启超的人生哲学[J].书屋,2012(5):10-13.

[12]孙艳红.简述老子的人生哲学[J].考试周刊,2012(78):19-20.

# 浅析冯友兰的功利境界与道德境界之别

孙 月

## 前言

冯友兰人生境界思想是中国学术界普遍关注的一个哲学课题，从 20 世纪 80 年代开始，国内学者研究冯友兰人生境界说的文献资料就越来越多，笔者使用"冯友兰""人生境界""觉解"等关键词在中国知网、万方数据知识服务平台等权威数据库进行检索，总结出当代国内探究冯友兰人生哲学及其四境界说的主要代表学者与成果，简单列举如下：陈晓平《冯友兰的境界说与未来道德哲学》(1997)；郭齐勇《形式抽象的哲学与人生意境的哲学——论冯友兰哲学及其方法论的内在张力》(1998)；宋志明《儒道合一的价值取向——评冯友兰先生四境界说》(1998)；柴文华、李文远《冯友兰的人生境界说探析》(2001)；柴文华《论冯友兰人生境界说中的中国传统思想元素——纪念冯友兰诞辰 115 周年》(2010)；田文军《冯友兰的人生境界论及其现实价值》(2014)等。

冯友兰的人生境界理论在他的人生哲学思想中具有举足轻重的地位。

## 一、冯友兰人生境界理论产生的背景

冯友兰先生是中国哲学家、哲学史家，他在 20 世纪 30—40 年代东西文化争论、民族危机的时代背景下形成了其"新理学"的思想体系。

《中国哲学史》《中国哲学简史》和《中国哲学史新编》是冯友兰在1840年鸦片战争期间撰写而成的。当时的中国深受西方列强的迫害,民族命运黯淡,国家处于风雨飘摇之中,这样的处境引发了不少知识分子对社会、人生、自我的无限思考,他们要求救亡图存、救国救人,试图改变民众的人生观以解决国家的危难,并由此展开了一场关于人生观的论战,在这种境况下,冯友兰哲学思想体系逐渐形成。

《新理学》《新事论》《新原人》《新世训》《新原道》《新知言》六书是冯友兰于抗日战争期间所写的。民族忧患、国家危机、中西文明、新旧文化的碰撞与冲击,激发了冯友兰的历史使命感,他曾写道:哲学家应当"为天地立心,为生民立命,为往圣继绝学,为万世开太平""'贞元之际所著书',以志艰危,且鸣盛世"①。哲学家的最终目的是为人类提供一种精神境。冯友兰的"人生境界"理论是冯友兰在国难当头形成的最精彩、最重要、最深刻的思想成果之一,他的这一哲学思想既充满了浓厚的西方哲学气息,又继承发展了程朱理学的思想内涵,两者的有效结合对中国的学术界特别是对中国的哲学界做了巨大的理论贡献。

冯友兰的哲学理论体系兼有儒道佛三家之长,开创了中国哲学史的新统。冯友兰不但系统地了解了东西方文化传统,而且建立了自己的文化理论体系。贺麟就曾在他的《五十年来的中国哲学》一书中谈道:冯友兰的哲学"似在于他尽力追溯他的学说如何系'接着'而不是'照着'程朱、道家、魏晋玄学及禅宗,发挥推进而来,有集中国哲学大成的地方"②。冯友兰的人生境界理论不但延续和发展了儒道佛三家之长,而且受到了自柏拉图以来的"理性主义"的西方传统哲学思想的影响。在现代中国哲学史上,很多学者都认为冯氏的哲学中人学观念可以归结为理性的人类学,他的哲学中的一个重要的特征,即将儒家传统道德的自觉与西方哲学之长的理智相结合,就是其理性主义精神的表现。探讨冯友兰人生境界理论的产生背景有助于更好地理解冯友兰的人生哲学理论,接下来笔者将深入探析冯友兰人生境界说中的功利境界与道德境界之别。

---

① 冯友兰:《三松堂全集 第4卷》,河南人民出版社2000年版,第463页。
② 贺麟:《五十年来的中国哲学》,上海人民出版社2012年版,第45页。

# 二、觉解与境界

在中西文化碰撞交融的时代,在延续程朱理学、陆王心学的理论背景下,冯友兰开启了其儒道合一、亦道亦儒的新儒学人生哲学思想体系。在他看来,研究人生哲学的关键是解决"人之所以为人者何在?"和"人生意义何在?"的理论问题,这一理论问题是通过对人的本质与人生意义的思考所构建起来的,冯友兰将人的本质理解为"觉解",即人主体的理性自我意识,是人之为人的显要特征。可以说"觉解"是冯友兰人生哲学思想体系的重心,是在探讨人生境界问题之前须解答的哲学范畴。

## (一)自觉其觉解

按冯友兰的说法:"觉是自觉。人做某事,了解某事是怎样一回事,此是了解,此是解;他于做某事时,自觉其是做某事,此是自觉,此是觉。"①知觉灵明便是觉解,这是人之所有之性,即人之所以为人者而异于禽兽者的最显著的表现。

冯友兰明确指出了人与动物的根本区别就在于"人伦"与"理性"上的不同。人与动物同做某一活动,动物虽有活动行为却不能自觉地认识到这一行为是如何,在做此活动时,也不清楚或不自觉它是在做这一活动。就以"吃"为例,人知道吃,动物也知道吃,但同样是吃,人知道吃是怎样一回事,而动物不了解吃是怎样一回事,或者说它不了解这一行为的意义,它知其可吃而吃的行为是不自觉的。相比较而言,同一行为活动对人来说是有意义的,对于动物而言是无意义的。其根本缘由是人能够自觉理性地把握宇宙人生发展的秩序与规律,人不仅能发挥人的主观能动性自觉地判别事物的真伪,还能够自觉地认识到主体本身的行为,且其行为往往又是遵从伦理道德的,"人是有觉解底东西,或有较高程度底觉解底东西"②。这是人的本质表现,而人生的意义就在于人对人生

---

① 冯友兰:《三松堂全集 第4卷》,河南人民出版社2000年版,第471–472页。
② 冯友兰:《新原人》,生活·读书·新知三联书店2007年版,第11页。

是有觉解的,且是有道德的觉解,或者说有较高程度的道德觉解。他的这一人生哲学体现了理性人类学与道德人类学的结合,即人的生活不仅是理性的生活,而且是合乎道德规律的生活。

冯友兰把"觉解"视为人最本质的规定性,从主体的理性能动精神出发展开的理性人类学观念,为其人生境界理论奠定了坚实的思想基础,也使得冯友兰的人生境界说自成体系,且异于其他现代新儒学思想。

## (二)境界

"人对于宇宙人生底觉解的程度,可有不同。因此,宇宙人生,对于人底意义,亦有不同。人对于宇宙人生在某种程度上所有底觉解,因此,宇宙人生对于人所有底某种不同底意义,即构成人所有底某种境界。"①按照冯友兰的理解,宇宙间的事物本来就是没有意义可言的,只是有了人的主观觉解才变得有意义。觉解是意义的基础,而意义呢,是觉解的目的,人在对人的本质有了基本的认识的同时,也对人生是不是值得有了清晰的看法。

佛教中"觉行圆满"的境界就是冯友兰所说的天地的境界,是达到"极高明而道中庸"的最高人生境界。而"解"一词,多有解开、解释、明白了解的含义,将觉与解连起使用,就赋予觉解以理性的内涵,要求人们从主体中悟得真谛,有所体念,因此有一种豁然贯通的了解,即"胜解"。因人主观的觉解的不同,人生的意义便不同,人生"转识成智"的过程体现在主体将主观的认识、知识提升为一种信念、观念、境界的过程。人对于事物性质的了解不同,人生意义也就表现得不同,从而所达到的目的和产生的后果就不尽相同,这主要的原因是人觉解的程度的差异,即人的道德境界的高低。

"境界有高低。此所谓高低的分别,是以到某种境界所需要底人的觉解的多少为标准。"②在中国传统伦理学中,"境"与"境界"出现得比较早,主要是指地域、疆域、边界等含义,而在人生哲学中,人的境界表现在人的精神、道德、理智、审美等层次,"冯友兰所说的'境界',实则是指人对'理世界'的体认程度以

---

① 冯友兰:《新原人》,生活·读书·新知三联书店 2007 年版,第 43 页。
② 冯友兰:《新原人》,生活·读书·新知三联书店 2007 年版,第 50 页。

及由此而形成的主观精神状态"①。当"境界"的概念与人生的哲学关联在一起时，人生的意蕴就体现在了精神的层面，因而人主体对客观事物的认知觉解的程度不同，人所处的人生境界便不尽相同。人生境界的划分标准实则就是以人主体所能达到的觉解程度为评判的准则，觉解的多者，其境界就高，觉解的少者，其境界就低，觉解的提升与发展就是这样一种逐步进化的过程，依据人们觉解的不同程度这一标准，冯友兰把人生境界由低到高依次分为：自然境界、功利境界、道德境界、天地境界。

# 三、功利境界与道德境界之别

冯友兰对"人生境界的四个层次的划分是精当的；不过，他对这四个层次之间的关系的说明有所缺憾，主要表现在道德境界和功利境界之间被设置了一道不可逾越的鸿沟"②。也正是因为这一鸿沟才将自然境界与功利境界、功利境界与道德境界、道德境界与天地境界区分开来，四境界中最为突出的表现是功利境界向道德境界的发展，即从奸雄提升为贤人的过程。为了更好地探讨冯友兰的四大人生境界，须先认清功利境界和道德境界的区别。

## （一）功利境界

冯友兰肯定功利境界高于自然境界，认为功利境界中的人对于自身所做的事还是有所觉解的，但觉解的程度较低。"在功利境界中底人，其行为都有他们所确切了解底目的。他们于有此种行为时，亦自觉其有此种行为。他们的行为的目的，都是为利。"③虽然处于自然境界与功利境界中的人的觉解程度较低，但不能认为他们是没有主观自我意识的。而在功利境界中的人，能清楚地了解自身做事的目的，他们或为求名，或为求利，或为名利双收，他们的行为是为我的，

① 宋志明：《儒道合一的价值取向——评冯友兰先生四境界说》，载《哲学研究》1998 年增刊。
② 陈晓平：《冯友兰的境界说与未来道德哲学》，载《江海学刊》1997 年第 3 期。
③ 冯友兰：《三松堂全集 第 4 卷》，河南人民出版社 2000 年版，第 526 页。

是为私的,其道德性局限于"为利",冯友兰就把这种境界的人称为"悬雄""奸雄""英雄"。

但"悬雄""奸雄"与所谓的"英雄"还是有所区别的。"悬雄"与"奸雄"的行为目的和动机是为己的,他们为了谋求一己私利不在意自己的行为是否是道德的,也就是说此种人的行为结果可以是道德的,也可以是不道德的,而英雄则不同。奸雄行事损人利己,英雄行事则利己不损人。

冯友兰认为:倘若一心炭功利,即使功在天下,利在万世的英雄人物,其人生境界也是功利境界层面的,这种境界的人虽有所成就,但还是仅仅停留在利己的层面,并未上升到道德的境界。可见区分人生境界的高与低不应以其成就的大小为标准,而应以人的主观的觉解程度和人的行为动机为标准。

## (二)道德境界

冯友兰的道德境界是从人的社会性出发的,他认为人应该遵循道德原则,为社会和公众利益做事,以"行义""贡献"为目的,要能够公而忘私,杀身成仁,舍生取义。冯友兰对道德境界的人评价较高,多称其为贤人,在他看来,道德境界中的人具备了对自身的觉解,即行为者的"我"的高一层次的有觉解的选择,他们能认识到人在社会生活中须"尽伦尽职""各有其分",且能认识到自身所做的事是符合道德规律的,是有道德意义的。

道德境界中的人对"人之性"已有清晰的觉解,他们能了解到"人之性"是蕴含于社会之中的,不存在着只有人而没有社会的世界。一个人是社会的一分子,不能单独存在,只能在社会中发展,境界中的人其行为是"行义"的,是"为公"的,其做事的动机是纯粹的、为他的,他们能够在社会中穷人之理,尽人之性,自觉服从道德律令,在取舍之间能做出有意义的选择,为群体谋福利,他们的行为是有道德的、有觉解的。

## (三)功利境界与道德境界的本质区别

按照觉解程度的高低,冯友兰将人生分为四个境界。其中功利境界与道德境界之间觉解程度的区别是最为显著的,在功利境界中的人,其行为是为利的,在道德境界中的人，其行为是行义的。两者间存在着本质的差异，即以觉解的程度、觉解的对象、觉解的内容为基础的个人利益与群体利益的争辩。

功利境界中的人其觉解程度较低，只能了解到人的生物性，即人之辅性；而道德境界中的人其觉解程度较高，对人之理、人之正性有完全的觉解，即冯友兰所说的"胜解"，他们的觉解程度已经超越了功利境界的思想层面，不仅觉解到了自身，也能觉解到自身与他人、社会的关系。

从人觉解程度的高低来判别功利境界与道德境界的差异是不全面的。我们不仅要认清主体在觉解中所获得的理性认识，还要从理性认识中获取觉解内容中的道德价值。因功利境界的人觉解程度较低，他所获得的觉解也就只能反映在其个体身上，作为独立存在的个体，其行为只是以求利或求自身的快乐为目的，他不在意其行为为社会所带来的后果，只在意个体的得失，其行为大多是损人而利己的，在冯友兰的观念中，这种人是功利境界的人，他们觉解的内容在本质上是为了自身的利益。

义与利是相反相成的。求自身的利的行为是功利境界中的人所追求的，是为己的行为，求社会的利的行为是道德境界中的人所遵循的，是行义的行为。道德境界的人与功利境界的人不同，他们对人之性、人之理、人之所有之性、人之正性都已有完全的觉解，他们认识到人之性被蕴含于社会性之中，社会与个人不能是对立的，人不仅不能离开社会而存在，而且人必须在社会中，才能发展自己的人之性，人之理。因而道德境界中的人不应把公利的实现建立在压迫个人的基础之上，而应该清楚主体必须在社会之中才能存在，主体离开社会而独立存在是不现实的想法。道德境界中的人的活动行为也应该是遵从社会的制度，服从社会道德、社会政治的规律，是行义为公的，这是人之所以为人之理，是人应尽之义。

关于功利境界与道德境界的区别，除了觉解程度的高低，觉解的为己性和为他性的表面差异外，其本质差异还是觉解的内容上的不同。冯友兰对道德境界中的人评价较高，称其为贤人，在对贤人的称赞中可以看出冯友兰对中国儒家传统道德价值观与群体至上思想的认同。道德境界的人做事是无条件的，做任何事情都知道怎样去做能对社会有利，能对别人有利，能妥善地处理权利与义务之间的关系，在整个行为活动中，道德境界的人是以"贡献"为目的的，他们的行为动机是向社会与他人提供"与"，这在本质上就与功利境界的人有所区别,功利境界的人强调个人的"占有",要求社会给他应有的权利,要求从他人和社会中获得"取"的行为,可见,从行为的动机和目的出发,就可真正地辨析出功利境界与道德境界的区别。无论行为的主体最终的目的是善的,还是恶的,是道德的,还是不道德的,只要他的行为的动机是一己私利,是个人的名利,就是功利境界的人,如果其行为的动机是整个社会,是他人的利,无论最终的行为效益是好还是坏,他都是道德境界的,也就是说,我们不在意行为主体最终所达到的"是谁之利",而在意行为主体最初的"为谁之利",单纯的公利即是义,单纯的私利即是利,从冯友兰的动机论出发,即可得出结论:同一行为活动由于"为谁"的动机或者目的的不同,其境界就会有高低上下之分,只有做到了尽职尽伦,行义为公才能正确处理好人与人的关系。

# 四、功利境界与合理利己主义

由于利己主义自身带有伦理弊端性,导致合理利己主义在此种理论形态、理论背景下,面临着现实利益的冲突,这注定会使人主体的道德理性陷入左右两难的困境中。笔者认为,合理的利己主义者与功利境界中的人的行为活动的理由各不相同,但其同一行为方式所得出的结论却是相同的,虽然二者处于不同的理论背景中,但他们都关注自身的行为方式给自己所带来的结果,可见两者的思想脉络是颇为相似的。就此,笔者将以冯友兰的功利境界与道德境界的本质差异为理论依据,来研究合理利己主义所面临的两难问题,并以此为理论依据探讨合理利己主义是否是道德的。

## (一)利己主义

按照哲学家蒂洛的分析,利己主义通常可以分为心理利己主义和伦理利己主义两类,笔者主要探讨的是伦理利己主义,伦理利己主义者认为人不仅事实上是追求自身利益的,而且人也应该去谋求自身的利益。

但伦理利己主义不同于自私自利,自私自利者是完全追求自身利益的,不考虑任何后果,只在乎其行为是否对自身有利。伦理利己主义,在利己主义前加了"伦理"二字，便使原本的自私自利的行为增加了理性的内涵，即行为的主体有了自我的意识，能够发挥自身的主观能动性去认识事物的利弊，并对利弊有所分析，从而得出利己的方式。举例来说，如果我们经常做一件事，可能这件事对我们来说是有利的，但做这件事的同时，可能导致别人对我们产生仇恨，导致我们名誉扫地，在认清结果后，我们得出了这样的结论，即我们不这么做可能更符合我们的自身利益，甚至有些时候为了获取更多的自利，我们可能要做出一些利他的举动，这样才更有利于自身的利益，可见这更像笔者上文所提到的功利境界的人，他们有较高的自我觉解，能对人所有之性有所了解，能对利弊有所分析，从而得出行为的目的与动机。

## （二）合理利己主义的理据

蒂洛认为伦理利己主义可以表现为三种类型：唯我型、个人型、普遍型。

（1）唯我型主张每人都应该以自我的最大利益来行动。

（2）个人型认为每人都应该为自我的利益而行动，至于别人怎么办我不管。

（3）普遍型的基本原则是每人都应永远为自己的最大利益而行动，不关心其他人的利益，除非其他人的利益符合自身利益。

可见西方伦理哲学对合理利己主义者的概括，如在行为方式的表述上，在道德伦理的论证上与冯友兰的功利境界中的人都是极为相似的，唯我型伦理利己主义者和个人型利己主义者相似于冯友兰功利境界中的悬雄与奸雄，普遍型利己主义者相似于冯友兰功利境界中的英雄。

合理利己主义的存在有其自身的价值，相对于利己主义者而言，他能了解任何道德行为的相关者，能理性地思考人们行为背后的思想、感情、理由和动机，因而其行为的主体是带有理性精神的自我觉解。从经济学的角度看，合理利己主义者的行为还是有一定利处的，正如亚当·斯密所认为的那样，在市场经济的社会背景下，每个人都是为"我"的，而且总是从"我"出发的，每个人都是通过生产、劳动、交换、消费来实现自身的价值，在这个普遍联系的市场经济体系下，主体在为自身的私利而生产劳动的同时，事实上也是在为他人、社会创造着财富，即使劳动者的主观动机是为我的、利己的，但为了更好地实现自身利己的目的，就必须为他人和为社会而生产劳动，从另一角度而言，主体为了让自己获取日常生活上的需求，就必须在市场中消费，这就给他人提供了一个生活生存的来源。即使思维的主体并不想消费于其他劳动者，但为了自身生活得更好，就必须通过消费来获取生活所需的商品，在市场经济中，行为主体出于利己的行为动机，将给他人和整个社会带来经济利益，并且其结果比行为主体真正出于本意的情况下更好。可见合理利己主义的存在有其相符的理论依据。

（三）合理利己主义是否道德

合理利己主义自身具有理性主义精神特征，它关注人的社会性，对人行为的动机有较高的觉解，它的存在对社会和他人来说都是有所利处的，但我们不得不思考合理利己主义所带给我们的伦理道德问题。

从本质上来说，合理利己主义者主张通过以"利他"的手段来追求个人"利己"的目的的行为是出于一种利益的交换，是为了谋求一己私欲的较高明的手段，他的这种以追求自身的利益，并非出于对他人和对社会的道德同情的行为，就比较相似于冯友兰所说的功利境界中的人，但与功利境界中的人的不同之处就在于，合理利己主义者认识到了人的社会性，拥有较高程度的自我觉解。

笔者将合理利己主义纳入功利境界与道德境界中是为了更好地探究合理利己主义是否是伦理道德的行为。其实在浅析功利境界与道德境界之别时，可以看出虽然在利己主义前加了"合理"二字，但也无法改变利己主义自身所带有的缺陷性，即在利益交换中，利己主义者能够考虑到他人的要求，但究其根本，其整个行为活动的动机都是带有利己性的，都是为了追求自身最大的利。决定个体行为道德与否，最根本的标准是行为活动的主体的动机是否是为他的，为整个社会的，这就像冯友兰的功利境界与道德境界间存在着的最本质的差异：我们不在意个人行为最终所达到的"是谁之利"，而真正在意的是行为主体的活动动机，即他的出发点到底是"为谁之利"，如果说是完全为他人，为社会的利益，做到尽伦尽职，其行为就是道德的，如果说是为了谋求自身的利益，但行为结果是利他利社会的，那就无法改变他的功利性，其行为就是不道德的。按冯友兰的理论可得，合理的利己主义从某一方面来讲并非是道德的行为。

# 五、对冯友兰人生境界的反思

"冯友兰先生的文化理论，相较于'五四'以来形成的其他文化理论，在认知层面、思维方法以及理论的系统和结构方面，都能够具备自身的特色。"①他的人生境界说是对中国传统儒道佛三家思想的继承与延续，成功实现了从传统哲学向现代哲学的转换，也正如当代学者所言的那样冯友兰的人生哲学对中国哲学界的影响是无可替代的。

## （一）冯友兰人生境界说的意义

在现代中国哲学史上，冯友兰人生哲学的一个重要的特征就是其人生境界说中所具有的理性主义精神。冯友兰将人主体的理性与道德相结合，极力推崇道德理性在人生中的意义与价值，强调人的理性、社会性等人生的特性，即人的生活因为有了理性的自我觉解才变得有价值，人能够自觉地了解宇宙事物，又能够自觉地了解主体自身的行为，在道德理性的引导和约束下，主体遵循道德律令才能保证人类向正确的方向发展，才能够在求得"真善"的基础上，获取主体对人生的"美"的享受。这也正体现了冯友兰人生哲学的理论贡献，即他为后世的哲学家探讨人生哲学问题提供了理论依据。

冯友兰人生哲学的总标准是觉解，按照觉解程度的深浅可划分为四境界，其中功利境界与道德境界的区别就表现出以"利己"为目的的个体性与以"行义"为目的的社会性上的不同。冯友兰突出强调群体与公利的价值，倡导"尽心尽性"，"尽职尽伦"思想与"位分"观念，要求人们认清人之性是蕴含于社会之中的，人要得以发展就必须服从于道德律令，这一追从群体利益至上性的观念对现实生活有着深刻的借鉴意义，也从另一方面说明冯友兰的人生哲学理论具有普适的现实价值。

---

① 田文军：《冯友兰文化观刍议》，载《哲学研究》1998 年增刊。

### （二）冯友兰人生境界说的缺失

任何一种哲学理论都不可能是完全无误没有缺憾的，受到后人或多或少的批判是在所难免的，在某种程度上，冯友兰的人生哲学同样如此。就当代学者的文献成果可知，冯友兰的人生境界理论的主要问题是其与生命实践的脱节。

国内学者认为冯友兰的人生哲学，"建基于主观觉解之上的人生境界实质上只是四种不同性质的生命为在体验或精神感受，它们不能够被用作评价或规整现实人生实践的有效标尺"①。其大致意思是说冯友兰以觉解程度的高低为标准划分的四大境界，只注重主体觉解的动机，并未注重人的具体行为所带来的后果，只因觉解程度高就称其为道德的，因觉解程度低就称其为不道德的，不在意行为活动所带来的善恶性，是不全面的。按冯友兰的理解，我们可以说我做这件事最初的动机是为他人、社会谋利益，在这一行为活动中，我也已经清晰地觉解到了人和他人、社会的关系，但因为客观因素的影响导致我的行为的结果变成了有害于社会或有损于他人利益的活动。这种不考虑后果，一味强调人的行为动机的理论，只关注行为的最初动机是善的，是有道德价值的，但无论后果是善的，还是恶的行为都被称为是有道德，由此可见，冯友兰的这种以人的主观内在的觉解为道德规范的准则，只关注人的行为动机和主体以何种目的为出发点的理论是不准确的。关注主体的具体行为后果也应是判定境界高低的一个不可或缺的标准，也就是说应将最终结果所达到的公私善恶之别的外在客观的因素与人的自我觉解并列，共同作为评价人的境界高低的评判尺度。

还有一些学者认为，冯友兰的人生境界说过于理论化，他只是提供了一个纯粹形式化的观念，其理论发展的构思太过玄远缥缈，人们并不能从其体系中获得具体提升人生境界的方法和途径，虚设的境界说不仅无法评判现实人生的公私善恶之别，更无法帮助人们解决人生际遇中潜存的具体问题，这就是上文所提到的人的主观精神境界与客观存在的生命实践的脱节。

虽然，冯友兰哲学思想中存在着一些问题，但仍旧对我们的现实生活有所指导，是值得去深入研究与探讨的。

① 邓联合、徐建科：《论冯友兰的人生境界理论》，载《学海》2005 第 3 期。

# 结论

笔者从冯友兰人生境界理论的核心思想"觉解"入手，主要探讨功利境界与道德境界的本质差异。因人对人生觉解程度的不同，人生的意义与价值就不同，即构成人所有的精神境界就不同。冯友兰认为，人生可分为四个境界：自然境界、功利境界、道德境界、天地境界。其中功利境界与道德境界中的人在觉解内容上存在着显著性差异，即人觉解的程度、觉解的对象、主体行为的特征、行为的目的、行为的动机都存在着差异。功利境界中的人是损人利己的，是利己不损人的，他们是悬雄、奸雄、英雄，他们的行为动机和行为目的是利己性的，可能在活动执行时带有了利他或利群的成分，但对于冯友兰而言这种活动行为依旧是停留在功利层面，并未上升到道德层面，而道德境界中的人多被冯友兰称赞为贤人，他们的活动行为是为他的，是行义的。这里的功利境界与道德境界的区别不仅体现在人主体的自我觉解程度，还表现在活动主体的行为动机和出发点上的不同，在探讨中笔者发现两者最本质的区别不应以最终的"是谁之利"为道德标准，而应以最初的"为谁之利"为评判基础。因而从某种角度看，合理的利己主义者更像是功利境界与道德境界的结合，合理的利己主义者具有道德境界中的人的理性和社会性，还具有功利境界中的人的行为动机的利己性。这一理论的契合激发了笔者的创新思路，即以冯友兰的功利境界与道德境界之间的差异为理论依据探讨合理利己主义的两难问题。笔者究其根本最终得出的结论是：合理的利己主义的思想虽说带有合理性，主观能动性，但因其行为依旧是以利己性为前提的，所以合理的利己主义者的觉解程度并未使其上升至道德层面。

# 参考文献

[1]冯友兰.中国哲学史[M].上海：华东师范大学出版社，2000.
[2]冯友兰.新原人[M].北京：生活.读书.新知三联书店，2007.

[3]冯友兰.境界:冯友兰谈人生[M].北京:中信出版社,2012.

[4]贺麟.五十年来的中国哲学[M].上海:上海人民出版社,2012.

[5]田文军.冯友兰文化观刍议[J].哲学研究,1998年增刊:172-175.

[6]田文军.冯友兰人生境界论评析[J].中州学刊,1990(2):51,52-56.

[7]宋志明.儒道合一的价值取向——评冯友兰先生四境界说[J].哲学研究,
  1998年增刊:170-171.

[8]蒙培元.知识,还是境界?——评冯友兰的中国哲学史"总结"[J].中国社
  会科学院研究生院学报,2001(3):37-43.

[9]蒙培元.在传承与创新中发展——在第四届冯友兰学术思想研讨会上的总
  结发言[J].哲学动态,2001(2):7-9.

[10]柴文华.论冯友兰人生境界说中的中国传统思想元素——纪念冯友兰诞辰
  115周年[J].学术交流,2010(7):13-17.

[11]柴文华,李文远.冯友兰的人生境界说探析[J].天府新论,2001(2):
  56-59.

[12]陈晓平.冯友兰的境界说与未来道德哲学[J].江海学刊,1997(3):
  95-100.

[13]张克政.论冯友兰功利境界与道德境界之贯通——兼与陈晓平先生商榷
  [J].河南科技大学学报(社会科学版),2011(1):33-38.

[14]邓联合,徐建科.论冯友兰的人生境界理论[J].学海,2005(3):112-117.

# 《论语》中的"孝"思想浅析

崔镇

## 前言

"孝"是中国社会最典型的伦理精神和价值理念,也是中国文化最突出的特色之一。中国的"孝"文化历史久远、源远流长,在《论语》一书中,记录着孔子及其弟子的大量关于"孝"的论述。孔子在继承西周"孝"文化的基础上对其内涵和外延进行了拓展,使"孝"实现了道德理性提升,在此之后的两千多年里,"孝"被作为"诸德之基"规范着中国人的思想和行为。

知古鉴今,中国"孝"文化对于人的道德境界的提升、维持家庭和社会稳定具有重要作用,研究《论语》中的"孝"思想,结合时代精神进行批判性继承和创造性转化,对于弘扬新时期"孝"文化,构建当代家庭伦理体系、中国伦理道德体系和建设社会主义精神文明具有重要意义。

近代以前,对《论语》中的"孝"的研究主要是各家对《论语》的释义和注疏,如朱熹的《四书章句集注》、何晏的《论语注疏》等,其中对"孝"虽有论及,但只是简单的文本阐释,将其作为《论语》仁学思想的一个德目。

五四运动至 20 世纪 70 年代末,先后受"西学东渐""打倒孔家店"等思潮的影响,对儒学的批判成为主流,《论语》中的"孝"思想被放到儒家思想体系中连同其他伦理德目一同受到批判。虽然有新儒家学者的继承和发扬,但这种观念在当时并未成为主流,此时人们大多致力于论证封建统治者和儒家的"孝弊",

直到 20 世纪 80 年代初,对于《论语》中的"孝"思想的研究相对较少。

20 世纪 80 年代后,对传统文化的研究次渐展开,关于《论语》及其中的"孝"思想的研究也逐渐增多。其中,代表性的作品有:肖群忠的《孝与中国文化》、康学伟的《先秦孝道研究》、朱岚的《中国传统孝道思想发展史》等。此外,还有众多期刊中的说"孝"之文。诸多文章论及了《论语》中的"孝"思想,但主要集中于文本归纳、道德说教、"孝"文化历史考察等方面。总结以往关于《论语》中"孝"思想的研究,笔者认为有以下几个问题:(1)将《论语》中的"孝"思想作为孔子仁学思想的一个德目,认为"孝"是"仁"的具体实践方式之一,没有得到单独重视;(2)对《论语》中的"孝"思想在中国"孝"文化发展中的作用重视不够;(3)对《论语》之"孝"的阐释多集中于注疏释义和归纳总结,不够深入。

在现有研究的基础上,本文致力于从以下方面对《论语》中的"孝"思想进行分析:(1)在考察"孝"文化起源的基础上,说明孔子对西周传统"孝"思想的继承的转化,确定《论语》之"孝"思想在中国传统"孝"文化发展之中的作用;(2)对《论语》中的"孝"的实践内涵及价值定位进行探究;(3)阐明"孝"的当代价值定位和意义,并在此基础上提出批判性继承和创造性转化以构建新时代"孝"文化。

# 一、"孝"的起源与大行

## (一)"孝"的起源考察

对于"孝"的起源问题,学界有大量研究,彼此争论较大。有学者认为"孝"观念是产生于父系氏族公社时代,有学者提出"孝"是形成于殷商时期,但有一点是普遍认同的,即在周代"孝"观念已经形成。

康学伟先生在《先秦孝道研究》一书中提出"孝观念是父系氏族公社时代的产物"[①],这一时期,已经具备"孝"观念形成的两个条件:一是基于血缘关系而

---

① 康学伟:《先秦孝道研究》,吉木人民出版社 2000 年版,第 27 页。

产生的亲亲之情，二是个体婚制的建立。他以众多儒家经典文献为依据对此进行论证。但有学者对这种说法持怀疑态度，如肖群忠先生在《孝与中国文化》一书中的质疑："仅以儒家之经典文献，是难以保证这不是后人的传说或附会，其真实性是难以证明的。"①

有学者提出，"孝"观念形成于殷商时期，其论证依据是这一时期的甲骨文和金文中出现了"孝"字，代表性的论著有杨国荣的《中国古代思想史》，对于这种论证，存有较多质疑，因为在商代的甲骨文卜辞中仅出现了一处"孝"字，且是用于地名，商金文中也只有一处用于人名，不足以证明此时的人已具备"孝"观念。

总结前人的研究，笔者认为"孝"观念的产生有两种必要因素：一是农业文明得到较大发展；二是宗法制的出现。一个是物质基础，一个是社会结构基础。古时，农业的发展，提供了剩余劳动产品，为养老敬祖提供了物质保障。奴隶社会时期，统治者为了维护统治的稳定，注重血缘亲族的联系和政治等级的划分，宗法制逐渐形成，维护宗法制体系除了需要依靠政治力量之外，还需要社会性的约束力，这是"孝"观念产生的重要历史根源。

笔者认为将康学伟的孝观念起源于父系氏族公社时代的观点中的"孝观念"改为"孝意识"更为妥当，这一时期的农业生产相对落后，宗法制尚未出现，"孝"只是在生殖崇拜和祖先崇拜基础上产生的一种朦胧模糊的敬祖爱亲的意识，以及基于保护生命而采取的代际反哺的生存方式，还没有上升为观念形态。至于殷商时期，农业已经发展相对成熟，成了社会生产的主要部门，剩余劳动产品相对丰富且宗族观念浓厚，宗法制初具雏形，同时，考察发现，殷人有厚葬习俗，且祭祀活动十分隆重，这表明"商王朝祭祀祖先的制度和礼仪已相当发达，与之相适应的'孝'的观念当已出现"②。因此可认为，"孝"观念萌芽于父系氏族公社时代，形成于殷商时期。

---

① 肖群忠：《孝与中国文化》，人民出版社2001年版，第12页。
② 陈来：《古代宗教与伦理：儒家思想的根源》，生活·读书·新知三联书店1996年版，第300-301页。

## （二）"孝"之大行于西周

子曰："周鉴于二代，郁郁乎文哉，吾从周。"（《论语·八佾》）西周作为中国奴隶社会的全盛时期，"孝"文化的发展也到了一个黄金期。

这一时期，井田制的实行和完善，促进了小农经济的稳定和社会经济水平的提高，所谓"衣食足而知礼仪"，农业经济的发展为"孝"的大行提供了物质基础。同时，这一时期的宗法制进一步完善，形成了完整的宗法体系和等级制度，为"孝"文化的发展提供了社会保障，周王室为了巩固统治，在宗法制基础上实行分封制，则进一步为"孝"文化的大行提供了政治推动力。

西周继承商代礼制，在承继殷商"孝"观念的基础上对其进一步丰富发展，尊祖敬宗依然是周人"孝"观念的主要内容，将对祖先神虔诚的祭祀称为"孝"，在金文中多表述为"享孝""追孝"等概念。较之商代，周人的祭祀更加隆重和规范，如《周礼》所记载"以肆献祼享先王，以馈食享先王，以祠春享先王，以礿夏享先王，以尝秋享先王，以烝冬享先王"[1]。表明周人对于四季中的祭祀有细致的规定，可见其对尊祖敬宗的重视，这一时期对于"孝"的重视较商代明显加强。

祭祀是为了祈求祖神保佑，降福子孙后代，但对于殷人来说，对祭祀的祖先和神灵多是怀恐惧之心，他们祭祀多是在依赖和畏惧的情绪下进行的，一如商代青铜器铭文的凶恶、神秘以及甲骨文卜辞中对祖先的依赖。而对于周人来说，追孝、享孝已经开始摆脱这种恐惧和依赖感，更多的是对祖神的崇敬，例如，在西周的青铜器铭文中多是对祖先的歌颂，器纹较之商代变得相对温和，"西周的祖先祭享不仅是一种对神灵的献媚，而更是对祖先的一种报本的孝行"[2]。同时，西周"孝"观念中敬奉父母的含义更加浓厚，但仍只是基于自然情感而产生的伦理性行为规范，没有上升到道德高度。较之商代，西周时期的"孝"观念中的宗教性相对减弱，更多是伦理性精神。这一时期，"孝"与政治进一步融合，嫡长子继承制中只有继承君位、宗位的嫡长子才有祭祀祖神的权力，而对于"庶人"来说，"孝"只是奉养父母，只有贵族才有祭祀祖神的资格，"孝"成了重要的

---

① 《周礼·礼仪·礼记》，陈成国点校，岳麓书社1989年版，第53页。

② 陈来：《古代宗教与伦理：儒家思想的根源》，生活·读书·新知三联书店1996年版，第303—304页。

政治权利,具有了强烈的政治色彩和阶级色彩。

# 二、"孝"在《论语》中的界定

《论语》中,对于"孝"的论述有两种形式:一是直接提及"孝"字进行阐述;二是未提及"孝"字但论述孝的观念。

《论语》中,"孝"字共出现了 19 次,于 14 则中。其中,孔子论孝有 12 则,"孝"字 16 见,弟子论"孝"有 2 则,"孝"字 3 见。此外,还有多则并未提及"孝"字但表述了孝的思想。

遍观《论语》中孔子及其弟子关于"孝"的论述,没有对"孝"直接的理论定义,而是针对不同的人物、状况提出了众多"孝"的实践规范,侧重于"如何行孝",而不是"孝是什么"。将"孝"的理论内涵蕴含在实践中,突出了"孝"的实践性。重视内在之"孝",由外在的养亲深入到内心的敬爱,体现由内而外的"孝"。

## (一)"孝"的特点

春秋时期,井田制趋于解体,宗法制不断削弱,分封制受到极大破坏已逐渐失去约束力,礼崩乐坏的时代出现,"孝"文化也随之出现了动摇和衰微。

孔子对于西周传统思想和礼乐文化极为向往,"如有用我者,其为东周乎?"(《论语·阳货》)面对世风日下的形势,他一生致力于恢复西周礼乐制度和思想文化,提出了"克己""复礼""归仁"等思想,并且在倡导西周"孝"文化的基础上对其内涵进行了极大的丰富和发展,使"孝"上升为道德理性且摆脱了贵族色彩和宗教色彩。他将"孝"作为其仁学思想的根基。

### 1. 道德性提升

西周时期,对于贵族阶层来说,"孝"是宗法制下作为处理宗族伦常关系的价值规范,对于普通民众阶层来说,"孝"是基于生养关系而产生的情感性行为的体现,具有自发性和脆弱性。

孔子在继承西周"孝"思想的基础上对其进行发展和提升,不再局限于贵族和宗室中推行"孝",而是面向社会全部阶层的民众,赋予"孝"普遍价值性,"不再致力于由王室和诸侯的小圈子中去重建宗法的亲和力,而是转向了广大人群所共有的人心之仁,为孝道的合理存在找到了更普遍更坚实的根基"①。对于普通民众阶层来说,孔子基于生养关系的情感体现,将这种自然性伦理情感上升为道德理性,并将"孝"放于其仁学体系中。正如徐复观先生的观点:"孝原是为了适应传子的政治制度,尤其是为了适应宗法的政治制度的必要而发生的,但到了孔子则成为每一个青年所必需的起码行为。孝原是为了建立外在的家庭间的秩序而发展的,到了孔子则转而为每一个人内心的天性之爱……孔子则把它通向人生最高原理的仁上面,而使其成为'为仁之本'。"②

孔子对"孝"的本质进行了哲理性提升,使"孝"由宗族行为规范和自然性伦理情感上升为普遍的道德理性,并在《论语》之中成为诸德之本。

## 2. 去宗教化

"孝"在西周社会占有重要地位,大量的礼乐制度和社会规范都是在"孝"的基础上建立的,西周的"孝'观念所注重的并不是"善事父母"的家庭伦理之"孝",而是对祖先神的祭祀,虽然较之商代已有了较多的伦理精神,但仍具有浓厚的宗教色彩。

春秋时期,生产力的快速发展导致井田制的瓦解,个体家庭逐步摆脱宗族控制,宗法制被削弱,氏族成员大量转变为个体自由民,以"尊祖敬宗""祭祀祖神"为主要内容的"孝"也随之逐渐废弛。

孔子深刻地认识到社会状况的发展变化,为了复兴礼乐文化,结合当时个体家庭地位日益突出的状况,对"孝"的内涵进行了转化和提升,着重提倡善事父母的家庭之"孝",逐渐摆脱宗教束缚,虽然仍旧把祖先崇拜和祭祀作为"孝"的重要内容,但已由原先的宗教性转变为伦理性的精神体现。孔子向来提倡对鬼神敬而远之,认为对祖先和鬼神的祭祀是为了得到心理上的满足,《论语》中,祭祀不再是通向对象化的神圣存在,而是落实到仪式行为中人伦秩序和自我德性的实现上。

---

① 康学伟:《先秦孝道研究》,吉林人民出版社 2000 年版,第 162 页。
② 徐复观:《中国思想史论集》,上海书店出版社 2004 年版,第 134-135 页。

孔子用人文主义和理性的态度阐释传统"孝"观念中充满宗教色彩的祖先崇拜，使"孝"的对象更多地向现实的人复归，去除了西周"孝"观念中的宗教色彩，使"孝"成为伦理意义上的道德范畴。

### （二）"孝"的实践规范

#### 1. 敬养

孔子认为，"孝"不仅是对父母进行物质供养，更重要的是在供养之中融入敬爱之情，以达到"敬养"。《论语·为政》篇中，子游问孝于孔子，孔子说道："今之孝者，是谓能养。至于犬马，皆能有养，不敬，何以别乎？"孔子首先批评了仅仅把"孝"理解为对父母进行物质供养的思想，在他看来，对老者的供养，是动物的本能，而人之所以高于动物，是因为有精神上的敬爱之情，只养而不敬，不可以称之为"孝"。

"敬"对内是一种发自内心的情感，在外表现为面色愉悦地进行奉养。同样是《论语·为证》篇中，"子夏问孝，子曰：'色难。有事，弟子服其劳，有酒食，先生馔，曾是以为孝乎？'"。孔子提到了"色难"，色是指容色态度，对于这一则，朱熹注解曰："色难，谓事亲之际，惟色为难也……盖孝子之有深爱者，必有和气；有和气者，必有愉色；有愉色者，必有婉容。故事亲之际，惟色为难耳，服劳奉养未足为孝也。"[①]子女侍奉父母，情感要真诚发自内心，面色和气愉悦，不应有勉强为难，这才是"孝"的体现。

《论语·里仁》记，子曰："父母之年，不可不知也。一则以喜，一则以惧。"这是敬养的细节，为父母的高寿而喜悦，因父母的日渐衰老而恐惧。孔子将"敬"与"养"相结合，认为"孝"中的供养应以内心敬爱为前提，"养"是外在行动，"敬"是内在情感基础，"养"要真正达到"敬"，"敬"要诚挚细腻，从而升华了"孝"观念的内涵。

#### 2. 无忧

子女与父母之间的情感是双向的，"孝"不仅体现在对父母的敬养，同时要

---

① 朱熹:《论语集注》,郭万金编校,商务印书馆2015年版,第94页。

使父母对子女"无忧"。

《论语·为政》记载："孟武伯问孝。子曰：'父母，唯其疾之忧。'"对于"唯其疾之忧"，历来有两种解释：一是作为子女要格外关心父母的健康；二是作为子女，除了疾病以外，不要让父母担忧其他的事情。笔者倾向于第二种阐释，作为子女应体察父母忧己之心，除了疾病这一不可控因素之外，不让父母担忧其他事情。

《论语·里仁》中，"父母在，不远游，游必有方"亦是如此，父母在世，子女不远行，因为担心父母无人照料且会使父母牵挂，如不得已需要远行，一定要把所去之处告知父母，以免父母忧心。

"无忧"即"毋使父母忧"，告诫子女要体察父母对自己的爱，免其忧虑，"子能以父母之心为心则孝矣"[1]这是"孝"在心理情感中的细微体现。

### 3. 几谏

孔子重视对父母的恭敬和服从，但并不提倡对父母的盲从，倡导人们敬重父母的同时，对于父母言行中的不妥之处进行劝谏，《论语·里仁》有言，子曰："事父母几谏，见志不从，又敬不违，劳而不怨。"

"事父母几谏"告诉人们在孝养父母的过程中，如果发现父母有做的不对的地方，要选取合适的时机对其进行劝说，使父母避免错误，这也是"孝"的表现。如果自己的劝谏父母没有接受，子女应当"又敬不违，劳而后不怨"，即要一如既往地孝敬父母，不能因此而抱怨父母，在适当的时候再次对其进行劝谏。

孔子不赞同完全受制于父母的愚孝，提倡对父母的"几谏"，对劝谏的方式提出了要求。春秋时期，家庭中家长的权威占据统治地位，不可侵犯，"几谏"的原则使子女在有限的范围内保持了人格上的自由和平等。

### 4. 无违尊礼

《论语·为政》载："孟懿子问孝。子曰：'无违。'樊迟御，子告之曰：'孟孙问孝于我，我对曰无违。'樊迟曰：'何谓也?'子曰：'生，事之以礼，死，葬之以礼，祭之以礼。'"言行孝必须按照礼的规范，不仅要做到在父母健在时按照礼节进行侍奉，在父母去世后，还应严格按照礼的规范进行安葬和祭祀。

---

① 朱熹:《论语集注》，郭万金编校，商务印书馆 2015 年版，第 117 页。

由于当时礼乐制度的崩坏，鲁国掌权大夫孟孙、季孙、叔孙经常僭越礼制。在孟懿子问"孝"时，孔子回答"无违"，隐含着他对尊礼行孝的推崇和对鲁国大夫僭越行为的不满。

古时，葬礼、祭礼属于孝亲之大事，孔子重视祭葬之礼。春秋时期，对于丁忧三年的孝期，出现了大量的质疑和否定，孔子对"三年之丧"进行维护，《论语·阳货》篇中记载，宰我对"三年之丧"提出疑问，认为持丧一年即可，孔子批评其不仁，曰："予之不仁也！子生三年，然后免于父母之怀。夫三年之通丧也，予也有三年之爱于其父母乎？"在后世诸多学者看来，孔子坚持"持丧三年"的做法是食古保守的，于社会和个人均无益处。但是，对于当时礼崩乐坏的社会来说，是为了复兴礼制，归厚民德，强调的是对父母的感恩和慎始敬终的诚敬之心。

### 5. 慎终追远

《论语》中对于"孝"的论述并没有止于丧礼、守孝，而是进一步深入到继承遗志、慎终追远的层面上。《论语·学而》中，子曰："父在，观其志。父没，观其行。三年无改于父之道。"在《论语·里仁》中，"三年无改于父之道，可谓孝矣"一句再次出现。有人认为，孔子片面强调对父母之道的承继，不辨"道"之善恶而"无改"，此行非善，"三年无改"多为后人所批评。有学者为了维护孔子，赋予此"道"以合理性，认为既然称为"道"，就一定是合理的、正确的，不然不足以称"道"。此说法虽能将其合理化，但不免有擅自增广原义的嫌疑。相比之下，朱熹所注则更为贴切："然又必能三年无改于父之道，乃见其孝，不然，则所行虽善，亦不得为孝矣。"①

笔者认为，大多数前贤学者对于此言的注解皆过度执着于"父道"之善恶，而忽略了孔子意在讲"孝"，重点在于"无改"而非"道"。若父子之道无分歧，则不必改，因无需改而无改，此故不足以称之为"孝"；父子之道存在分歧，若子持己之道则需改于父道，然于心不忍而无改，此为"孝"。"三年无改"体现了子女对父母遗志的继承，是在父母身后对其的追思，是慎终追远的重要表现。

---

① 朱熹：《论语集注》，郭万金编校，商务印书馆 2015 年版，第 86 页。

(三)"孝"的价值定位

### 1."仁"之本

《论语·学而》篇记载:"君子务本,本立而道生。孝弟也者,其为仁之本与?""仁"是孔子学说中的核心和最高理念,而"孝"则是其仁学体系的基础和立足点。

"孝"观念产生的一个重要根源是子女对父母的感恩之心,是亲亲之爱的体现。孔子讲"仁",提倡"仁者爱人","爱人"是"仁"的核心,而爱人的基础是爱亲,是建立在"亲亲之爱"的基础之上,"仁"的范畴在以"孝"为元点的基础上由亲向外逐渐扩展其内涵。

蔡元培先生在《中国伦理学史》中说道:"人之令德为仁,仁之基本为爱,爱之源泉,在亲子之间,而尤以爱亲之情之发于孩提者为最早。故孔子以孝统摄诸行。"[①]在孔子看来,"孝"是为人最基础的要求,是"仁"的根本,所以,在宰我质疑三年之丧时,孔子认为他对父母之爱存在问题,而责其"不仁"。

对于孔子以至儒家来说,"仁"都是学说体系中的最高理念。但它是一个至高至大的范畴,广大并且抽象,无法在整体上把握认知,更无法在实践中直接践行"仁"这一理念,只有从最基本的具体的道德价值观念入手,次渐落实以入"仁",而"孝"正具有这样的特点。

"仁"立足于"孝",以"孝"为基础,使自身获得了情感基础和社会实践基础,而"孝"则实现了自身向"仁"的哲学性提升,确立了其在儒家思想体系中的基础性地位,并上升为诸德之本。

### 2.归厚民德、淳化民风

"仁"是《论语》道德体系的核心,而《论语》中又提出"孝"为"仁"之本,可见"孝"在《论语》诸德之中的本源性地位。孔子首先注重以"孝"提升个人道德修养,《论语·学而》中,子曰:"弟子入则孝,出则悌,谨而信,泛爱众而亲仁,行有余力,则以学文。"其中,在孝悌、谨信、行仁等诸德与学文之间,孔子将"孝"放

---

① 蔡元培:《中国伦理学史》,商务印书馆2004年版,第11页。

在首位,作为其他道德行为的前提。孝不仅仅是基于血缘关系的情感性行为,更是个人修身之德,"君子务本,本立而道生","孝"是本,"仁"是道,本不立则道不生,"孝"不行则"仁"不成。故君子修身立德应以行孝为先。"孝"发乎于亲亲之情,只有在做到亲亲的基础上才能广泛"爱人",实现个人修养的提升而不独亲其亲,达到民德归厚。

《论语·学而》中记载:"有子曰:'其为人也孝弟而好犯上者,鲜矣。不好犯上而好作乱者,未之有也。'"意思是"孝弟"的人,性情一定比较和顺,很少有冒犯君亲的行为,更没有那些喜好胡作非为行悖逆之事的。"孝"致人和,人和则民风淳化。《论语·先进》篇中有例证:"子曰:'孝哉,闵子骞!人不间于其父母昆弟之言。'"依记载,闵子骞早年丧母,父亲续弦,继母又生二子,待闵子骞刻薄寡恩,在冬天让他穿单衣而让其亲子穿棉衣,闵父发现之后欲将其休掉,闵子骞劝说其父:母在一子单,母去三子寒,继母听后十分愧疚,之后待闵子骞视如己出。故孔子赞叹道:孝哉,闵子骞! 正是闵子骞的"孝"感化继母使其由刻薄寡恩变为慈善仁爱,变为不独亲其亲,不独子其子。可见,"孝"对于归厚民德、淳化民风的重要作用。

### 3."孝"为治国之道

"孝"不仅是个人修身之道和家庭伦理道德规范,还与为政治国密切相关,孔子将其作为为政治国之道。《论语·为政》记载:"季康子问:'使民敬忠以劝,如之何?'子曰:'临之以庄则敬,孝慈则忠,举善而教不能则劝。'"若一国之君在家中能做到慈孝,使家庭和睦,则内部就不会出现犯上作乱的事情,下臣民众受到感化,则能尽心忠于君主,这样一来社会就会安定。孔子看到了重"孝"与社会安定之间的关系,将"孝"作为国家治理的基础。《论语·为政》记载,子曰:"道之以政,齐之以刑,民免而无耻。道之以德,齐之以礼,有耻且格。"治理国家如果只是依靠政治和刑罚,人民虽能免于犯罪,但是不知羞耻,只有依靠"德"和"礼"来规范人们的行为,才能使人知荣辱有品格。因为"孝"是诸德之本,故"道之以德"的根本在于弘孝。

有人问孔子为什么不从事政治,他引用《尚书》中的一段话来回答道:"《书》云:孝乎惟孝,友于兄弟,施于有政,是亦为政。奚其为为政?"孔子认为,在家中孝敬父母、友爱兄弟并且能推广此心,所行有政道,就是从事政治。如果家庭和社会中没有了"孝",那么社会安定就无从谈起了。

继《论语》中提出了孝治的理念之后,《礼记》《孝经》先后对"以孝治天下"的观点进一步论述并系统化。回顾中国古代封建社会历史,大多统治者都重视"孝"的治国之用,继承以孝治天下的思想,将"孝"与政治相结合,达到教化百姓、安定社会的作用。

# 三、"孝"文化的现代建设

## (一)"孝"在当代社会中的伦理价值定位

回顾前文所述,"孝"文化在中国传统社会中地位极高,一直作为封建社会的政治、文化生活的基石,深深渗透在中国历史发展中。近代时期由于对传统伦理道德的批判等原因,导致"孝"文化在很大程度上、很长时间内受到抑制,近些年来,国家和社会大力弘扬"孝"文化,将其作为主要家庭美德进行提倡和弘扬。

由于时代特点的不同,对"孝"的弘扬的角度也有所不同。泛孝主义只可能出现在家族主义盛行的封建社会。新时期,伴随经济和社会发展,人们的思维方式、价值观念发生深刻变化,"孝"作为家庭美德与其他诸德一起规范人们的行为,不再具有封建社会中的基石性地位。

首先,自由、平等等观念的发展和传播,极大地促进了个人精神解放,当代提倡尊重个人独立人格和个性发展,家长制逐渐淡化,子代精神凸显,家庭意识弱化,"孝"文化也随之受到冲击而淡化。

其次,传统封建农业经济不复存在,家族主义消失,取而代之的是社会主义新型家庭关系,家庭结构发生变化,不再以父子承继关系为家庭核心,转而为以夫妻关系为中心,且模式趋向于小型化、松散化,"孝"体现为个体家庭之"孝",无法向外扩展,"孝"的社会伦理控制力明显降低。

再次,随着经济的发展,现代人生活节奏加快,人口流动性增大,子代与父辈异地而居的情况越来越普遍,行孝受到空间局限的情况也随之变得普遍。

最后，时代的发展促进信息更新换代的速度加快，子女与父辈的思维观念和生活方式的差异越来越大。且现代人获得知识的途径越来越多、越来越快，不再依靠父辈的传授，年龄不再象征知识和经验的权威。

鉴于以上种种原因，当今社会中，"孝"不再具有其在传统封建社会道德体系中的基础性地位，不再是诸德之本。新时期将"孝"文化作为主要家庭美德进行弘扬，能够促进社会主义家庭关系的和谐和精神文明的建设。

## （二）弘扬《论语》中"孝"思想的当代意义

当今社会，虽然不再像传统社会中一样提倡泛孝主义，但并不意味着作为中国文化根源的"孝"对中国社会产生的深刻影响就此消失。虽然《论语》中的"孝"思想受到历史条件的影响不可避免地具有局限性，且曾被统治阶级根据统治需要进行了扭曲性发展，但不能以此来否定当代社会弘扬"孝"思想的重要意义。

如上一节中论述的种种原因，新时代新形势下，"孝"对人们的约束力不再如封建社会中一般强烈，孝道观缺失的情况时有发生。因此，重新审视、研究《论语》中的"孝"思想并对其进行大力弘扬变得十分必要。

首先，这是解决社会养老问题的重要途径。进入 21 世纪后，我国的人口老龄化问题逐渐凸显，我国已发展成为全球老龄化人口较多的国家之一，且老龄化速度仍在不断加快。解决老年人赡养问题，除了健全社会保障体制、加快养老事业发展之外，还应更加注重弘扬"孝"文化，发挥"孝"文化的社会价值，推动社会公共养老与家庭养老相结合。

其次，对于实现"孝"由物质供养向精神供养的提升有着重要促进作用。孝敬父母并不单是对父母进行物质供养，更重要的是对其精神上的关心和赡养。随着经济的发展和物质生活水平的提高，老年人的物质生活已经基本能得到满足，但其精神需求有时则会被忽视。由于现代生活节奏加快，子女精力主要集中于工作和社交中，甚至长期远离父母，对父母的精神生活缺乏关注，因此，老年人"精神空巢"现象出现。父母需求从物质满足转向了精神满足，精神赡养成为"孝"的重要内容。《论语》中关于"孝"的论述中"敬养""无忧""无违"等规范，其内涵都体现着对父母精神上的体贴和关心。结合时代精神对《论语》中的

"孝"思想进行发扬,唤起人们对父母心理、情感上的关注,对于实现"孝"由物质供养向精神赡养的提升有着重要促进作用。

再次,弘扬《论语》中的"孝"思想,对于推动社会主义道德体系的构建和精神文明的建设具有重要意义。中国的现代化建设中,精神文明的建设是社会和谐、经济发展的保障,社会主义道德包含社会公德、职业道德、家庭美德,对"孝"的弘扬是促进家庭美德建设的基础,也是培养、提高人们道德素质的起点。封建社会中,"孝"被作为诸德之基被统治者所宣扬,当今它虽然失去了这种地位,但在道德培养和建设中的基础性、起点性作用仍是不可否认的。"家庭道德,孝道已不能占据像古代那样高的地位了,但每个社会成员仍要在家庭中生活,仍具有为人子女的身份和角色,因此,孝为德之本,教之本,从而也是个人立身行世的根本。"①分析一切道德的根源,可归结为"爱"或"爱人",而"孝"是对父母的爱的伦理性体现,是人们道德行为的起点。人的道德观念的构建,是一个由近及远不断丰富的过程,一切道德行为的培养与实践,都是以"孝"的培养和实践为起点并在此基础上扩展丰富的。故而,在推动精神文明建设中,以"孝"的弘扬和实践作为道德体系构建的切入点是合理且必然的。

## (三)批判性继承和创造性转化

"孝"在中国传统社会人文道德中处于基础性地位,经过两千多年的发展和历代统治者以及文人学者的补充和推广,其内涵变得庞大复杂、良莠共存。新时代弘扬孝文化,有必要对其内涵进行全面分析和考察,有鉴别地对待,区分良莠,发扬精华,去除糟粕。结合时代精神对其进行创造性转化,构建新时代"孝"文化新理念。

### 1. 扬精华,去糟粕

新时代弘扬"孝"文化,应继承传统"孝"文化中的合理内涵,但同时,传统"孝"文化中(包括《论语》中的"孝"思想)不可避免地具有历史局限性,就如肖群忠先生曾经提出的传统孝道的两重性——人民性和封建性。所谓人民性,是指基于人类自然血缘关系而产生的对父母亲人的爱亲之情、忠敬之行,其所说

---

① 肖群忠:《孝与中国文化》,人民出版社 2001 年版,第 384 页。

的人民性就是传统"孝"思想的合理内涵，是弘扬"孝"文化应当继承的精华；所谓封建性，是指孝道在封建社会中被统治阶级拿来作为其宗法等级统治的的精神基础，并对此不断加以极端化、专制化、神秘化、愚昧化，这种内容就属于"孝"文化中的糟粕，对于新时期弘扬"孝"文化具有阻碍作用，应加以摒弃。

（1）扬精华

第一，尽赡养。古时生产条件落后的情况下，人们基于保护生命而采取代际反哺互养的生存方法，可视为"孝"的原始发端，虽然随着历史的发展，"孝"的内涵容量变得十分丰富，但其最基础的方面仍是对父母进行物质赡养。中国特定的亲子血缘关系以及社会状况，决定了中国独特的反馈式家庭养老模式的延续。子女未有独立生活能力时，父母对其进行抚养，而当父母年迈体衰时，子女进行反哺赡养以报养育之恩，这是亲亲之心最基本的表现，是从"孝"意识出现以来就具有且一直未曾改变的基本要求，也是新时代弘扬"孝"文化应继续大力提倡的最基本的内容。

第二，恭、敬、爱。能养只是基本的外在要求，重要的是内在的情感，即内心对父母的"恭、敬、爱"，内心秉"恭、敬、爱"之情而尽赡养之行方可为"孝"。所谓"恭"，意指子女尽人子之本分，不触犯父母，不悖逆父母，言行得当，尊亲守礼；所谓"敬"，前文有所论及，养亲且敬，对父母的"孝"不只是保证其衣食无忧，更应重视内心的虔敬和诚挚，使父母达到精神上的孝养；所谓"爱"，即子女感怀父母生养之恩而尽己所能关怀体贴，是一切孝行的情感发端。父母是生命之所由，真正的"孝"一定是基于内心的"恭、敬、爱"之情而产生，无此三者，只可称"养"，不可为"孝"，弘扬孝文化，就应继承和发扬"恭、敬、爱"的内在追求。

（2）去糟粕

第一，抛弃封建社会中"忠孝合一"和"移孝作忠"的思想。封建社会之前，"孝"主要是宗族中的伦理规范，孔子对其内涵进行发扬，将其定位为诸德之本，同时提出了"孝治"的思想，但孔子的"孝治"主要是阐释"孝"对于淳化民风的作用，提倡君主率先行孝以彰天下，在弘孝的基础上道之以德，齐之以礼，重在以"孝"淳化民德而安天下，并没有提出"移孝作忠"的观点来为统治阶层服务。后来的封建君主及地主阶级思想家不断赋予"孝"以政治力量，在提倡家族尽孝的基础上，将"孝"的范围扩大到国家以对君主尽忠，将忠君作为最高意义上的"孝"，提倡"忠孝合一、移孝作忠"，使"孝"成为维护封建专制统治的重要道德力量。新时代弘扬"孝"文化对于这一点应果断摒弃。

第二，家长专制主义。《论语·为政》中，提出了"无违"一说，其意义主要是无违于礼，孔子提出的敬养，其中有对父母的恭敬顺从的含义，但都不是无条件地服从。《论语·里仁》篇中，针对这一点提出了"几谏"的原则，可见孔子并不提倡不分是非而绝对服从父母。然而，后世的思想家却将"无违"不断发展到极端化，对父母的服从逐渐变成了绝对的和无条件的，尤其是到了宋明理学时期，家长对子女有绝对的支配权，甚至提出了"父叫子亡，子不得不亡"的观点，子女的意志受到绝对压制，失去了自由意志和独立人格，体现为绝对服从的奴隶性。这一观点，反映了封建社会代际关系的不平等以及压迫性，属于愚孝的范畴，是弘扬"孝"文化时应该抛弃的糟粕。

第三，厚葬久丧的陋习应摒弃。中国丧葬文化由来已久，早于商周时期就十分盛行，祭葬居丧是基于对父母、祖先的感怀之情而产生的哀思追孝行为。《论语》中，注重祭葬之礼和三年之丧，以达"慎终追远、民德归厚"的目的，其情感本身是具有合理性的，而后代不断对其进行极端化和扭曲化，重葬之"厚"和丧之"久"，重视其形式而胜于其意义，以致耗时耗财耗力，成为愚孝的代表性行为。四时祭祀、追思祖先是中国社会悠久的传统习俗，自是无法取缔的，而且适当的追孝行为也是合于情理的。当前弘扬"孝"文化，应该抛弃和杜绝的是传统的厚葬久丧的陋习，以"厚养薄葬、文明祭祀"取而代之，从而顺应时代发展和精神文明建设。

### 2."孝"文化的现代建设理念

随着历史的变迁和社会主义建设的发展，传统"孝"文化已不适应新时代的发展要求，在扬精华去糟粕的同时，应以时代精神为主导，促进传统"孝"文化向现代"孝"文化转变，以适应时代发展的需要。

第一，促进"孝"向家庭伦理回归。由于古代宗法制和家国一体的社会结构的影响，泛孝主义盛行，"孝"异化为强制性社会规范，成为封建统治者维护统治的重要思想工具。由于时代的发展和人们价值观念的变化，当今社会中，"孝"已经失去了其政治力量和社会强制性，新时代弘扬"孝"文化，应抛弃其在传统社会中的政治性和泛孝主义，促使"孝"回归家庭伦理领域，作为家庭伦理规范而存在，反对"孝"的泛化和异化。

第二，注重人格平等。传统孝道建立在封建等级制度和传统宗法家长制下，其家庭代际之间人格不平等，父尊子卑，父辈享有绝对权力，子女对父母之命要绝对服从，此时孝道具有压迫性和奴役性。社会主义社会中，传统社会的等级制度及宗法体系瓦解，人格平等成为一切人际关系的存在基础，构建新孝道的基本原则是人格平等，家庭成员平等相待、相互尊重，父代不以权威压制子代意志，子代不骄纵忤逆。

第三，注重情感性、自觉性。《论语》中，孔子提出"敬养""无忧""无违"等规范，均体现着对"孝"的内在情感的重视。但在其之后两千多年的社会中，"孝"被作为强制性的社会规范，而其中的情感性基础却被忽略了，子代行孝多是基于道德性压迫和宗族角色地位，具有强制性和他律性，而且均是按照固定的规范和标准，导致行孝的机械性和盲目性。现代社会，父代强权逐渐消失，家庭环境逐渐宽松，新孝道应以亲子感情为出发点，使"孝"由他律和强制性转变为自觉自律的行为。"传统社会中的旧孝道是敬畏胜于亲爱，角色胜于感情；现代社会中的新孝道的亲爱胜于敬畏，感情胜于角色。"①

第四，注重加强代际思想观念相容。随着现代社会思想的解放和发展，子代个体价值逐渐增加，随着社会信息更新速度加快，子代与父代的价值观念和生活方式的差异越来越大，导致亲子之间的矛盾和冲突偶有发生。新时代弘扬孝文化，要注重代际之间的沟通与交流。父母将自己的生活方式和价值观念传递给子女，子女在此基础上通过自己的生活经历和经验形成独立的价值观，二者加强交流与相互修正，增进理解，正确看待差异、容许差异，实现代际观念的和谐相融。

"孝"是中华民族传统美德，对传统"孝"文化进行批判性继承和创造性转化，构建符合时代精神的"孝"文化，是传承"孝"文化，实现"孝"文化自我革新、自我发展的必由之路。

---

① 肖群忠：《孝与中国文化》，人民出版社2001年版，第356页。

# 结论

本文对《论语》中关于"孝"的文本和思想进行分析解读,在考察"孝"文化起源的基础上,论述了《论语》中对前代"孝"思想的继承和发展,孔子在继承西周"孝"文化的基础上,使"孝"摆脱了宗教性和贵族色彩,实现了道德性提升,为后世"孝"文化的发展起到导向作用。《论语》中,"孝"的实践规范可以归纳为:敬养、无忧、几谏、无违尊礼、慎终追远。"孝"的前提在于能养,但更重要的是内心的真情实感,要体现为由内而外的敬和爱。"孝"被提升为"仁之本",确立了在儒家道德体系中的基础性地位,作为诸德之本的"孝",不仅对于归厚民德、淳化民风有重要教化作用,还对国家治理和社会稳定具有十分重要的作用。如今,"孝"不像在传统社会中一样具有基础性地位,但对于维护家庭和谐、推动社会主义精神文明建设具有重要意义,新时代弘扬"孝"文化,应以时代精神为主导,对传统"孝"思想进行批判性继承和创造性转化,构建新时代"孝"文化。

本文不仅致力于对《论语》中的"孝"思想的文本阐释,还在研究文本的基础上,结合历史考察对《论语》中孔子关于"孝"的发展和提升做出分析,对其中的"孝"的地位和作用充分重视,并结合时代状况提出了构建新时代"孝"文化的方式。但是由于笔者水平所限,本文尚存在诸多不足之处,例如:对前人研究成果的考察以及引经据典的能力有所不足。敬请批评指正。

# 参考文献

[1]肖群忠.孝与中国文化[M].北京:人民出版社,2001.

[2]陈来.古代宗教与伦理:儒家思想的根源[M].北京:生活·读书·新知三联书店,1996.

[3]周礼·仪礼·礼记[M].长沙:岳麓书社,1989.

[4]康学伟.先秦孝道研究[M].长春:吉林人民出版社,2000.

[5]徐复观.中国思想史论集[M].上海:上海书店出版社,2004.

[6]朱岚.中国传统孝道思想发展史[M].北京:国家行政学院出版社,2011.

[7]朱熹.四书章句集注[M].北京:中华书局,1983.

[8]李泽厚.论语今读[M].中华书局,2015.

[9]蔡元培.中国伦理学史[M].商务印书馆,2004.

[10]李裕民.殷周金文中的"孝"和孔丘"孝道"的反动本质[J].考古学报,1974
(2):19-28.

[11]师爽.《论语》中"孝"思想探析[J].船山学刊,2009(2):86-89.

[12]鲁静.从《论语》中的孝看孔子的人道内涵[J].长江大学学报(社会科学
版),2012(9):115-117.

[13]李娜.《论语》中的"孝":亲情本位的伦理精神[J].现代哲学,2013(1):
107-112.

[14]曹萍.浅谈《论语》中的"孝"[J].科教文汇(下旬刊),2009(33):231.

[15]付洪,栾淳钰.《论语》中的"孝"文化及当代启示[J].齐鲁学刊,2016(1):
12-17.

# 周敦颐孔颜乐处思想对宋代理学的影响

朱经龙

## 前言

北宋哲学家周敦颐作为宋明理学的开山者,在宋代理学的发展中占有重要地位,其《通书》中的一系列思想对后世宋明理学的建构具有开创作用。

周敦颐是上承孔孟,下启程朱的关键人物,他的孔颜乐处思想脱胎于孔子对颜回的赞誉、孟子的大丈夫境界,虽然周敦颐并没有对境界论着墨太多,但这一思想却沿着二程、朱熹的注释与论述延续下来,经过后来理学家不断开拓,形成了宋明理学最精微高明的境界论。

北宋时期理学的诞生重振了低迷的儒学,它对中国传统的价值体系与道德境界进行了重新架构,这一架构的顶层正是成贤成圣的境界论。

## 一、孔颜乐处的儒家根源

### (一)孔颜乐处,所乐何处

对孔颜乐处的描述,最早见于《论语·述而》。孔子称自己"饭疏食饮水,曲肱而枕之，乐亦在其中矣"（《论语·述而》），又赞叹颜回"贤哉，回也！一箪食，一瓢饮，在陋巷，人不堪其忧，回也不改其乐"（《论语·雍而》）。在世人都不堪忍受的环境里，孔子为什么会乐，为什么称颜回为贤呢？很显然，孔子这么讲，是因为孔子和颜回在逆境中都保持了礼，不因逆境堕礼，都维持住了自己的高尚人格。而深究其根源，是他们对于自己心中"仁"的坚守，将形而上的"仁"融合在自己日常生活中，"仁乐合一"在日常的修养中自发地得到快乐。对于儒家来讲，人生存的价值在于超越自然生命的欲求，"克己复礼为仁"（《论语·颜渊》），在个人生存的基础上，树立积极有为的道德意识与对他人对社会的道德责任，并持之以恒地进行实践，最终成就理想人格，这正是儒家一以贯之的"内圣之道"。

这种对价值信念的坚守，与现实生活中的"贫"与"忧"形成了对比，虽然生活中有种种苦难，但在追求道德境界的过程中内心仍然是愉悦的。"仁远乎哉？我欲仁，斯仁至矣。"（《论语·述而》）仁就在我们的日常生活和行为之中。人在自己的感性生活中追求超越的道德境界并感到愉悦，这是一种自发追寻，没有绝对的"道德律令"的逼迫，并因此而感到愉悦。

在明确对超越的道德境界的追求后，孔子还提倡追求人生修养的意境，并将这一向上寻求超越的过程融入自己的人生体验中。"志于道，据于德，依于仁，游于艺。"（《论语·述而》）孔子的"吾与点也"就表达了儒家在积极入世之中，依然超脱逍遥，潇洒自在的意趣与旨归。

孔子提出的仁义道德原则，深深镌刻在中国人的精神文化之中，是中国传统文化中最璀璨、最精华的部分，并且伴随着历史的发展而历久弥新，历史发展的过程是人寻求超越之道的过程，也是人完整体验生命之道的过程。宋代理学家正是沿着孔子的思想境界，展开了对超越的道德理想的追求。

（二）孟子的浩然之气与大丈夫

孔子将道德修养与日常生活相结合，在平凡的日常生活中追求仁的境界，孟子在孔子仁学的基础上提出了"义"的思想内核，并以人性善为基石，提出了养浩然之气的修养方法。孟子把道德境界概括为具有理想人格的大丈夫形象，使得道德修养更形象化、具象化，为世人提供了一个可以借鉴的理想人格。孟子认为,道德修养的目的就是成就崇高的理想人格。

孟子将各种价值标准与道德期许都集中反映在一个典范身上,把其当作理想人格。孟子从基础的性善论出发,然后朝着理想人格进行修养和实践,最终成就圣人。孟子将主体的能动性完全放在了每个人心头,认为人只要充分认识并不断扩充自己的善端,就可以成为像尧舜那般的圣人,即"道性善,言必称尧舜"(《孟子·滕文公上》)。这就为普通人成就理想人格提供了具体标准和规范,并将潜在的可能赋予每个人,由此达到教化的目的。

而在道德修养上,孟子认为,要成为大丈夫,就要养浩然之气。"其为气也,至大至刚,以直养而无害,则塞于天地之间。其为气也,配义与道,无是,馁也。是集义所生者,非义袭而取之也。行有不慊于心,则馁矣。"(《孟子·公孙丑上》)浩然之气弥漫在天地之间,至强至刚,需要人们在日常生活中用"义"去培养,不能做违反道德的事去损害它。孟子曰:"生亦我所欲也,义亦我所欲也;二者不可得兼,舍生而取义者也。"(《孟子·告子上》)在面对生死抉择时,也要将义放在首位,生死是人生最大的欲求,但是仍然比不过对义的追求,这种超越现实感性欲求而追求崇高精神境界的诉求与孔颜乐处的精神内核一脉相承。

孟子将"义"的理念灌注到理想人格中。"义"的思想是孟子发展、深化孔子"仁"的思想而来的,如文天祥所言:"孔曰成仁,孟曰取义,惟其义尽,所以仁至。"孔子从纵向的时间角度出发,将道德境界与人的生命历程相结合,孟子则从横向的视角出发,将人生境界视为一个主体不断彰显和锻造提升内在精神的历程,孔子伸展了长度,孟子则拓展了宽度。二者虽角度不同,但均视人生为在"求仁""取义"的终身修养实践中不断提升自我精神境界、提高道德修养的过程。

孟子曰:"富贵不能淫,贫贱不能移,威武不能屈,此之谓大丈夫。"(《孟子·滕文公下》)思想独立、人格崇高、舍生取义、知耻守礼、任道担当的"大丈夫"形象从此深深镌刻进中国传统道德理想人格中,为后人的道德修养提供了鲜活的范本。

# 二、周敦颐的孔颜乐处——明体达用

## （一）乐在境界

周敦颐的品性非常高洁，他爱好山林，入世而超然，程颢、程颐都受学于周敦颐，对他很是推崇。宋代理学的兴起，外在因素是排佛老，而内在因素则是一场儒学内部的革新。宋代知识分子不满足于汉代学者烦琐的章句之学，认为经典必须摆脱繁杂的名物训诂，重新回到阐述圣人之道的方向，这一思潮由庆历时期开始显现，逐渐形成思想解放和重塑儒学的趋势。

胡瑗在太学时曾以"颜子所好何学"为题考校学生，这表明当时的学者已经认识到了汉儒章句之学的不足，要探究真正的圣人之学。之后，周敦颐提出"志伊尹之所志，学颜子之所学"①。从外王与内圣两个角度来论述，既要辅佐君王治理国家和教化民众，又要注重自己的道德修养，寻求精神境界的超越。

周敦颐分析了颜子在陋巷乐于贫者的原因，提出了小大之辩的命题，这是周敦颐对孔颜乐处思想的核心表述。周敦颐将其理解为："天地间有至贵至爱可求，而异乎彼者，见其大、而忘其小焉尔……见其大则心泰，心泰则无不足。"②富贵利达是"小"，这种至贵至爱是"大"，人们都想得到功名利禄，但理想信念是比功名利禄更珍贵的东西，理想信念才是"至贵至爱"者。周敦颐借富贵与信念的矛盾来突出俗人与圣人的对立，在周敦颐看来，荣华富贵、功名利禄是世人熙熙攘攘所要追求的，但这种人生追求，只是俗人的人生态度，君子已经超越这样的追求，因为对于君子来说，世界上有比富贵荣华更让人着迷的东西，那就是一直延续在儒家思想中的超越的思想境界。这种境界，是一种超功利之上的、超越生理欲求的道德价值，人们会因追求或者达到这样的境界而感到幸福和愉悦。

---

① 周敦颐：《周敦颐集》，陈克明点校，中华书局1990年版，第22页。
② 周敦颐：《周敦颐集》，陈克明点校，中华书局1990年版，第31页。

（二）乐在见道

周敦颐的"乐"来自"见其大"，也就是"见道"，"道"就是诚。周敦颐描绘完人生追求的高超境界后，又通过一系列体系将这个境界变成可以确切追求并能达到的境界。"圣希天，贤希圣，士希贤"①这是周敦颐的修行次第，人们以最基本的士开始，经过贤人，而后成为圣人，最后达到天的境界。"天"在此不是一种自然意义上的天，而是一种道德本体之天，其内涵也就是"诚"。《通书·圣第四》说："寂然不动者，诚也；感而遂通者，神也。动而未形、有无之间者，几也……诚精故明，神应故妙，几微故幽……诚、神、几，曰圣人。"②周敦颐从自己的宇宙论出发，认为阴阳二气化生天地与人，人从阳气中得到了至善的本性，这就是"诚"。他认为"诚"是仁义礼智信的基础，仁、义、礼、智、信只是"诚"的外在表现。

与孔孟的终极意义上的道德来源是天不同，周敦颐将"诚"作为自己的终极本源，已经有了后世理学的意蕴，他用"诚"来贯通天道与性命，将主体的价值要求同社会乃至宇宙的价值要求相连接，"圣，诚而已矣……诚，五常之本，百行之源也"③。"诚"既是最高的道德原则，也是圣人自体的境界，又是成贤成圣的重要方法。

由于人的本性与天同一为道，那么人自身的道德修养即"见道"或"体道"。《通书·富贵第三十三》中说："君子以道充为贵，身安为富。"④人若能真心体会到"道"，自然就会达到与天地同一，极高明而道中庸的境界，超越世俗的利益纷争，而达到一种超越、持久的精神乐趣。这种境界，既不需要出家修行，也不需要远遁山林，而是在社会生活中奉行道德义务或伦理规则就可以达到的，因而是儒家积极有为的学问，是对佛老思想的改造和进步，是对古代儒家在实践外王的同时增添了内圣的人格境界，对后来理学家的道德行为和人生追求产生了深远的影响。

① 周敦颐：《周敦颐集》，陈克明点校，中华书局1990年版，第21页。
② 周敦颐：《周敦颐集》，陈克明点校，中华书局1990年版，第16、17页。
③ 周敦颐：《周敦颐集》，陈克明点校，中华书局1990年版，第14页。
④ 周敦颐：《周敦颐集》，陈克明点校，中华书局1990年版，第38页。

（三）乐在立人

在建构超越向上的善的道德境界时，必须考虑作为善的对立面——恶的情况的解释，周敦颐将"诚"看作人的本性，"诚"是善的，所以不是恶产生的原因，人是由阴阳二气产生的，因此周敦颐又以气的特性作为人性的另一规定。

周敦颐在《太极图说》中就阐述了自己"立人极"的思想，"惟人也，得其秀而最灵。形既生矣，神发知矣，五性感动，而善恶分，万事出矣……圣人定之以中正仁义……而主静……立人极焉"①。周敦颐认为人的本质是从天道而来的，人在生成之后就产生了思虑和认知，在不断地探索学习中明确了善恶的概念。"诚，无为……几，善恶。"②"诚"作为最高的本原本性是无善无恶，无静无动的，"诚"通过外来之物的活动做出反应，"感而遂通"，到达"几"这个环节，也就是感性萌动但还没有理性认识的时候就会发生善恶。

因此，周敦颐认为，要想为善去恶，一方面要在欲念刚开始出现的时候就审慎地检查，另一方面要积极建立理性认识，要知道什么是善，什么是恶，需要有"思"的工夫，"思"即认识世界，穷神知化的方法，也是道德修养，辨别善恶的法门。在这里，周敦颐将认识论与修养工夫合而为一，开创了理学的先河。

在人性层面上，周敦颐将人性分为五品：刚善、刚恶、柔善、柔恶、中，只有"中"是人性的最佳状态，"性者，刚柔、善恶，中而已矣"③。刚柔与善恶相互联结形成了刚善、刚恶、柔善、柔恶这几种主要的人性，周敦颐的人性论虽然有刚柔和善恶两个主要衡量标准，但并不是二元的，周敦颐把刚柔作为主要的规定，由于人是由气构成的，气有阴阳，人有刚柔，人性的偏杂是必然的，所以人必须要协调刚柔，使其相辅相成，达到"中"的圣人境界。

（四）乐在工夫

在周敦颐的理论架构中，从天道到人道，诚是起点，人是终点，从人道复归

---

① 周敦颐：《周敦颐集》，陈克明点校，中华书局1990年版，第5—6页。
② 周敦颐：《周敦颐集》，陈克明点校，中华书局1990年版，第15页。
③ 周敦颐：《周敦颐集》，陈克明点校，中华书局1990年版，第19页。

到天道,人性是起点,境界是终点,天道到人道只需要太极阴阳的动静,而从人道复归天道则需要人的修养工夫。"诚"作为最高的道德境界要求人们改正一切恶的行为和想法而回到善的状态。

周敦颐在《通书·圣学第二十》中指出:"圣可学乎?曰:可。曰:有要乎?曰:有。请问焉。曰:一为要。一者无欲也。"[①]想要达到圣人的境界就要做到"一","一"就是内心平和清虚,没有任何杂念,在这种状态下,人能够胸怀开阔,思想通透,能够明白透彻地认识事物,增进理性认识。

周敦颐还提出了"主静"的道德修养原则,"无欲故静"[②]。周敦颐认为人要达到内心安宁平和,不受外界扰乱,才能提高自己的修养。"无欲"就是内心湛然,不受一丝一毫欲望的干扰。在做到内心宁静,无念无欲后,才能把仁义道德的本性充分发挥出来,体会到乐处。

无论是求一还是主静,最终落到个人心理的层面都是要无欲,在这里周敦颐已经显现了"诚"与人欲的对立,人心中的世俗欲望是阻碍道德提升的罪魁祸首,修养道德的过程就是不断克服自己膨胀的人欲的过程。周敦颐所要克服的人欲,是膨胀的人欲,是超出人的自然生理欲求的享受,而不是简单地将人的一切欲求抹杀。在整个宋明理学中,对人欲的消除或者说压制一直是理学家孜孜不倦研究的课题,这与周敦颐的论述有着直接的继承关系。

# 三、二程对孔颜乐处的体悟与论述

## (一)继承创新

程颢、程颐青年时曾从学于周敦颐,程颢后来回忆自己求学于周敦颐时说:"昔受学于周茂叔,每令寻颜子、仲尼乐处,所乐何事。"[③]程颐作说:"然则颜子

---

① 周敦颐:《周敦颐集》,陈克明点校,中华书局 1990 年版,第 29 页。
② 周敦颐:《周敦颐集》,陈克明点校,中华书局 1990 年版,第 6 页。
③ 程颢、程颐:《二程集》,王孝鱼点校,中华书局 1981 年版,第 16 页。

所独好者，何学也？学以至圣人之道也。"①这都表明二程的思想源于周敦颐，而对周敦颐孔颜乐处思想的论述，则是在其基础上又增添了自己的新内容，最突出的特点就是将孔颜乐处思想融汇到自家开创的"理学"，即"洛学"。

二程所开创的新的哲学体系，将"理"当作世界万物的本原，称之为"理学"，"吾学虽有所受，天理二字却是自家体贴出来"②。二程所开创的理学经过朱熹的开拓发扬而成为两宋儒学的主流和典型形态。二程的天理观与他们对心性问题的探讨紧密相连，天理作为宇宙间的普遍法则，其含义有自然规律的物理，社会规范的伦理，以及人性和人的认识的理性。

程颢、程颐并称为二程，他们的思想虽然统一称为理学，但是却有区别，程颢比起程颐来，更注重内在修养，注重内向的精神体验，而程颐则更注重外在的知识，注重明理对人的导向和修正，这两种不同的追求也导致了两兄弟之间追求的精神境界的不同。二程对孔颜乐处都有很深的体会，并且有自己独特的见解，虽然二程显示了不同的境界取向，但究其根本，仍是拓展人的道德精神境界和实现人生价值的圣人之道。

## （二）程颢的仁者与天地万物为一体的境界

程颢说："箪瓢陋巷非可乐，盖自有其乐耳。"③程颢认为孔颜乐处是一种精神风貌，是"仁"的境界。程颢吸收了孟子大其心的思想，主张天地万物与己一体，元无分别。"仁者，浑然与物同体。义、礼、知、信皆仁也。"④"与物同体"之心即仁心。"仁"的境界要求人要把宇宙万物看作是与自己有直接联系的，是"浑然与物同体"。而这种一体，不是认识上的一体，而是真真切切感受为一体，所以，他的仁学境界更多地强调一种心理体验。

要达到仁的境界，需要经过"识仁"的工夫和"诚敬"的修养。程颢将周敦颐的"诚"与孟子的仁心结合在一起，"诚"的含义是真实可靠，不荒谬，是人真切地体会到自身本性仁心的存在。"敬"是端正、庄重，要中正不偏、超出个人的

---

① 程颢、程颐：《二程集》，王孝鱼点校，中华书局1981年版，第577页。
② 程颢、程颐：《二程集》，王孝鱼点校，中华书局1981年版，第424页。
③ 程颢、程颐：《二程集》，王孝鱼点校，中华书局1981年版，第135页。
④ 程颢、程颐：《二程集》，王孝鱼点校，中华书局1981年版，第16页。

计较。"仁"就是存在于自身体内的良知良能,"识仁"并不是认识仁,而是在自己的内心修养中体悟仁,并不是增加自己的知识,而是提高自己的精神境界和道德修养。宋代理学将求知与修身紧密结合在一起,甚至二者合而为一,但在程颢这里,知识论并没有在修养论中突显出来,人们提高自己的精神境界要侧重自己内在的体悟,而非外在的探索学习。

人通过一系列的修养工夫后达到仁的境界,这种境界要求把宇宙看成一个整体,宇宙的每一部分都与自己产生联系,即"浑然与物同体"。我看天地万物,就像看我自己的手足一样亲切,因此我必须像爱护我自己那样去关心天地万物。"须反身而诚,乃为大乐。"①仁者并非仅仅认识到自己与万物一体,还必须切实地感受为一体,不是用理性知识驱使,而是发自内心地认为,在爱护天地万物时不用加以思考,自然而然就做了,能感受到自发的快乐,从而达到精神上的自觉,这也就是孔颜之乐。

对程颢而言,"仁"是众德之源,其中包含义、礼、知、信,所以"与物同体"的"仁者"对天地万物的关爱及其行为也无疑同样具有义、礼、知、信,"浑然与物同体"的境界与周敦颐提出的孔颜乐处是一样的,都突出了儒家思想中对最高精神境界的追求。

### (三)程颐持敬与格物致知

程颐对孔颜乐处的论述,见于《外书卷第七·胡氏本拾遗》,"鲜于侁问伊川曰:颜子何以能不改其乐? 正叔曰:颜子所乐者何事? 侁对曰:乐道而已。伊川曰:使颜子而乐道,不为颜子矣"②。程颐认为,颜回所体会到的快乐不是认识了道,而是在自己的生活中、在心中体会了道,在这种状态下,人在精神上与道合一,自然平和快乐。可见在孔颜乐处思想的认识上,二程有相同的旨归,他们的区别在于修养方式,也就是人怎样才能达到这种快乐,程颢认为要"识仁",程颐则认为必须进行格物致知。

程颐训"格"为"穷",训"物"为"理","格物"就是穷理,穷理就是探究天地

---

① 程颢、程颐:《二程集》,王孝鱼点校,中华书局1981年版,第17页。
② 程颢、程颐:《二程集》,王孝鱼点校,中华书局1981年版,第395页。

万物的奥秘,在这一过程中不断提高自己的认识水平,人们认识事物,是为了获得知识,认识到万物背后的本原天理,"致知"是"格物"的目的和深化。在体认天理上,程颢的方法是反身而诚,在认识事物的过程中强调看见自己的本心,程颐认为人们修养需要先认识事物,在认识事物后方能体会天理,是一个渐进的过程。

程颐的"格物致知"在认识万物的同时也是一种道德修养方式,"格物"并不仅仅指研究和探求事物的客观规律,还指理学中的一种道德修养工夫。当程颐在强调"格物致知"的修养工夫时,此时人之心实际上并非心、性、天、理为一之"本心",也就是说,此时"性"或"理"虽内在于人之心中构成人先验的本质结构,却并不与人之心具有直接的同一性,这也正是他与程颢的不同之处。

程颐除了主张和强调"格物致知"的修养工夫外,还提出了"敬"的修养方法。"敬是闲邪之道。闲邪存其诚,虽是两事,然亦只是一事。"①程颐认为,"敬"和"诚"虽然是两种办法,但归根到底,仍然是一件事,那就是进行道德修养,提高自己的精神境界。二程虽然都强调"诚"和"敬",但侧重点不同,程颢更注重"诚",程颐更注重"敬"。对程颐来说,敬的修养工夫不仅包括人内在的修养,还包括人外在的修养,并且,他对这种外在修养的"敬"做了详细的说明,认为学者必须衣冠齐整,外貌严肃。

程颐的孔颜乐处,是在遍览万物,穷尽天理后得到的一种精神乐趣,是在理性地认识世界和自己后达到的精神和乐。程颐认为只有达到理性、体认天理,才能得到最高的快乐,这种快乐是一种精神上的快乐,也就是孔颜乐处。

# 四、朱陆对《通书》中孔颜乐处的争议与辩论

## （一）道问学和尊德性

朱熹是理学的集大成者,他的理论以二程理学为直接思想来源,吸收和融

---

① 程颢、程颐:《二程集》,王孝鱼点校,中华书局 1981 年版,第 185 页。

会了周敦颐、张载等人的思想,并加以阐发创新,进而构筑起博大精深的理学体系。自周敦颐以来的很多理学思想都在朱熹这里得到了很好的阐发与论述,朱熹指出,二程正是在周敦颐处学到了孔孟不传之正统,并传至后世。"指夫仲尼、颜子之乐,而发其吟风弄月之趣者"①,孔颜乐处的思想与周敦颐吟风弄月之趣,也按照二程的脉络流传下来。

广义的宋明理学的发展,是从张载的气学到程朱理学再到陆九渊的心学,各个学派之间存在着争鸣和融合,在"理学""气学""心学"的斗争和革新中,宋明理学进一步接近其"中正仁义"的"人极"指向,也就是追求超越的道德境界和提升自身的道德修养。自心学形成后,"范围朱陆而进退之"。心学由此成为和程朱理学并立的为学路向。陆九渊所创立的心学,也是他自己读《孟子》得出的。心学作为宋代理学的重要流派,其思想的形成与发展始终与宋代理学的发展息息相关,心学的产生为宋代理学注入了创新的活力,理心之争在很大程度上促进了宋代理学的开拓和创新。心学因其易简工夫,直指人心的修养方式,在明代流行起来。

朱陆之争,本质上是道问学与尊德性之争。《中庸·二十七章》说:"尊德性而道问学,致广大而尽精微,极高明而道中庸。"这一争论在修养工夫上揭示了诚与明以及由诚而明与由明而诚之间的矛盾对立。以朱熹为代表的理学提倡让人先遍览群书,然后认识天理,即自身之道心,是由诚而明的道问学;以陆九渊为代表的心学认为人天生具有良知良能,要先认清自己的本心,然后再去认识万物,这是由明而诚的尊德性。

## (二)朱熹"豁然贯通"的精神境界

朱熹基于本体论的理学背景来构建超越现实的精神境界,继承发扬了二程格物致知的修养方法,通过格物来通达德性,贯通内圣与外王,形成了体用合一的境界论。对于周敦颐所描绘的孔颜乐处境界,朱熹说:"然学者当深思而实体之,不可但以言语解会而已。"②他认为人们对于道德境界的追求不能仅仅停留

---

① 周敦颐:《周敦颐集》,陈克明点校,中华书局1990年版,第47页。
② 周敦颐:《周敦颐集》,陈克明点校,中华书局1990年版,第31页。

在认识上,而要进行实实在在的体验。

朱熹将认识论和道德修养论合而为一,经过涵养用敬、进学致知的双重工夫,达到理想境界,其中尤为强调认识具体的社会、政治、伦理,然后付诸实践。

朱熹继承程颐的观点,训"格"为"至"。"格,至也。物,犹事也。穷至事物之理,欲其极处无不到也。"①朱熹认为,上至宇宙本体,中至人伦社会,下至草木虫石,都是格物的对象,其中所蕴含的理都需要加以研究。穷理就是明白事物的"所当然"与"所以然",前者是说要知道社会事物生存发展的原则,如事亲当亲、事兄当兄,后者是说要知道事物存在的更深层次原因,即知晓天理。朱熹所主张的格物,终极目的是达到理想的境界,在修养过程中要认识事物的规律和本质,只有经过反复格物的过程,人的认识才能从个别到普遍,逐步认识到最终的天理,产生飞跃,最终达到豁然贯通。

在格物穷理的同时,朱熹还强调居敬涵养,朱熹所主张的居敬工夫要求人从身心外内两方面都要敬,在心里没有不合理的念想,在身上没有不合宜的行为。居敬的真正目的在于使心湛然专一,始终处于一种警觉、警醒的状态。

朱熹强调一般人必须通过"格物穷理"来"学以求其通",最终达到"豁然贯通""众物之表里精粗无不到,而吾心之全体大用无不明"②。人一旦达到这种境界,就会体认天理,自觉地、主动地服从和践履孝悌忠信等人伦规范。

### (三)陆九渊的心学与理学在境界上的分歧

心学在某种意义上表现为对程朱理学的回应,因此,要想较为全面地论述宋代理学中孔颜乐处的思想,就不能不对传统程朱的挑战者、批评者——陆九渊心学做说明论述。

陆九渊始终强调尊德性的优先性及对道问学的统摄性,"学苟知本,《六经》皆我注脚"③。陆九渊认为,人要"先立乎其大者"④。在陆九渊看来,本心为人

---

① 朱熹:《四书章句集注》,中华书局 1983 年版,第 4 页。
② 朱熹:《四书章句集注》,中华书局 1983 年版,第 7 页。
③ 陆九渊:《陆九渊集》,钟哲点校,中华书局 1980 年版,第 395 页。
④ 陆九渊:《陆九渊集》,钟哲点校,中华书局 1980 年版,第 400 页。

自身所固有且完满自足，"四端皆我固有，全无增添"①。"先立乎其大"亦即"发明本心"，这不仅是陆九渊心学的为学宗旨，也是陆九渊心学的为学工夫。陆九渊要求人们要肯定与确信自己的本心，人的本心是良知良善的，只需要发现和扩充自己的本心就能达到理想境界，不必向外苦苦探求。陆九渊从正面直截了当地唤起人对自身所固有的本心的自觉与自信，强调了道德修养的主体性和自觉性。人若能发明本心，依本心而行，即能自立，自作主宰，不必他求。这样就达到了陆九渊"收拾精神，自作主宰"②的精神境界。

发明本心之后，陆九渊认为还需要真正依本心进行道德实践。陆九渊以良知良善的本心作为道德实践的起点和根本，平时小心存养本心，不让本心受到私欲的蒙蔽，处理事情时按照本心而动，自然能尽善尽美。

程朱从自身建构的理学出发，认为在普遍的理性规范下人们的行为才是道德行为，强调道德行为的自觉性，避免了自发性，避免将道德实践放在自发的心理冲动或感性活动上，突出了天理的崇高性。但天理作为超越的道德律令，会使人们的道德修养变成一种强制性活动，容易让人趋于勉强而难以真正向善，变为伪善。

陆九渊鲜明地批判了这一问题，他将道德修养放在了每一个人的心头，不是外在地规范劝人向善，而是让人发自内心地去追求超越的道德境界，但陆九渊的理论也有缺点，它将心完全放给个体决定，这就容易导致失去一种普遍的理性的标准，每个人师心自用，最终道德的标准难以衡量。

# 结 论

从孔子开始，儒学就存在着理想与现实并重的双向关怀，着眼于现实，证明儒学不是虚无荒诞的，放眼于理想，证明儒学不是苦闷机械的。理想与现实，犹如鸟之双翼，使儒学昂首翱翔在中华文化之中。理想与现实的结合，使儒学乐观地、积极地改造社会、改造自身，二者的交汇点便是人，人在提高自己中追求

---

① 陆九渊：《陆九渊集》，钟哲点校，中华书局 1980 年版，第 461 页。
② 陆九渊：《陆九渊集》，钟哲点校，中华书局 1980 年版，第 455 页。

内圣,在改造社会中追求外王,而理想与现实之间又天然存在分歧,如何按照理想编织现实,成了历代学者孜孜不倦追求的课题。理想与现实这一矛盾也是儒学内部自我革新的动力。

本文着眼于周敦颐孔颜乐处的境界论,以其为基点,上溯孔孟,下至程朱,围绕着孔颜乐处,将宋代理学的境界论部分做了浅显的说明与论述,孔子是儒学的根源,孟子是宋代理学的直接思想来源,周敦颐是孔颜乐处思想的提出者,开宋代理学境界论先河,二程在此基础上开创了以理为核心的境界论,朱熹和陆九渊分别从理学和心学的视角对境界论进行了论述与争辩。孔颜乐处的境界论,在这历史传承中不断自我革新、自我发展、自我完善。

对理想人格的追求,对道德境界的超越,始终是人努力的目标,"周虽旧邦,其命维新"(《诗经·大雅》),对孔颜乐处思想的探寻,不应仅是对过去的怀念,更应该是将孔颜乐处思想转化为我们自身的思想认识的过程。

# 参考文献

[1]周敦颐.周敦颐集[M].陈克明,点校.北京:中华书局,1990.

[2]程颢,程颐.二程集[M].王孝鱼,点校.北京:中华书局,1981.

[3]朱熹.朱子全书[M].上海:上海古籍出版社,合肥:安徽教育出版社,2002.

[4]陆九渊.陆九渊集[M].钟哲,点校.北京:中华书局,1980.

[5]朱熹.四书章句集注[M].北京:中华书局,1983.

[6]陈来.宋明理学[M].沈阳:辽宁教育出版社,1991.

[7]杨艳萍.再寻"孔颜乐处"[J].科技信息(学术研究),2008(18):124-125.

[8]陈来.论周敦颐影响之建立——序杨柱才《周敦颐哲学思想研究》[J].孔子研究,2004(5):124-125.

西方哲学

# 海德格尔后期思想中的人本主义批判

鲁雨洲

## 前言

1946 年,随着第二次世界大战的结束,废墟和荒芜充斥在经济萧条的西方国家,人们苦闷而抑郁的内心需要得到解释。残酷而充满血腥的战争使人类陷入极端茫然的境地。人类能否继续存在,人类未来的道路在哪里,人类是否会毁灭于自己制造的灾难之中,人是否是世界的主宰? 如果是主宰,那么为何不能决定世界是和平还是危险? 人们不禁追问这一系列问题。正值此时,海德格尔写了《关于人道主义的信》。在信中,海德格尔对以往所存在的一系列人本主义思想做了深刻而严肃的解释和批判。

海德格尔批判传统形而上学中的人类中心主义,认为凌驾于物之上的人也必然遗忘存在本身,世界对象化的结果是我们与世界的矛盾日益尖锐。唯有将人看作世界四重性结构之一,才能把居住的本质当作一种保护,使人与世界和谐相处。

## 一、人本主义思想的多种内涵取向

海德格尔对传统形而上学的批判主要是对人本主义的批判,在此基础上,他追问存在,提出了存在和存在者的区分。

## （一）历史上的各种人本主义

### 1.斯多葛学派的人本主义思想

历史上的第一个人本主义是罗马共和时期的人本主义,即斯多葛学派的人本主义。该学派明确提出人的本性在于人具有理性,人应该按照理性的要求去行动,直接地、自由地选择至善的事情。这个人本主义是与野蛮的人相对意义上的理性的人。正因为人具有理性,所以事物的发展变化、人类的行为,都是由这种理性决定的,而这种理性是除了人以外的其他生物所不具备的,所以人的理性也就同化为人的独具的能力。理性对世界的统治也就变成了人类对世界的统治。

理性对人的统治转变为人类对世界的统治以后,人类具有了至高无上的地位。人类以理性去对一切事物进行价值判断和取舍,赋予非人类的一切事物以意义。这种人类中心主义的视野是对理性的高度崇拜,这种理性与今天所说的理性有所不同,它也指神性,人类无法抗拒其神性的统治。此时,理性也凌驾于人,成为一种异己的不得不绝对服从的力量。

### 2.文艺复兴时期的人本主义思想

文艺复兴时期的人本主义兴起于 14 世纪的意大利,15 世纪、16 世纪在西欧其他一些国家得以广泛传播。

文艺复兴时期的人本主义关心人,重视人的价值和尊严。它肯定人的自然本性的合理性,反对宗教制度、封建制度对人的压迫和桎梏,肯定人的世俗生活的合理性,否认宗教制度对人的世俗生活的束缚,同时肯定人的意志自由和理性理想,反对剥夺人的自由。

人本主义者反对中世纪教会把人视为上帝的渺小的创造物,人必须服从神,神的权威至高无上等谬论。他充分肯定人的尊严、价值、力量和智慧,认为人的力量无穷无尽,人的洞察力宛若神明,人是造物中"完善的典型",高度赞扬人的理想。人文主义者反对教会蔑视人生和放弃尘世享乐的禁欲主义说教,认为禁欲违反了人的本性。在他们看来,人拥有享受人间一切快乐的权利。人文主义者对教会利用神的权威愚昧人们的蒙昧主义极为不满,主张发展人们的理性和智慧,认为理性是快乐的源泉、知识就是力量,尊重人是精神存在的价值。

这种与教会神学完全对立的人文主义的出现,是人类思想的一次大解放、大飞跃,它是资产阶级反封建、反神学世界观的思想武器,为以后的启蒙运动开辟了道路。同时为近代唯物主义的哲学思想和科学文化的发展开辟了道路,它鼓舞人们打碎宗教的精神枷锁,重新去认识世界和人类自己,大胆地去追求一切,并有所作为。因此,对当时的自然科学、哲学、文学、艺术、教育甚至生活方式都产生了广泛而深刻的影响。

如果说斯多葛学派的人本主义是借助理性之光与蒙昧相抗争,那么文艺复兴时期的人本主义则是借助人性与宗教神学对人性的压抑相抗争。

### 3. 18 世纪德国的人本主义思想

海德格尔也提到了 18 世纪德国文克尔曼、歌德、席勒的人本主义,认为它们也同样包含对人性的研究,同样是希腊文化的复兴。海德格尔认为它们虽然是对希腊文化的复兴,但是并没有挖掘社会变化的内涵,所以无法正确理解其意义。例如,席勒的人本主义提出,通过美育可以把人的感性冲动和行事冲动统一起来而成为游戏冲动,实现人的感性要求和理性要求的完美结合,达到超越必然性的自由状态。他希望通过审美教育来克服当时德国社会已经出现的人的感性和理性分裂的现实状况。但是海德格尔离开了特定社会现实而仅仅追溯到希腊思想的源头,所以不可能理解席勒的美育人本主义内容的真实意义。

### 4. 马克思的人本主义思想

海德格尔也分析了马克思的人本主义。马克思主义的人本思想立足于社会和历史条件,在分析人的异化的基础上提出了消灭当时社会的资本主义私有制,从而实现人的解放。这种人本主义具有不同于以往的单从人性角度分析的新特点。

首先,马克思认为合人性的人只有在社会中才可以实现。所以,在马克思哲学中,"自然的人"是通过"社会的人"实现的。海德格尔抓住了马克思关于人的思想的一个基本内容,即人的本质在于人的社会性。

其次,人与动物的区别,就在于人有选择的自由。动物只能在给定的外界环境的限制下活动，而人则自己主宰自己的命运，这是人比无自由的动物远为优越的地方。所以，马克思的人本主义是这样一种人本主义：他把人看作是最高价值和目的本身，而不是把人看作手段，即不把人看作工具，而是尊重人的人格，关怀人的自由、物质和精神的全面发展。

这种人本主义是从现实的、具体的人出发，着眼于人的全面解放。社会表现出来的种种对个人的压抑，其根源就是私有制，而人要真正得到个性的解放，获得自由的全面发展，就必须改变这种压迫人的资产阶级的社会现实、社会关系。马克思关于个人的解放和全面发展理论是建立在对资本主义社会科学分析的基础上的，它的显著特点是建立在资本主义生产方式下。当时，资本主义生产力快速发展，爆发了"政治解放"即资产阶级革命，阶级营垒更加明显，社会矛盾更加激化。人的解放、无产阶级的解放已经不可避免地提到了历史日程上来。因此，"人的解放""个人的全面发展"的理论是在资本主义生产关系下社会历史发展的一种必然产物，就像马克思主义的其他理论产生的必然性一样，是资本主义社会发展的一种必然的结果。

最后，马克思主义的人本主义是现实的、科学的人本主义。马克思找到了这个社会非人道现象产生的根源，即资本主义私有制下的社会分工造成的人与社会、人与人、人与他的创造物之间的对立。要消灭这种非人道的现象，要把人从屈辱和压迫下解放出来，唯一的办法就是改变这种社会关系。改变人所处的这种社会物质环境，即消灭私有制。只有如此，人的真正本性才能够得到释放和发展，人性才能得到发挥，人才是一个完整的人、全面发展的人。

综上可以看出，从罗马时代的第一个人本主义到现在的人本主义，都是以有理性的人为中心的人本主义。在海德格尔后期的哲学中，他着重批判了这种人本主义，并以此来阐发自己关于诗意栖居的观点。

## （二）海德格尔所使用的"人本主义"

自古以来的形而上学就是一种人类中心论，即人本主义。在现代技术中，人对事物的统治和支配，已经游刃有余，事物的工具性达到了极致，这使人类中心论得以完成，达到了最高阶段，走到了物极必反的地步。海德格尔把技术与完成的形而上学相提并论。他认为："在技术的框架中，事物的一切展现都是技术展现,即事物只被允许在预定的技术生产系统中表现出它们的面貌……随时到位以供技术生产利用和消耗。"①

### 1. 人类中心论的思想本质

人类中心论认为人是唯一的价值主体,非人类存在物不具有成为价值主体的资格,人与自然的关系是一种纯粹的目的与工具、主体与客体的关系。

海德格尔正是在反对人类中心论的基础上提出了自己的"人本主义"。海德格尔以水壶为例来说明对主体性人学的消解。壶具有盛水、盛酒的功能,科学的考察会告诉我们,壶之所以具有此功能,是因为壶内是一个充满空气的空间,当水或者酒注入壶的时候,水或者酒就代替了原来壶中的空气。科学的解释具有强制性,它强迫我们只记住壶内的空间,却忘掉了盛满酒的壶。因为相对于人的需要而言,壶内的空间才可以被人类所利用,才可以盛酒,而盛酒的载体则被忽略掉了。科学已经强制它的客体领域仅仅服从人类的需要。物的本质从未真正引起人们的注意,物的物性被遗忘和遮蔽了。诚然,壶作为一物来说,具有容纳功能,因为它内部具有空间,但是壶的真正的壶性,并不在此,而在于它如何容纳物的。它用两种方式来容纳:接受和保存。它接受被倾注进来的东西并将之保存。但是接受和保存又离不开倾出。从壶里面的这种倾出,就是壶的馈赠。不管壶馈赠的是水,还是酒,还是其他,都包含着更为深刻的东西。在馈赠之水中有泉,在泉中有岩石,在岩石中有大地的沉睡,而大地又承受着天空的雨露。因此,在泉水中存在着天和地的联姻。于是,在壶的本质中,便总是存留着天空和大地。海德格尔用如此诗意的例子告诉我们,世界是由天空、大地、诸神、凡人构成的。四重性结构之间相互照应,它们都是"存在"着的,都是"时间"着的,都有神性支配,这个神性就是所谓的大化。

天地人神的关系只是在人类诞生以后才存在,人与物的关系也是如此。物之为物并非由于"人"的行为而来,相反,不管人是否来到,物都一直在。其实,人既然处在世界的世界着之中,当然也就处在物的物着之中,因此,人也被物着。人是被物着的存在者,即被制约者。人应该从作为被制约的、有限制的存在来重新思索人和世界的关系。

---

① 宋祖良:《拯救地球和人类未来:海德格尔的后期思想》,中国社会科学出版社 1993 年版,第72 页。

### 2. 人本主义与形而上学的关系

历史上的人本主义观点根植于形而上学之中，或者说，它们本身就是形而上学的根据。但是，各种人本主义的观点并没有追问存在本身对人的本质的关系，甚至起到了阻碍这种追问的作用。

形而上学得以产生的前提就是以人的理性为基础，认为世界的图景是由理性创建的。这种人本主义的理性万能以人的理性为前提，这是一切哲学问题、科学问题的前提。具有了这种前提之后，人本主义哲学家在主客二分的基础上进行一系列哲学分析。在历史上大部分哲学家的哲学体系中，主客二分的思想具有不可回避的前提性。在主客二分的思想下，人的本质是相对于对非人的物的统治而言的。这种统治是绝对的统治，所有人的其他本质都是建立在这种统治之上，它阻碍了对人的本质的真正的追问。

当人们从技术的角度去看待一切自然事物，认为天地万物只是技术生产的原材料，那就意味着自然环境将被全面破坏与毁灭。所以，海德格尔把技术的框架看作最高的危险。从技术的框架出发，一切非人的事物便被人类价值化了，把技术视为标准和真理之后，事物本身的不从属于人的价值便被忽略。思想的基本成分是存在，思想涉及存在与人的关系，而技术则立足于对存在的遗忘和真理的遗忘，因此，应该使思想摆脱技术框架式的解释。当时的时代状况决定着西方人学思想发展的逻辑，即突出要求说明人的生存的被限制和被动性。只有从存在本身出发，才能够理解人的本质。

由此可见，海德格尔关于人的存在的思想正是对人的主体性的质疑和消解。这和近代人学所强调的人的主体性的思想是完全相反的。当培根说"知识就是力量"时，当笛卡儿说"我思故我在"时，当康德提出人为自然立法时，都突出了人对世界，乃至人对自己的主体性，这是近代人学的主导精神。海德格尔扩大了人的生存的被制约性和被限制性，这是对主体性人学的消解。

这种对主体性人学的消解在当时是十分必要和迫切的，虽然海德格尔的人本主义批判在当时被大多数人认为是天方夜谭和毫无建树的呐喊性的哗众取宠，但这是当时西方社会状况在海德格尔思想中的反映，是海德格尔立足于社会现实对社会所做出的颠覆性的批判。

# 二、对人本主义的批判：对存在的遗忘

## （一）人对存在的遗忘的三种方式

人们对存在的遗忘是西方历史社会发展的必然性结果，导致了现代人的一种无家可归的状态。人们总是考察与处理存在者，把存在者当作与自己相对的对象来看待和改变，存在者作为从属于人的东西，可以任意被人所改变，而人则成为存在者的主人。这种主客二分的结果就是破坏了人类赖以生存的存在者——地球。海德格尔据此思考现代西方人的历史，以至于整个人类未来的命运。

### 1. 对物道的遗忘

对存在的遗忘可以从三方面来阐释。首先表现为对于物道的遗忘。人本主义把人放在绝对中心的位置，因而遗忘了物作为自在之物（things-in-themselves）存在的意义，而只考虑其作为为我之物（things-for-us）的意义。人们对物的定义都是以人使用物的便利为终极目的，具有操作性的。海德格尔称之为人对物的"伤害性忽略"。这种"伤害性忽略"最终将摧毁作为物的物。人本主义的要害在于取消自在之物，而这种取消决定了它对物道的遗忘乃至消灭。

### 2. 对世道的遗忘

对于物道（物的物性）的遗忘直接导向对于世道（世界的世界性）的遗忘，因为世界本身也被当作一物。海德格尔在《世界图象的时代》一文中指出：人成为第一位的和真实的主体（subjectum）的过程只有在存在者作为整体的变形中才有可能，而这种变形就是世界整体成为可控制的图景的过程。这里的世界指存在者整体，不局限于作为自然的宇宙，而且包括历史。世界变成图景的过程与人变成主体的过程是一致的，因为人要控制整个世界，就必须将整个世界当作他的观点和由这个观点而形成的图景。所以，海德格尔认为：世界图景是被理解为图景的世界。世界图景意味着人将所有存在者当作由人设立和宣布的存在,似乎人在任何地方和任何时候都只遇到他自己。

世界成为被统治的应用性表象使人遗忘了世界的世道,人从此不再是世界的一部分,而是涵括世界于其中的绝对整体。但世界在最本质的意义上是人筑居于其中的家园,并不是与人对立的被征服对象,人对世界的归属关系比任何主客体对峙都更原始,世界的世道具有不能归为人道的独立性和尊严。

### 3. 对人道的遗忘

人本主义遗忘了物道和世道,而人已经与物处于原始的交道中并因此筑居于世界之内,这就导致对物道和世道的遗忘使人遗忘了人的人道。这种遗忘首先在于人丧失了对自己的位置意识,不是把自己作为世界基本结构中的构成,而是将自己夸大为涵括世界于其中的绝对整体。虽然表面上将人抬高到绝对主体的地位,但实际上却使人成为一种悬空的存在,丧失了其存在的根基。人的存在的位置的丧失使得人在这个时代虽然处处遇到自己,却从未和自己的本质相遇,因而无法真正把握自己的本质。这种人与自己本质的疏远状态被海德格尔称为"人的本质之死"。这是人对人道的另一种遗忘,即人虽然将自己高扬为支配一切的主体,但他在取消物和世界的自立性之时也必然会取消自己的自立性,因而实际上是把自己当作可计算的对象性价值。人因此而丧失了自己的本质和尊严,却误以为自己高扬了其主体性。这种典型的人道主义式悲剧源于人对存在的遗忘,即存在是一切存在者之存在。遗忘存在意味着遗忘世界和人在世界中的位置,因此不能从天道整体的高度去思考物并通过这个整体领受物的尊严,或仅仅从人类中心主义的角度出发赋予他们所属的价值,最终使包括人在内的一切存在者都被当作持续贮存着的质料。海德格尔反对人本主义的理由就在于此。这种反对并不是说让自己去反对人道,去主张非人道的东西,去贬低人的尊严,海德格尔所要反对的人本主义,是没有把人放到足够高度的人本主义式的尊严的丧失。

综上所述,海德格尔在三个层面上探讨了人本主义对于存在的遗忘,证明了这种以人为中心和尺度的主体性哲学存在的本质性的欠缺,并因此而去寻找超越人本主义的道路。

### （二）存在的遗忘与人的无家可归

人是一种特殊的存在,但是无论人的存在方式如何特殊,如何不同于其他存在者,人的存在都体现着一般存在。人对一般存在的从属关系,也就是对大化的关系。人的生存是被存在,即大化所要求和决定的。在海德格尔后期的哲学中,强调了人的生存对存在的必然从属。

**1. 现代技术的本质**

现代技术在极度强调理性、局部的基础上,遗忘了整体、存在,遗忘了作为人的根本存在方式的存在的意义。

存在与人的关系可以从如下三方面来谈:首先,存在对人的关系是抛与被抛的关系。人被存在抛弃,人是被抛者,存在是抛者。人的本质在于其被抛性,这就是人的命运所在。借此海德格尔想说明,既然人是被抛的存在,那么人也是有限的存在。其次,人的生存是被存在所抛弃的,所以人无法决定存在着的活动。人不是自己的主人,也不是存在着的主人。最后,人是存在的看护者,而非存在的主人。人必须按照存在的命运来看护存在的真。现代西方人恰恰没有发现自己与存在的天命相立的东西。

**2. 现代人无家可归的状态**

海德格尔的上述思想实质上也是一种目的论、决定论思想,人是被存在所抛弃所决定的,人被要求来发现存在的真并且看护存在的真,人的使命决定着人的不可更改的命运。

在 20 世纪上半叶,发生了两件事情:两次世界大战的爆发和社会主义制度的出现。不断爆发的经济危机使西方社会的人们对社会制度的认同问题更加尖锐化。这根源于人们对存在的遗忘。

人们对存在的遗忘也就是对自己的根本使命的遗忘。技术的不断异化导致人们过度地以技术和娱乐来填补生活,导致精神上的空虚。这种空虚反过来又使得人们无法理解技术的真正含义,无法使技术适当地服务于人类。

现代人的无家可归的状态不仅在物质上,也是在精神上。这种双重的无家可归加深了社会危机,降低了人们生而为人的尊严感和幸福感。人妄图统治除了人以外的一切物，不仅包括动物、植物，还包括建筑物等。周遭的事物完全变成一种异己之物，人把自己绝对凌驾于这些之上后，也把自己绝对架空了。

# 三、人的未来出路

## （一）人的生存方式的特殊性

人与动物的生存方式不同，人的生存方式有着自己的独特性。为了不断满足自己的物质和精神的需要，人类必须不断改造自然。人与自然的关系存在着人类对自然的改造和自然对人类的反作用，与动物消极被动地适应自然不同。这恰恰体现了人的生存方式的特殊性。

### 1. 筑和居

人类的生存活动可以分为"筑"和"居"。只有通过筑（bauen）才能够居（wohnen）。筑以居为目的，二者是目的与手段的关系。海德格尔还引入了桥的概念。桥是一种筑的现实，也是一种真正意义上的居。桥使得两岸相连，使河流、河岸进入相互为邻的关系中。桥聚集着天空，使天空成为天空。同时，聚集着凡人，也为死者开辟道路。桥也聚集着诸神。

桥让天地人神居于其中。

人们的无家可归的状态不只在于住房匮乏，也不是加紧规划建筑就能够解决的，现代人的居住的真正困境比世界大战的残酷无情、人口的急剧增长、劳工的悲惨状况更加古老。现代人的无家可归状态就在于没有思考"居"的这一真正困境。

当人们成为世界的主体和中心，并把这种主体性看作人的本质的时候，世界由此称为人的对象，地球成为人们需要改造的客体。关于对象和对象化，海德格尔曾说："现在，一切存在者要么是作为对象的现实，要么是作为对象化的作用者——在这种对象化中对象之对象性得以构成自己。对象化在表象之际把对象投送给 ego cogito［我思］。在这种投送（zustellen）中，自我表明自身为它自己的行为（即表象着的投送）的根据,也即表明自身为 subiectum[一般主体]。主体自为地就是主体。意识的本质是自我意识。因此,一切存在者不是主体的客体,就是主体的主体。存在者之存在普遍地植根于那种'面对自身摆置自身'(sich-vor-sich-selbst-stellen)之中,从而植根于自身设置(Sich-auf-stellen)之中。在存在者之主体性范围内,人起立而入于他的本质的主体性中。人进入这种起立(aufstand)之中。世界成为对象。在这一暴动性的对一切存在者的对象化中,大地,即那种首先必然被带入表象和制造(vor-und Her-stellen)之支配中的东西,被置入人的设定和辨析的中心中。大地本身只还能作为那种进攻的对象显示自身——这种进攻在人的意愿中设立自身为无条件的对象化。自然便普遍地显现为技术的对象,因为它出于存在之本质而被意愿。"①

**2. 看护**

在《关于人道主义的书信》中,海德格尔提出人不是存在者的主宰,而是存在的看护者。他认为形而上学就是人类中心论,人不应充当中心和主宰,而应该是看护存在,看护存在的根基,即基本生存条件,也就是看护地球和自然,不任之荒芜,而后才能谈得上探讨和解决人的其他一切问题。

前面已谈到,世界具有天地人神的四重性结构。世界的四重性结构意味着人不过是四元之一,因此,在海德格尔后期的哲学中,人必须谦逊地接受自己在世界中的位置,人不再是绝对中心和最高主体,而是通过与其他三元的转让-反射活动来完成自己的使命,人只有抛弃设计并统治世界的意图之后,才能够领略到存在的天命,从而与自己的本质相遇。

## (二)和自己的本质相遇

### 1. 用倾听代替发问

要与自己的本质相遇,这需要人们改变致思方式。从统治-描述-解释之思转向感恩-回忆-响应之思。我们要从提问转向倾听。倾听意味着收留和接受天言,即存在的话语,也就是世界四元的相遇。倾听比提问和说更重要,更原

---

① 海德格尔:《林中路》,孙周兴译,上海译文出版社 2004 年版,第 268-269 页。

始。语言的本质就是天言，人之所以能够说话，是因为借助天言的力量。表面上是我们在说话，实际上是我们听语言讲话后才能说话，嘴作为人的发音器官属于世界四元的运动："而口不光是在某个被当作有机体的身体上的一个器官，倒是身体和口都归属于大地的涌动和生长——我们终有一死的人就成长于这大地的涌动和生长中，我们从大地那里获得了我们的根基的稳靠性。当然，如果我们失去了大地，我们也就失去了根基。"①

我们如何听语言讲话呢？语言没有发音器官。海德格尔的回答是：语言的本质是呈现（showing），我们倾听语言就是倾听事物乃至天道的显现。语言作为天方实际上就是生生不息的宇宙造化大流。所以，我们听到的乃是："天空（der Himmel）是日月运行，群星闪烁，四季轮转，是昼之光明和隐晦，是夜之暗沉和启明，是节气的温寒，是白云的飘忽和天穹的湛蓝深远。"②

在海德格尔的后期哲学中，人是被语言征用的存在，而不是语言的创造者，人的地位决定了他不能超越语言："为了成为我们人之所是，我们人始终被嵌入语言本质中了，从而决不能出离于语言本质而从别处来寻视语言本质。因此，我们始终只是就我们为语言本身所注视、归本于语言本质这样一种意义上来洞察语言本质。我们不能知道语言本质——这里所谓'知道'是一个传统的由表象性的认知所决定的概念。我们不能知道语言本质，而这无疑不是什么缺陷，倒是一个优点；由于这个优点，我们便突入一个别具一格的领域之中，突入我们——被用于语言之说的我们——作为终有一死的人的栖居之所中了。"③

### 2. 天言对人言的原始性

说话和思想本质上是对存在的感恩，因为人言是存在的惠赐和赠礼。天言对人言的原始性注定了人在最原始的意义上只能是倾听者，在倾听中接受和响应存在的派遣和委托。这与人道主义的语言学正好相反。人在人道主义的语言学中是发号施令的统治者形象，人通过语言不断发号施令，由此成为世界必

---

① 海德格尔：《海德格尔选集》，孙周兴选编，生活·读书·新知上海三联书店 1996 年版，第 1109 页。

② 海德格尔：《海德格尔选集》，孙周兴选编，生活·读书·新知上海三联书店 1996 年版，第 1193 页。

③ 海德格尔：《海德格尔选集》，孙周兴选编，生活·读书·新知上海三联书店 1996 年版，第 1146-1147 页。

须服从的命令,语言实际上是人强加到事物之上的范型。

人本主义的根本特征是强调说话对倾听的优先性。在海德格尔后期的哲学中之所以强调倾听对人言的原始性,就是强调人道对天道的归属性,以此来试图消解人本主义的主体性原则,在天道即存在的高度上去恢复人的人道。

同时,倾听作为言说的原始性意味着人只有响应存在的呼唤才能行动,而存在的呼唤本质上是将人呼唤到它的澄明中去,由此得出,人并非世界的统治者和至高者,相反,人的行动是被存在所决定的。人只是被委托者,命中注定要被征用来参与存在的显现过程。人是被注定者,所以人无法决定这个过程,无法决定过程的进展和方向,人们能做的只是看护它。海德格尔认为只有领悟到这一点才能真正把握人的本质。

### 3. 拯救:保护事物处于它自己的本性之中

这种守护就是居住的本质,是积极的行动:"保护(schonen)本身并非在于,我们没有损害所保护的东西。真正的保护是某种积极的事情,它发生在我们事先保留某物的本质的时候,在我们特别地把某物隐回到它的本质之中的时候,按字面来讲,就是在我们使某物自由……的时候。栖居,即带来和平,意味着:始终处于自由之中,这种自由把一切保护在其本质之中。栖居的基本特征就是这种保护。"①

这种保护就是让事物处于它的本性中,而不是使其符合人类的需要和期盼。而这使我们居于亲近之中:"如果我们思物之为物,我们就保护了物之本质,使之进入它由以现身出场的那个领域之中。物化乃是世界之近化。近化乃是切近之本质。只要我们保护着物之物,我们便居住于切近中。切近之近化乃是世界之映射游戏的真正的和唯一的维度。"②这种原初意义上的守护就是守护天地人神这四元,只有拥有这种对存在的守护态度,才可以克服对存在的遗忘这一可以导致世界毁灭的具有灾难性的力量。

从存在之遗忘转向存在之守护乃是根本性的转折。这种根本性的转折被海德格尔称为"拯救"。拯救意味着释放,解放,使自由,节约和栽培,保护性聚

---

① 海德格尔:《海德格尔选集》,孙周兴选编,生活·读书·新知上海三联书店 1996 年版,第 1192 页。

② 海德格尔:《海德格尔选集》,孙周兴选编,生活·读书·新知上海三联书店 1996 年版,第 1182 页。

藏,置于某人的照料之下,妥善保管。妥善保管存在的权力是存在对于人的恩惠,人被征用而成为拯救力量。

这种拯救从根本上讲属于存在的天命,但离不开人。正是因为守护存在,人才完成了自己的天职。守护不同于统治,它顺应和归属天道的变易之流,不强迫事物做出符合人的意愿的改变,人作为世界四域反射游戏的参与者而有所作为。这与人本主义的信念形成了鲜明的对比,因为人本主义认为人类能够创造自己的命运和驾驭天道。

# 结　论

海德格尔后期哲学中,人完成了由发号施令的指挥者向谦逊的听从天言而行动的守护者的转变。海德格尔在对人本主义的阐释和批判的基础之上,以存在为根基解决了人如何面对已经被对象化了的世界的问题,并将人置于世界的四重性结构之中,恢复了人应有和原有的地位,使得人对存在的遗忘,通过人对世界的守护而解决。

后期的海德格尔通过追问人类生存的困境,看到了人本主义哲学的欠缺,并试图阐释人是四重性结构之一来超越人道主义之路。他看到了世界大战、环境污染、对生物的狂捕滥杀等世界性的困境源于人本主义的主客体二分法,认为只有超越人本主义的境域才能够解决,所以他消解了把世界万事万物的价值归于对人的有用性这一观点,恢复物之为物的原初意义。他认为人们应该爱护筑居于其中的世界,看护而非破坏和制造。海德格尔立足于时代特点,对人本主义的批判无疑是深刻和值得反思的。

但是海德格尔以放弃了人的主动性为代价去超越人本主义,使得他面临着另外一个困境。人们不禁会问,为何世间万物只有人能够聆听和响应天言,人的独特性是如何产生的?

海德格尔消解了主体概念之后如何解释人这种存在者存在的独特性,乃是后期的海德格尔哲学始终没有圆满回答的问题。之所以无法圆满回答,是因为后期的海德格尔哲学忽视了人的主动性。虽然天言比人言更加原始,但是倾听天言而后言说乃是人的主动性的绝佳体现。

恢复物的尊严不等于要否定人的尊严,相反,恢复物的尊严与承认人的主体性地位应该放在相同的位置上。

海德格尔始终没有回答为何在天地人神的四元中,只有人作为守护者而存在。所以,他对人本主义的批判和超越在本质上还处于未完成的状态。在克服人本主义的缺陷的同时,如何为人的主动性找到其应有的位置,是我们要继续解决的问题。

# 参考文献

[1]刘敬鲁.海德格尔人学思想研究(修订版)[M].北京:中国人民大学出版社,2012.

[2]宋祖良.拯救地球和人类未来:海德格尔的后期思想[M].北京:中国社会科学出版社,1993.

[3]孙周兴.海德格尔选集[M].上海:生活·读书·新知上海三联书店,1996.

[4]王路.解读《存在与时间》[M].北京:北京大学出版社,2012.

[5]陈嘉映.海德格尔哲学概论[M].北京:生活·读书·新知三联书店,2005.

[6]孙周兴.语言存在论——海德格尔后期思想研究(修订版)[M].北京:商务印书馆,2011.

[7]海德格尔.林中路[M].孙周兴,译.上海:上海译文出版社,2004.

[8]海德格尔.在通向语言的途中[M].孙周兴,译.北京:商务印书馆,2004.

[9]比梅尔.海德格尔[M].刘鑫,刘英,译.北京:商务印书馆,1996.

[10]海德格尔.诗·语言·思[M].彭富春,译.北京:文化艺术出版社,1991.

# 《论灵魂》403a5—403b19 疑难问题试析

赵 越

## 一、导言

　　"他对灵魂的述说并不明晰：你无法说清在那整整三卷书里亚里士多德是究竟如何思考灵魂的。"晚近的亚里士多德研究者 Polansky 在自己对 *De Anima*（一般译为《论灵魂》）的评注前这样引用了早期基督教哲学家——罗马的希波利图（Hippolytus of Rome）的话。正如我们所见，亚里士多德的《论灵魂》一书中充满了大量的疑问和难题，阅读它绝非一件易事。事实上，就连亚里士多德自己也在文本的一开始就承认，灵魂的研究虽然具有重大价值且具有"第一重要的位置"，但"要获得有关这方面的任何确实知识乃是一件最为艰难困苦的工作"（402a1—12）。

　　疑问难题来自多个方面。首先，既然这样一门关于灵魂的科学（episteme）与全部真理都存在着关联，那么，我们就必须明确它所牵涉的诸多领域和主题，并且至少在对这些内容有了一定了解之后才能够对亚里士多德灵魂学的背景和互文有所认知，并进一步借此一窥这门知识的奥秘。然而，正是这些数量繁多且内容庞杂的领域和主题成了理解和掌握灵魂学中诸多难题的门槛。它们既包括亚里士多德所能接触到的当时以及之前哲学家的著作，也包括亚里士多德自己的作品。其次，《论灵魂》文本自身也并不清晰。尽管这是一个浮现在亚里士多德诸多著作中的问题，但在《论灵魂》中，它表现得尤为明显。大量的评注者都承认,《论灵魂》的论述比亚里士多德的其他著作都更加含混不清,很多主题只是开了个头就没有了下文,有许多看起来难以处理的前后矛盾的地方留了下来,各个主题之间的联系也相当松散。在行文之中,一些艰难的字句甚至导致 Ross 与 Smith 这样有名望的翻译者都出现了理解上的障碍。这个难题或许同时由灵魂研究的困难,文本作为讲稿的性质以及传抄整理中的错误三方面的原因导致的。

如果说以上两个难题还属于亚里士多德著作的一般问题和研究者的常识,那么疑难之处的第三个层面则来自《论灵魂》的主题,即灵魂学说自身。对于一个刚开始接触《论灵魂》一书的现代人而言,要想适应亚里士多德在书中对灵魂的讨论可能是相当困难的,因为即使撇开亚里士多德所处理的庞杂问题和他所使用的繁复论证不谈,一个非宗教意义上的灵魂观念对于我们而言本身就是理解的难点,这在连笛卡儿式的主体都被破除了的当代哲学语境中尤其如此。①有时候,我们可以发现,上文所说的亚里士多德论述不清晰与主题的困难也可以说是互为因果的。比如第一卷的灵魂运动问题,当亚里士多德论及"就自身运动"和"就他者运动"之间的区分时,如果我们事先没有理解在《形而上学》(以下简称 Met.),《后分析篇》(以下简称 Post. An.)以及《物理学》(以下简称 Phy.)中已经出现过的相关论述,那么这里的问题就会变得异常难以理解甚至出现错误,更不用说文本中还存在的文字意义上的争执。这些困难都既体现在文本的杂乱当中,也与主题本身的内在的困难密切相关。在对《论灵魂》文本的研读过程中,这些困难几乎是无处不在,这些关于文本内容本身的难题,也成了我们所要直接面对和解决的最大疑难问题。此外,作为第二次世界大战以后分析哲学向古代哲学进军的成果,关于《论灵魂》的大量现代评注和研究如今已经蔚为壮观。在这个过程中,许多研究者使用现代哲学的分析和理解方法处理《论灵魂》的文本,将诸如"突现论""功能主义""还原论"等的标签贴在亚里士多德的身上。我们应当承认这些成果澄清或至少点明了《论灵魂》本身存在的大量难题,并给出了更加规范和清晰的视角来看待和理解亚里士多德的灵魂学说。然而,这种将现代哲学的概念引入灵魂学说的主题使当代的《论灵魂》研究者所要处理的问题和文本数量陡然增加,这在另一个方面也加剧了研究的难

---

① 参见德里克·帕菲特:《理与人》,王新生译,上海译文出版社 2005 年版,第三编。

度。在研究过程中，笔者会有选择地利用这些研究成果，并在多种文本和解释之间做出笔者所认为的可信赖的选择，再给出意见。

在这里笔者不可能探讨全部的疑难问题。在下文中，笔者将主要研究出现在 403a25—403b19 中的四类研究者问题。一方面是对灵魂中属性依存问题的一个展开，另一方面是为后文进一步讨论前人的意见确定理论基础。403a25—403b19 在文本阅读中有着诸多争议。之所以选取它，是因为它说明了亚里士多德在灵魂学研究之中所持的立场，并能够回答他在后文为何拒斥前人意见的问题。

首先，笔者会对 403a25—403b19 文段之前的内容做一个简要回顾，以帮助读者了解文段中提出的问题的文本背景。在随后的叙述中，笔者会指出亚里士多德在愤怒的例子与房屋的例子中究竟存在哪些容易引起误解的差异，这些例子背后的形而上学的思考又如何帮助我们区分开了 physikos、dialektikos 以及 technites（汉译见后文）这三类人，同时，笔者还会展示 Polansky 如何就 403b9—10 的一句话对 Ross（1928）极有可能将我们引向一个错误的方向的对原文的误读展开批评的。

在明确了所要解决的问题和解决的步骤之后，有必要转过头来看一看可资借鉴的众多研究成果与诠释材料。《论灵魂》一书不仅在历史上拥有较多的评注和解释，还在现代和当代古代哲学研究的浪潮中得到了特别的关注。从 19 世纪下半叶至今，英语学界对《论灵魂》的评注与研究呈现了更为繁荣和多元的面貌。其中代表性的成就为不断推陈出新的英文译本。早期的译本中，包括 R. D. Hicks（1907）等，而 W. D. Ross（1956,1961）与 D. W. Hanlyn（1968）的翻译和评注则代表了那一时期《论灵魂》研究的一个高峰。近些年来的一些译本，如 H. Lawson-Tancred（1986），M. Schiffmann（2011）更是证明这一研究浪潮仍旧方兴未艾。此外，第二次世界大战之后分析哲学在欧美学界的进一步兴起和心灵哲学、神经认知科学等的发展也带动了利用分析方法研究《论灵魂》一书的热潮，许多研究者甚至哲学家都开始越发重视《论灵魂》一书的地位，并涌现了大量的研究成果。其中最具有价值的研究成果，莫过于 M. C. Nussbaum 与 A. O. Rorty 的 *Essays on Aristotle's De Anima*（1995）一书，该书汇集了当代几乎全部的关于亚里士多德研究方面的学者，以论文集的形式全面论述了《论灵魂》一书中的诸多问题，并给出了大量富有见地的论证和阐释。另外，对笔者研究颇为重要的还有近年来的一些对于《论灵魂》的新评注。伴随着20世纪80、90年代分析哲学进军和功能主义热潮的降温，一些学者开始对近几十年的研究成果展开了反思，并试图通过重新返回文本的方式为亚里士多德灵魂学说研究的现状打开新的局面。这些作品中最重要的有内容上堪称巨细无遗的Polansky(2007)的书，以及简洁明快而又分析深刻独到的Shields的书。因为，这两部著作的出现时间更为晚近，所以，它们所能够接触和包含的资料也就更为充分，在很多问题上的见解也能博采众长，同时作者在著作中又提出了客观公允的评论，因此，这两部著作是近年来学界不可多得的作品，也是本文最为重要的参考资源之一。

以上，笔者对关于《论灵魂》一书本身及亚里士多德灵魂学说的研究做了一个概观，并且指出了本文可以利用的一些比较重要的材料。需要特别说明的是，由于目前汉语学界对于《论灵魂》一书的研究还不完善，翻译仅有吴寿彭与秦典华两个译本①，而这两个译本的译文有时不够准确，所以在大多数情况下，笔者的分析都会根据Shields的英文译本以及Polansky在评注中的译文而展开。

# 二、预备性的讨论

在开始正式论述之前，有必要对《论灵魂》前面的一些内容做简要的说明。《论灵魂》一书的开头可以说是典型的亚里士多德的风格，即在全卷的起首部分用一句格言或谚语式的句子于头。亚里士多德指出，研究灵魂的学问乃因为对象的崇高和事关全体真理的求得而显得至为可贵，对于自然学的研究更是如此。在《论灵魂》中，他也像在其他著作中那样给出了一个研究计划，即先探求研究对象的本质(ousia)，再从这一点出发研究它的各种属性(pathe)，我们几乎可以将其视为《范畴篇》(以下简称Cat.)中实体与其他一切属性相对立分隔理论在具体实践操作中的一个模板。在结论中，我们可以发现，尽管这个开头所罗列的关于灵魂研究的一切在文中似乎并没有完全实现，但依然可以说，亚里

---

① 亚里士多德：《灵魂论及其他》，吴寿彭译，商务印书馆1999年版；苗力田主编：《亚里士多德全集(第三卷)》，中国人民大学出版社1992年版。

士多德完成了他做出的承诺（402a1—11）。

接下来亚里士多德并没有立即着手使用诸如属加种差的惯常方法来探究灵魂的本质究竟为何，相反却表现出了缺乏信心的态度，坦言在灵魂研究之中存在着诸多的疑难问题，以至于获得确实的知识这一最低限度的要求都显得颇为困难。他进一步岔开了话题，开始讨论研究的方法论：是否存在一个对于各个求知领域都普遍适用的方法？正是因为诸学科在亚里士多德那里并不处于同等级别，这一问题才成了困扰他的一个难题。他最后只是给了我们一个并不确定的回答：既然所研究的问题有别，各个领域似乎也应该用不同的方法进行探究（402a12—23）。

一直到此，亚里士多德才开始真正关心灵魂的种属问题，在这里，他提出了一连串的问题。灵魂究竟是某个实体，抑或只是一种属性？它是潜在抑或现实，又有没有部分？这些都牵涉一个根本的问题，即灵魂的定义究竟应该如何给出？如果一切生物都拥有灵魂，那么看起来，灵魂就是个体生物的一种属性，因而拥有一个定义。或者，灵魂是完全个体的存在，从而不同的个体生物拥有不同定义的灵魂？以及，灵魂所对应的现象导致了它拥有不同的部分，那么这些部分（或者更确切地说，功能）又是否应当先被考察？又或者，正是因为功能是相对于他们的对象而言的，我们更应该先从对灵魂功能的不同对象开始研究？凭着列举了全部的对象，我们似乎可以认识到事物的全部偶性，并就此利用普通形式逻辑中内涵与外延的关系确定事物的本质究竟为何。（402a24—403a2）

问题还远远没有结束。既然要研究灵魂的多种属性，那么，属性究竟以何种方式存在的呢？亚里士多德在这里预告了将在第二卷和第三卷中展开论述，但更重要的是，从这里开始，他讨论到了身-灵关系这一最为重要的话题。看起来，灵魂的感觉（aesthesis）以及想象（phantasia）都不是能够脱离人的躯体而单独存在的东西，然而，思维（nous）是不是一种特殊的东西，独特到可以脱离人的躯体而单独存在？亚里士多德用直线举例，对于单独的直线而言，直这一属性可以在观念中被抽离出来单独思考，但当直线与球体相切于一点时，作为相切的原因和结果，它的直这一属性就必须是现实的，从而也是不可与直线本身相分离的。对生物学的研究可以发现，人的多种情绪或品质总是伴随着一定躯体上的物理反应而出现，从而亚里士多德下了一个至关重要的判断：如果我们将躯体视为质料,灵魂就必然总是伴随着质料。这个结论的重要之处在于,他第一次明确地提出将人的身体视为四因(aitai)之中的质料因,而这意味着,他预设了灵魂不仅是生物的本原(archē),更隐藏了灵魂作为形式(morphe)的深刻意义,这表明了亚里士多德的基本立场,即生物是作为形式的灵魂与作为质料的躯体的结合,而这一结合中的任一部分都不能离开对方,也就是说,不可分离性在一开始就得到了确立。(403a3—27)不过,能不能将其作为一个承诺或者结论? 这还需要在后文中寻找答案。

从这里开始,才真正进入了对灵魂运动问题的探讨之中,自 403a28 直到第一章结尾的全部论述事实上是对接下来三章的一个预备和前言。在这里,亚里士多德通过区分两种研究者,即自然学家(physikos)与辩证学家(dialektikos)进一步明确了不可分离的定义以及他所认为正确的研究方法。灵魂研究似乎是自然学家的事,他举出愤怒的例子,明确区别了前者关注的是质料(hule),而后者只关注形式和原理(logos)。他进一步阐明了,原理必然存在于质料之中,从而,真正的自然学家研究不可将原理与质料分开,也就同时研究了质料和原理这二者。除此之外,他又举出了另外的两种求知者:数学家研究那些在抽象中可分离的对象,而第一哲学家研究的则是完全分离的对象。到此,亚里士多德终于不再连续发问,而是给了我们一个较为坚实而具有重大意义的立足之处,使得我们后续的全部研究都能够在这一基础之上展开。

# 三、文本分析

在前文论述的基础上,接下来,笔者将眼光放在 403a28 开始的文句上。虽然有了上文的一个看起来意思明确的判断,但是整个第一部分却是在疑惑和确定相互伴随的气氛中进行的。亚里士多德说:既然我们要建立一门关于灵魂的知识,那么我们就必须在知识的多个层级和领域中为这样一门知识找到自己的领域。对此,亚里士多德给出了一个答案:对灵魂的研究,或"就其部分,或就其整体乃是 physikos 的事"（403a28—29）①，然而，为什么对灵魂的研究需要交给 physikos，即从属于自然学的研究，如果从属于这样一个领域又意味着我们应该对这门学科的对象有什么要求或做何种理解，以及书中为什么使用了不确定的口吻，亚里士多德却并没有回答。唯一的线索也许是 *Met.* 中的这句话：很显然，我们有必要在自然学中探查并划定一物之所是，以及为何将对灵魂一些部分的关切归入自然学者的研究之中，尽管它们大多不离开质料。亚里士多德表明的是一种模棱两可的态度，似乎灵魂学可以从属于自然学的研究，但其原因却需要进一步地探明。接下来，如前文所说，我们需要明确灵魂究竟具有何种本质（ousia），以及它的属性又是什么。显然，在研究中揭示一个事物本质的方式，莫过于用定义的基本逻辑方式在语言和对象之间建立正确而稳固的联系，因为，定义是表达事物本质的词组，它的作用就在于通过逻辑的方式确定一个事物的本质，将一个研究对象从不定的状态中呈现出来并加以规定，而其所使用的方法就是揭示这个对象的本质。所以，或许应该先从定义入手，一旦在逻辑上确定了灵魂的定义，笔者也就找到了它"所是的东西"以及其自身的范畴结构，从而成为研究的基础。

但是进一步的，关于灵魂的定义本身就是灵魂研究的疑难问题之一。亚里士多德已经在上文谈论过了在属加种差的标准定义法当中寻找灵魂定义的问题，但很显然，由于讨论得不成熟，他并没有得出结论。事实上，关于灵魂的定义要一直等到第二卷才缓慢出场。亚里士多德真正想要做的，并不是在这里就迅速地做出定义。因为，还没有在研究中确立始点，自然也就得不到确定的知识，亚里士多德向我们暗示，我们需要的是确立下定义的落脚之处。

正是出于这个原因，亚里士多德给我们提出了一个至关重要，然而却又引

---

① 如正文所说，本文中引用的《论灵魂》原文，如无特别说明，均主要从 Shields 英文译本翻译而来，并参考了 Polansky 在评注中的译文。此外需要说明的是，这一句的翻译在秦典华与吴寿彭的译文中均存在一定的错误。秦典华的译文是："研究灵魂，无论是研究所有灵魂还是某一类灵魂，乃是自然哲学家的事情。"而吴寿彭的译文则是"研究灵魂，或研究——灵魂或限于研究这么一部分的灵魂，随即成为自然哲学的要务"，然而，在结论中笔者发现，以上将全部与部分并列而谈的翻译并不确切，可能导致误解。试比较 Shields 的英文译文："a consideration of the soul, either all souls or this sort of soul, is already in the province of the natural scientist。"

起了诸多误解的区分,这就是 physikos 与 dialektikos 的区别①。既然定义的方法成为知识的第一步是其为我们揭示了事物的本质,而且,前文已经说过,要试着从灵魂的各个属性(pathe)或部分入手开始研究,那么在求知过程中,首先要做的就是先对灵魂的某一个属性下一个定义。前文已经得出了结论,即灵魂的各种属性似乎并不能脱离身体的质料而单独存在(403a25),那么,愤怒这一激情就是灵魂的一种重要属性,似乎也属于灵魂的一种运动,当然,在后文中我们会逐渐发现,亚里士多德其实并不将感觉作为一种真正的运动来看待,无论它归属于灵魂的整体抑或部分。如此看来,愤怒的例子似乎是可以用来下定义的一个不错的例子。但是在这里,有趣的分歧出现了:对于同一个灵魂的现象,竟然可以做出两种完全不一样的定义。这是两种不同的研究者造成的分歧,亚里士多德指出,对于 physikos 而言,愤怒无非就是血液的沸腾以及心脏周围温度的升高,但对于 dialektikos 而言,愤怒却是由于激情,即报复的欲望或是类似的某些情感的驱使。

显然,这两个定义之间存在着较大的差别。但造成这种差别的原因又是什么?亚里士多德迅速给了我们答案:physikos 回答的,乃是关于愤怒的质料问题,而 dialektikos 的答案则正好与之相反,他并不关注愤怒的质料究竟为何,而只专注于回答愤怒的形式与原理(logos)。这是一个必须引起我们一再注意和返回的区分。到此为止,亚里士多德终于展示了他的全部意图,他终于在研究中通过定义的方式将两种立场区别开来。从表面上看,dialektikos 的答案似乎更接近亚里士多德所说的回答一物"之所以是某物"的那个东西,他给出的乃是愤怒产生的原因,然而,就像在前文说的那样,physikos 给出的才是正确的定义。那么差错究竟出在哪里?难道我们不能认为,physikos 只关注质料的层面同样是一种偏颇?dialektikos 所给出的并不是亚里士多德想要的答案,那么原因又在哪里?

亚里士多德几乎是立即就回复了这个问题:恰恰相反,尽管 dialektikos 所给出的定义确实满足了在四因之中找出形式因的需求,但它的问题正在于,他只

① 这两个概念在不同的中文译本中翻译不同。吴寿彭分别译为"自然家"与"逻辑学家(辩证家)",而秦典华则翻译为"自然哲学家"与"辩证学家"。为了方便起见,我保留了这两个词的拉丁文转写原文。

关注形式因而忽略了质料因,然而,physikos 的回答表面上也只关注了质料因而忽略了形式因。真正地说来,亚里士多德给了我们一个惊人的肯定:确实,事物的原理乃是它的形式,但更重要的是,"事物只有在形式与特定的质料相结合的时候才可能存在"(403b1-3)。亚里士多德明确地告诉我们,dialektikos 之所以错误,是因为他只回答了愤怒的原因或形式是什么,但是,单独抽离的形式在这里是不可能存在的,因为在自然学的研究中并不存在这样的事物,即只具有形式而无质料。但当 physikos 描述在现实存在的心脏与血液的物理运动时,正好相反,他回答的却不仅仅是质料,因为,一个人现实的心脏和血液是已经存在了的现实之物,而现实之物的质料必然已经拥有了规范它究竟是什么的某个形式。到这里,笔者终于看到了整个文本的核心概念之一:logoi en hule,即在于质料的原理或形式①。形式在这里绝不是可以单独分离的某物,事实上,一个形式之所以是形式,恰恰是因为它拥有一定的质料。如果愤怒如上文所说是一种运动,那么,运动总是某个运动者的运动,既然如此,愤怒就总是与特定的某种质料相联系。如果它是一种功能,那么它也必将有实现它的质料。更确切地说,如果我们将愤怒的例子放在四因说的框架里加以考量,那么很明显,愤怒作为一种运动或功能,必然地是形式与质料的结合,也即 logoi en hule,在这里也就是身-灵的统一之中。不过,即使到了这一步,笔者仍然可以追问,这个观点是否就是亚里士多德最终的承诺,抑或只是一种妥协的策略,甚至,还会有别的更多可能性?

接下来,亚里士多德举了一个在他看来更为简明,同时也是他最喜爱的例子。然而正是在这里,不易察觉的混乱却在进一步发酵。亚里士多德说:我们面临的问题就像是回答一所房屋的本质究竟是什么,所以我们可以通过考察这个定义来侧面地获得关于灵魂定义的基础。从表面上看,这个问题与愤怒的例子没有什么特别大的不同。但接下来出现的选项,却令很多人都感到困惑:第一个是 dialektikos 式的例子定义,即房屋究竟是它的形式,或者在这里更为明确地体现为它的功能,即遮蔽风雨日晒。第二个定义看上去似乎是 physikos 的立场,即房屋是构成它的那些质料,也即具体的建筑材料砖瓦木石。然而,与上文不同的地方在于,第三个定义,一个将以上两者混合在一起的定义,被紧接着提

①  或 logoi enuloi,具有质料的形式(公式)。

出来了:房屋乃是这些质料之中的形式,并为了达到它们的目的(403b6—7)。笔者不禁会感到疑惑,为什么在愤怒的例子中只有两个备选的选项,然而到了这里,亚里士多德却给了三个定义?问题还没有结束,接下来,或许是整个文本最令人费解的一段话出现了。在这里,似乎连亚里士多德自己都意识到了这是一个难题,以至于他竟然开始向读者发问:"在这之中谁才是 physikos 呢?是那个关注了质料却忽略了形式(logoi)的人吗?还是那个只知道形式的人?抑或,physikos 更是同时关心这二者的人?如果是这样的话,那么上述二者又是什么人?抑或无人将质料不可分的属性视为是不能够分离的?"①(403b8—11)

在这里,笔者要先将403b8—11这些疑难的词句放到一边,来重新思考上文遗留下来的一个问题,即为什么在愤怒的定义中只有形式和质料两个选项,而在房屋的定义中,选项却变成了形式、质料和二者的结合这三个?显然,这关涉到亚里士多德形而上学的区别,换句话说,笔者在这里实际上是要找出,在这两个例子中究竟存在什么形而上学的差别?既然这里的问题已经关涉形而上学,为了回答它,笔者就需要返回到亚里士多德的形而上学的思考之中。

在 Cat. 之中,亚里士多德曾经做出过一个非常重要的区分,即实体与偶性之间的区分。他主张,有一种东西,它既不述说任何主词,也不在任何载体之中,这就是我们都熟悉的实体(ousia,2a11)。在十个范畴之中,作为最严格、最首要的 ousia 与各种偶性(symbebekos)相对。亚里士多德曾在这里举了一个例子,这种最为严格的存在物,事实上就是个别的存在物,诸如个别的人与个别的马(2a12)。作为终极主体的实体就是我们所说的基础性的主体或载体(hypokeimenon)。然而,到了 Met. 中,问题似乎变得更复杂了一些。亚里士多德在这里向我们展示了可能成为实体的三个选项:质料、形式,以及二者的复合之物(1029a2 及以下)。显然,在这三个选项之中,单纯的形式或单纯的质料都还不是 Cat. 中所说的个体存在物,那么形式与质料的复合物是不是那个个体存在物呢?这就需要笔者加以详细的考察。亚里士多德接着说,如果我们将一个对象中属于它的形式的所有特性都一个个剥离掉,那么在最后剩下的不是别的,只有它的质料。(1029a10 以下)这里比较明确地向我们说明,如果一个物体是 A,

---

① 从403b8开始的这几句话有诸多的翻译,不同的翻译反映了不同的理解方式。笔者在附录之中收录了几种比较有代表性的翻译。在下文中,笔者还会再次谈到 Polansky 对这个问题的理解。

那么它的质料只能潜在地是 A，而它的形式，虽然是那个决定了它是 A 的东西，却并没有将 A 真正地作为一个个别物实现出来，并且，形式不是偶然附加给质料的那个东西，也不能脱离质料而单独存在，因为，它必须是质料的组织结构和规定，从而使某些特定的质料成为某物并具有某些功能。因此，既然 A 已经作为一个个别物存在，那么，它就应当是，也只能是第三个选项，即形式与质料复合的那个东西。① 这也印证了亚里士多德在《论灵魂》第二卷的开篇所言："在多种物体中，我们说有一类叫作实体的东西存在，这一类实体作为质料，并不是就其自身而言；另一类是形状和形式，因为有了它们，我们才称呼某物是什么；第三者则从以上二者中产生。质料是潜能，而形式是现实……物体似乎最应是实体，而在这之中自然物体作为其他物体的本原而更应是实体。"（412a5—13）在这个定义之中，笔者才能理解，为什么个别物才最应是实体，因为它通过其形式确定了它自身，同时，它又具有了相应的质料，这就像 *Phy.* 里曾说的那样，自然有两种含义，一种是质料，一种是形式（199a32），而已经存在了的个别物，比如一把锯子，虽然它出现的目的是"锯东西"，并且，一把锯子只有具有了锯子的形式（比如说，有锯齿）才能实现它的目的，或者履行它制造的功能，但是关键之处在于，若不是铁做的，就不能产生符合这个目的的锯子，因此，若要有锯子，并能锯得了东西，它必然是铁的。（199b11—14）一个个体 A 之所以是 A，是因为它具有使它成为 A 的那个东西，即它的形式，但是，如果缺乏了质料，那么使 A 成为 A 的那种东西就无处展现了，就如同没有了铁或者其他金属的锯子就不能锯东西一样，关于这种假设的必然性，亚里士多德说只存在于质料当中。（199b15）

然而，锯子作为一个人造物，它与人或马这样真正的自然物之间是存在区别的。亚里士多德也在 *Phy.* 中谈过技术制造的物体与自然物之间的区别。（199a10—21）为了论述自然中存在目的因，就如同技术制造存在内在目的一样，他曾假定如果一座房屋是自然物，那么它将拥有类似技术制造物一样的过程和内在的目的。但这毕竟是一种类比。在更深层次的分析中，笔者发现，两者似乎存在着如下两种差异：首先，技术制造物显然不可能具有生命，因此，当

---

① 参见弗雷德：《亚里士多德〈形而上学〉中的实体》，见聂敏里选译：《20 世纪亚里士多德研究文选》，华东师范大学出版社 2010 年版。

一栋房屋未建成的时候,构成它的质料,即砖瓦材料,在建成并拥有了遮风挡雨的功能的时候,虽然与形式蛤合了,却仍然维持它自身作为质料的存在。当房屋倒塌,不再是一所房屋的时候,它的砖瓦材料如果有剩余,也依然是那些质料,还可以以新的形式被重新组织起来,被赋予新的功能并使它成为另一个存在物(比如,一座桥梁)。在这里,质料与形式,以及作为统一体的个体之间的关系并不具有生命体的那种绝对确定性,虽然当它分离了 A 时,它就已经不再是A 的质料,但它仍可能是潜在的某物,可以作为 B 的质料再次存在。然而,同样的情况似乎并不存在于有灵魂的东西,也就是生物当中。组成一个人的手的骨头和肌肉只是因为它们能够活动抓握才被称为手,当它们被砍下,也就只能在类比的意义上称其为骨头和肌肉,因为它们不再实现特定的功能。手上的骨头和肌肉在与手的形式相结合时才是手的质料,但当它们离开了形式,它们就不再可能成为任何质料,除非它们能够被重新赋予形式,比如将断掉的手及时再接回人体,在那之前它们都不能是手的质料。显然,生命物与技术制造物的差异就在于二者的质料。当一个生命体的质料离开了它的形式,它就不再是质料,这就像手的例子一样,这个特定的骨肉只有被安在上臂的末端,执行特定的功能的时候才严格意义上是手。① 如果按照早先的定义灵魂就是生命的本原,那么,使得一个人成为一个人,并使他具有生命的灵魂超出了一间房屋的形式

①　在这个问题上,存在着两种不同的意见。以 Whiting(1992)、Caston(2006)等人为代表的一种意见在生命物的质料与非生命物的质料之间做出了严格的划分,主张前者更多地属于功能性质料(functional material),而后者则属于组成性质料(compositional material),顾名思义,前者不能够从它的整体功能中剥离出来,而后者则可以独立地存在,并不指向特定的功能。笔者没有在文中直接引用这个观点,是因为它并没有很好地回答非生命质料虽然看上去可以独立存在,但也只有在一个复合物中被赋予某个功能时才是某物质料的问题,而且更为重要的是,Whiting 划定的界限在于水火土气等元素与进一步更为复杂的现实质料之间,而这也与笔者在此使用的生命体与非生命体质料之间的区分不完全重合。毕竟,将元素或死的血和肉视为单独存在的质料仍然存在着缺陷,因为质料永远只是某个个体(从而也就是实体)的质料,当它被分离出来以后也就不再作为某个个体的质料而持续存在了。这个区分因此也招致了广泛的批评。在中文学界,曹青云,《亚里士多德的形式-质料关系与功能性质料和构成性质料的区分——论 J. 惠廷对形质关系的调和解释》,对这个区分有一个精彩的反驳。在她看来,生命物的质料和非生命物的质料之间并不存在本质上的区别,非生命物的质料也必须拥有成为某物 A 的潜能才是 A 的质料。事实上,这个观点是完全可以接受的,只需在这其中增添一些程度性的差异,比如,同样是锯子,我们可以使用不同的金属锻造,但手的功能在严格意义上显然不可能用其他的质料代替。而且,亚里士多德自己也承认,生物的生成"更像是烹饪"这一类的化学变化。所以,这种对质料所能够对应实现的功能的限制依然是生命体所特有的,也依然可以说,当我们在论及生物的活动时,对这一活动质料层面的描述已经包含了形式在内,而对非生物而言这种包含由于形式可由不同质料实现。

功能，这在愤怒的例子里，即愤怒是一种运动，体现得最为鲜明，既然愤怒是灵魂的一个部分，并且它同时又在作为质料的身体上表达出来，那么，灵魂还要满足生物的运动。这就像房屋还是青铜赫尔墨斯雕像的例子，当它们的质料按照特定的序列和形状排列组织起来以后，它们的目的就在形式之中实现了，但对于生物而言，仅仅骨头和血肉的排列组合还绝不能被称为生物，而只有作为生命本原的灵魂才能赋予它运功和感觉的属性与功能，从而使它成为生物。既然，运动必须是运动者的运动，那么也就能理解亚里士多德为什么要举出直线与球体的例子：使得直线的直这一属性不能与之相分离的那个切点，就像是愤怒这一运动使得属性与某个愤怒的人身体结合在一起一样。既然形式就该是目的因（199a33），那么作为生物的形式，灵魂就必须能够满足生物能够活动的目的，从而，灵魂在人的身体之中扮演了那个驱动者的角色。这样就再一次返回到了 logoi en hule 这个概念上来。

现在，笔者似乎可以首先指出，为什么在房屋的例子中，竟然会发现三种不同的定义。这是因为，在作为人造物的房屋的例子之中，由于没有运动作为一个点将形式与质料联结起来，虽然在房屋中的形式也总是质料的形式，而质料也总是形式的质料，但质料和形式的关系并不总是确定的，质料似乎具有某种独立的可能。所以，才有了如 Met. 所陈述的三个选项的存在，即使一物 A 成为 A 的形式，构成了现实存在的 A 的质料，以及二者的组合，也即现实的 A。进一步地，也就能够解释在愤怒的例子之中为什么情况会有变化，那是因为对于 physikos 而言，摆在他面前的知识的对象已经是实现了的个别的存在物，而且正因为愤怒是一种运动，所以这一部分的属性就不能够离开具体的心脏和血液温度的升高。在这里，愤怒的形式事实上已经内含在了它的物质变动之中，而当说到愤怒乃是具体的人心脏和血液温度的升高时，这就是已经将它的形式，即激情包含在内了。这也印证了在第二卷中亚里士多德的论述：没有必要去追究躯体和灵魂是不是一，正如没有必要去追究蜡块和蜡块上的印记是不是一，以及个别物的质料与以之为质料的个别物是不是一一样。（412b6—9）所以，在愤怒的例子中，亚里士多德只对 physikos 与 dialektikos 做出了质料和形式的二分。对于 physikos 而言，愤怒的质料不是单纯的质料，是现实存在的生物的身体，因此当他谈到愤怒的质料时，他绝不是在像谈论一所房屋的砖瓦那样将之视为似乎可以独立存在的质料，并与其形式之间维持着一种松散的关系。相反，这种质料将愤怒的形式也包含在内,或者说,在这里它们本身就是不可分离的。但对于 dialektikos 而言,形式却是某种在观念当中被分离出来单独存在的东西,这显然是错误的,因为即使我们不讨论其他的存在物,而仅将眼光限定在对愤怒的研究之中,那么作为一种变动,愤怒的形式就绝不可能离开它的质料。确实有一些研究者研究那些完全分离的内容,但在这里,将愤怒的形式从质料上剥离开来显然是一种错误的研究方法,这也就是为什么亚里士多德认为,灵魂研究似乎是 physikos 的事,因为,只有 physikos 能够认识到,灵魂的多种属性(先不讨论 nous 的问题)是不可能与它的质料相分离的。一个现实存在的个体生物,既是赋予了形式的质料,也是被赋予了灵魂的身体,又是具有了质料的形式,即具有了灵魂的身体。这正是亚里士多德强调 logoi en hule 的重要意义。

在澄清了这一点之后,我们终于可以回过头来细致审视那三个定义给我们带来的一连串令人迷惑的问题了。事实上,一旦做出了上面愤怒的例子与房屋的例子之间的区分,我们就能立即发现亚里士多德在这里其实已经说得十分明确了:之所以会存在三个定义,是因为相比起愤怒的定义,这里多出的一类人,恰恰是将形式从质料中剥离出来,即"关注了质料却忽略了形式"的一类人,而这一类人如亚里士多德在后文所说,甚至连次于求知者的技师都算不上,这一定义也自然不必加以考虑①。在确立了这一点之后,我们再去理解后两种定义,问题就会变得豁然开朗。显然,dialektikos 对应的就是"只知道形式的人",而 physikos 则对应"同时关心这二者的人",因为,在三个定义之中,唯有这一个同时具备了形式因与质料因,甚至还包括了目的因在其内,从而,唯有它符合 Met. 中对于第一实体的定义,也只有它描述了 logoi en hule 这个核心定义,而"上述二者又是什么人"的问题也随之迎刃而解,他们一种是连技师都不如的"还原论者",一种则是错误地将纯粹思辨的方法应用在自然物上的 dialektikos。也许唯一的问题就出在最后一句上:抑或无人将质料不可分的属性视为是不能够分离的?(403b9—11)事实上,有了上面的说明,这一句的意思并没有像它的字面那样难以理解。

为了更好地解释这句话,笔者需要将目光投向它的下两句话:而 physikos

---

① 这一分析可以在 Met. 中得到证明:"质料不是实体,因为可分性和这一个(确定性)首要地属于实体。"(1029a27—28)显然,亚里士多德绝不会同意我们所说的"物理主义"或"还原论"的主张,因为在他看来,在没有某个作为实体的个体,换言之就是在没有形式的情况下谈论质料是不可能的。

关注的,是全部这些在这类躯体和这类质料之中的功能与属性,其他的人则处理不是这一类的东西,也许其中一些是技师(technites)所要处理的,比如木匠或者医师。(403b11—14)这一句的意思事实上再一次确认并且拓展了之前的探讨,即 physikos 所关注的对象乃是处于特定的某一类质料或物质形态中的各种功能或属性,无疑,这与我们现在所能看到的亚里士多德全部自然著作的形式完全符合:他将整个自然界分为不同的部分,并在这些部分上建立各自的科学门类,动物学研究动物的躯体之中的全部功能属性,而天文学则研究天体之中的功能属性等。我们在 Met. 中也能够一再找到可供支持的依据:"实体有三类,一类是可感的——其中一者是永恒的,一者是可以毁灭的,关于后者所有人都一致同意,诸如植物和动物——其元素必须把握,无论一个还是多个,另一类是不运动的,而且一些人说它是分离的……前两类是自然的(因为伴随着运动),后一类则是另类,如果它们没有一个共同的本原的话"(1069a30—1069b2),以及:"扁鼻性是与质料组合在一起的,扁凹性则没有可感的质料……如果所有自然的事物都能像扁鼻那样的方式来述说,例如,鼻、眼、脸、肉、骨,以及一般而言的动物。叶、根、树皮,以及一般而言的植物(因为没有一个它们的定义没有运动,而且永远有质料),这样,必须怎样地探寻和定义在自然事物中的本质,以及为什么自然学家也要研究灵魂(就其并非不具有质料而言),就是很清楚的了。"(1025b33—1026a6)笔者所做的工作,实际上就如他所说,是在把握可感的实体之中的全部元素(这也从一个侧面揭示了 dialektikos 的立场何以是错误的)。而与此相对的,则是 technites 们,他们同样将功能与属性视为是一类质料或躯体之中不可分离的东西,但与 physikos 的不同在于,他们并不去探求这一类质料之中全部的功能与属性。原因也很简单,因为,technites 的身份虽然要求它们将属性或功能看作是内在于质料之中的,比如一个木匠在将木头研制成某种器具的过程中需要熟悉木头的软硬纹理这些偶性,而医师则通过种种方式影响质料使人保持健康的性质,如果将功能与属性从质料中剥离出去,他们的工作就不可能展开。但同样,木匠没有必要了解木头中那些与他的工作无关的属性,医师也没有必要在医治人体的需要之外去了解人的全部功能,因为他们所要求的,并不是就他们工作的对象本身而言的东西,正如亚里士多德自己在 Met. 中说的那样,木匠要求的是器具,医师要的是健康,而它们都不是对象的本质,只是偶性,并且是为了求得某种利益才去追逐这一偶性的(980b25—981b24,

1139a35—1139b5)。所以，既然亚里士多德曾经在 *NE*（《尼各马可伦理学》）中将求知定义为是理性获得自身确定性的方式，而在各门科学中为了其本身的缘故而追寻者更为高贵，那么，就不能说这些人是灵魂学或者任何一门学科中的求知者，他们所做的事与其说是理论研究（methodos）并建立某种科学（episteme 或 gnosis），不如说是创制（poiesis）某种特定的东西的技艺（techne）。

经过上面的论述之后，笔者就可以回过头去看看 403b8—11 那个令人费解的问句了。事实上，正如 Polansky 所指出的那样，只要再一次返回到 logoi en hule 这一核心概念上来，我们就会发现，与前面三个针对三种定义的问句不同，这句话事实上是一个反问句，而它的意思恰恰是确认了有这么一类人的存在，即那一类将确实不可以从质料之中分离出来的功能与属性，在自己的活动，无论是理论研究还是实践创制之中，也同样将其视为是不可从质料中离立出来加以对待的人。显然，就像前文所说的一样，亚里士多德一再地通过列举不同定义的方式试图证明，功能和属性就多种意义上而言都绝不能从特定的质料之中分离出来，因为这就意味着个体作为实体所具有的统一性遭到了破坏，我们也是出于近似的理由反对将质料单独从实体之中剥离出来。一旦这么做了，我们就成了不顾那个相切点的 dialektikos。只有这样解读，才能将这句话正确地还原到上下文的语境当中去。

接下来，亚里士多德附带地谈论了求知活动中的另外两种研究者，他们是数学家与第一哲学家。亚里士多德主张，前者能够通过抽象（ex aphaireseōs）来将那些原本并不可分离的属性分离出来加以研究，而"分离者则由第一哲学家进行研究"（403b14—16）。这里的区分明显仍旧依赖于 *Met.* 中的相关段落："……数学对象，除了天文方面的对象外，都是没有运动的一类事物。"（989b31—32）显然，不论是数字，还是几何的线、面、体等都并不对应着可感的某个真实对象，而只是存在于个体当中。从而，既然个体是不可分的第一实体，那么只有在思维当中才能暂时忽略它们的质料，将它们的数学性质抽象出来并在思维之中加以考察。至于第一哲学家（prōtos philosophos），正如亚里士多德自己所说："假如存在某种永恒的、不运动的和可分离的东西，那么，显然，对它的认识就属于静观的知识……而第一位的则是关于可分离的又不运动的东西。"（1026a10—17）正因为 prōtos philosophos 研究乃是与质料相分的神圣与永恒的对象，所以，关于它的定义就不可能包含任何质料。而以上这二者也正因为研究对象的不同与研究方法的差异与研究灵魂的 physikos 之间划开了界限。

最后，亚里士多德通过再一次表述自己在 403a25 处做出的一个判断，为自 403a 起的全部讨论画上了一个句号："我们已说过，灵魂的属性（ta pathe tes psyches）在这一意义上是与生物的质料不相分离的，它们的呈现，比如愤怒与恐惧就与线与面不一样。"①（403b16—19）正如上面所说，虽然现实中并不存在纯粹的线与面，但在数学家的研究之中，这二者似乎还可以通过数学抽象的方法被分离出来，但是这种抽象的方法无法被应用在灵魂学的研究之中。在研究中必须将属性视为不与质料分离之物，否则，就会与 dialektikos 一样，将单纯的形式视为事物的本质（ousia），从而进一步违反上文中已经明确的实体必须是个体的事实。到这里，才最终将整个讨论的方式、意图以及其中的一些疑难问题解释清楚。

# 四、结论

从上面的文本分析来看，笔者终于能够对 403a25 到 403b19 的全部讨论做出一个全面的评估，并且回过头来看看在对文本本身和其互文的解读中有了哪些重要的收获。笔者将分为以下三点来谈。

首先，通过对这个文段的细致解读，笔者终于可以回答在一开始提出的一个问题，即在 403a25 中，亚里士多德是否确实认为灵魂的属性或部分必然总是伴随着躯体的质料。亚里士多德清楚地表明，在愤怒的例子之中，研究者的定义应该建立在身体质料的变动之上，而在房屋的例子之中，定义则必须同时包含质料与形式这二者。显然，无论在任何一种情况中，都不能设想一种不依赖

---

① 这一句，秦典华的翻译是："灵魂的属性和生物的自然质料不能分离，它们的本性即存在于质料之中，如忿怒和恐惧就是如此，就像直线和平面一样是不可分离的。"而吴寿彭则将其译为："我们所持说：灵魂的诸感受（感应），有如愤怒与恐惧，是不可分离于生物（动物）的身体（物质底层）之外的，生物的本性全凭其形体以示现，灵魂的诸感受（感应），异乎一条线或一平面图之不能立。"尽管两个中文译文反映的原文都并不准确，但相比起秦典华的译本，吴寿彭的译本明显还原了原文中生物属性与身体的关系和线面之间的差异。需要注意的是，亚里士多德在这里说的不是线是否能从面之中分离的问题，他所说的仍是上文中数学家的例子，即线与面作为同级的几何学概念同时被从可感物中抽象出来。至于线与面之间的关系，亚里士多德在 *Met.* 中说："面怎么能包含线，或者体怎么能包含线和面呢？因为宽和窄是与深和浅不同的类。"（992a14—15）而秦典华的翻译却很容易误导人以为这里谈的是线与面的关系。

于形式而存在的质料,也不能想象在现实的个体中质料的存在可以不具有形式。通过对 Met. 的引用,笔者确认了,作为实体的个体总是形式和质料的复合,这就在形式与质料之间建立了一种双向的关系:绝对单纯的质料是不可能存在的,作为某物的质料必定潜能地是某物,而这必然要求形式的存在,同时,尽管形式是那"决定一物是那一物"的东西,但如果不借助质料的载体,形式的现实性就永远不可能转化为个体的现实性,从而也就不能作为实体存在。既然这里谈论的是可动可感物的形式,那么,依据上面确立的双向关系,这一形式就总是需要某种特定的质料将其实现出来。因而也就确定了,在个体之中,尤其是在自然物当中,质料总是伴随着它的形式在内的,当在定义之中提及个体质料的变动,也就将它的形式包含在内了。所以笔者可以明确地回答,亚里士多德的确,也只能主张如下的观点:灵魂确实存在这样的属性或部分,它必然伴随着躯体的质料。

其次,在更深的层次中,通过对愤怒与房屋这两个例子中的定义的对比,可以明确在生命体的质料与非生命体的质料之间存在的某些程度性的差异。如前所述,在《论灵魂》与 Met. 之间存在着明显的互文关系,也就是可以确认,只有灵魂和身体的质料的复合,也即个体的生物才是实体。这就像蜡块的例子,去追究蜡块上的印记与蜡块之间的关系,和个别物的质料与以之为质料的个别物之间的关系都是没有必要的,因为既然个别物已经存在,它就必然的只能是形式与质料的统一。质料的存在有赖于形式对它的规定,同时形式也只有在特定的质料中才能实现它的现实性(energeia)。这也是亚里士多德在 Met. 中反复强调的一点。但也正如他所说,在多种物体中,自然物体因其作为所有个别物的本原而更是实体。换言之,在人造物的情况中,"没有任何人造物自身包含制作自己的根源……有一些人造物自身内有这种根源,但那并非因为本性如此,而只是由于偶性才成了事物的原因"(192b29—31),所以,"技艺规则对于(自然的)本性来说仅属于偶性"(193a15)。正如曹青云指出的,木头既可以作为木头自身存在,也可以在桌子中作为桌子的质料存在,人造物的质料确实具有某种双重性。① 进一步的,人造物的形式与质料之间所存在的必然对应关系,比起

---

① 参见曹青云:《亚里士多德的形式–质料关系与功能性质料和构成性质料的区分——论 J. 惠廷对形质关系的调和解释》,载《世界哲学》2011 年第 2 期。

自然物要弱得多。组成眼睛的血肉神经等质料只有在与作为其"灵魂"的视力相复合时才是眼睛，形式与质料二者之间的对应关系是严格的，但对于一把斧头而言，只要能够满足其斧头的外观以及劈砍的功能，无论它的质料是什么，我们都可以在最为严格意义上将其称为斧头。反之，一堆木头也可以被赋予任意符合它自然特性的形式，比如利用它的坚固制造桌子，或利用它的浮力制造三层战舰等。形式与质料二者的对应关系并不是必然的，除非二者已经现实地通过技艺的组织安排复合成了某个人造的个体。在 Met. 中，亚里士多德也意识到了这一点，并用内在于它们的动力因来加以解释（1044a25—32）。亚里士多德在第二卷中明确指出："斧头即使没有灵魂也依然是斧头"，因为斧头不是自然物，它并不以灵魂作为其 ousia，而灵魂只是"在其自身之内具有运动和休止本源的自然物"的 ousia。（412b10—17）这也是严格的对应能够建立的原因。运动成了联结生命体形式与质料之间必然关系的那个切点，这也正印证了我们之前所得到的结论，即质料对形式的包含与运动在二者之间的联结为我们提供了双重的保障。从而，可以明确地说，在人造物与自然物之间，的确存在着某种差异，使得人造物的质料具有双重性，同时缺少自然物中形式与质料对应关系的确定性。

第三，笔者终于可以回答前文提出的另一个问题，即亚里士多德是否同时确认灵魂学的研究归属于自然学的范畴。根据前两个结论，似乎很容易倾向于在这里也做出肯定的答案。事实上，这也是大多数研究者所持的观点。但事实却提醒笔者必须注意，研究这一类质料之中全部不可分离的功能与属性，并不等于承认全部灵魂学研究的功能与属性都是不可分离的，并因此而整个地处于自然学研究的范畴之内。恰恰相反，亚里士多德明确地告诉我们：对灵魂的研究"或就其部分，或就其整体乃是 physikos 的事"（403a28—29）。Shields 在这里指出，事实上，虽然可以确认亚里士多德的确主张灵魂的属性在质料之中，且它们的定义同样有赖于身体的状态，但却不能在此直接跨越到灵魂研究属于自然学这一结论上来。这一点并非没有迹象，在 403a9 中，亚里士多德曾经向我们提问 nous 是不是一种特殊到可以脱离人的躯体而单独存在的东西。尽管在那里，他只是简单地假设，如果 nous 关乎 phantasia，那么它似乎就不能够脱离人体。然而，这只是在研究尚未开始时的一种假设而已。到了后面，他开始表示"nous 无疑是某种更为神圣的事物，且不会承受作用"，而在第三卷第四节中，亚里士多德终于直接确认，"感觉能力是不能脱离躯体的，而 nous 则是分离的"（429b5），显然，如果 nous 也是人类灵魂的一个部分，那么我们绝不能轻率地做出结论，认为全部关于灵魂的研究都必须坐落在自然学的领域内，因为 nous 可以分离于人的身体，而 nous 对自身的思想毫无疑问属于形而上学的范畴。正是在这里，Shields 提醒我们注意，亚里士多德展现了他在灵魂学，事实上也是形而上学研究中矛盾不决的一面。显然，它多多少少与研究者们一再注意到的关于 ousia 的"双重定义"有着极为紧密的关联。

当然即便如此，笔者仍然不能否定灵魂的属性或部分必然伴随着躯体的质料的观点。因为，通过后文中对灵魂层级的描述可知，在动物特有的感觉灵魂以及全部生物都具有的营养灵魂中，依然可以肯定地依据亚里士多德自己的说法将属性与功能视为必然存在于质料之中。只有部分关于灵魂的研究不属于自然学，但在 nous 之外，这一结论仍然成立，这也是亚里士多德试图展现的最为坚实的立场。

如上所述，通过对求知活动中的四类研究者，尤其是灵魂中不同研究者的定义区分，笔者最终确立了亚里士多德在《论灵魂》一书中的绝大部分论述都坚持的基本立场。从这里开始，亚里士多德才正式开始了他对灵魂学这一门"高贵而可欲求"的学科的具体研究。

# 参考文献

### 一、亚里士多德著作

[1]亚里士多德.灵魂论及其他[M].吴寿彭,译.北京:商务印书馆,1999.

[2]苗力田.亚里士多德全集:第三卷[M].北京:中国人民大学出版社,1992.

[3]亚里士多德.形而上学[M].李真,译.上海:上海人民出版社,2005.

[4]亚里士多德.《范畴篇》笺释:以晚期希腊评注为线索[M].溥林,译.上海:华东师范大学出版社,201_.

[5]亚里士多德.物理学[M].张竹明,译.北京:商务印书馆,2009.

[6]亚里士多德.天象论 宇宙论[M].吴寿彭,译.北京:商务印书馆,1999.

[7]亚里士多德. 动物四篇[M]. 吴寿彭,译.北京:商务印书馆, 2010.

[8]亚里士多德. 尼各马可伦理学[M]. 廖申白,译注. 北京:商务印书馆, 2003.

## 二、一般概论与哲学史

[1]BARNES J. Aristotle：A Very Short Introduction[M]. New York：Oxford University Press, 2000.

[2]ANAGNOSTOPOULOS G. A Companion to Aristotle[M]. WILEY – BLACKWELL. , 2013.

[3]W. D. 罗斯. 亚里士多德[M].王路,译.北京:商务印书馆, 1997.

[4]汪子嵩,范明生,陈村富,等. 希腊哲学史:第三卷[M]. 北京:人民出版社, 2003.

[5]拉尔修. 名哲言行录[M]. 徐开来,溥林,译.桂林:广西师范大学出版社, 2010.

[6]巴恩斯. 剑桥亚里士多德研究指南[M]. 廖申白,等,译.北京:北京师范大学出版社, 2013.

## 三、研究著作与论文

[1]AQUINAS T. A Commentary on Aristotle's *De Anima*[M]. Pasnau R,译. New Haven：Yale University Press, 1999.

[2]POLANSKY R. Aristotle's *De Anima*：A Critical Commentary[M]. New York：Cambridge University Press, 2007.

[3]RORTY A O, Nussbaum M C. Essays on Aristotle's *De Anima*[M]. Oxford：Clarendon Press, 1995.

[4]汪子嵩. 亚里士多德关于本体的学说[M]. 北京:人民出版社, 1983.

[5]聂敏里. 20 世纪亚里士多德研究文选[M]. 上海:华东师范大学出版社, 2010.

[6]聂敏里. 存在与实体——亚里士多德《形而上学》Z 卷研究（Z1-9）[M]. 上海:华东师范大学出版社, 2011.

[7]余纪元. 亚里士多德《形而上学》中 being 的结构[M]. 杨东东,译.北京:中国社会科学出版社, 2013.

[8]韩林合. 分析的形而上学[M]. 北京:商务印书馆,2003.

[9]帕菲特·理与人[M]. 王新生,译. 上海:上海译文出版社,2005.

[10]王路. 亚里士多德论定义[J]. 学术月刊,1982(8):55-59.

[11]陈刚. 亚里士多德的心灵哲学[J]. 哲学动态,2008(8):77-82.

[12]吴天岳. 分析的历史与历史的分析——近30年西方古代与中世纪哲学研究综述[J]. 世界哲学,2009(3):83-103.

[13]曹青云. 亚里士多德的形式-质料关系与功能性质料和构成性质料的区分——论J.惠廷对形质关系的调和解释[J]. 世界哲学,2011(2):233-245.

# 附录:403b8—11 的四种英译

(i)J. A. Smith(1961):"Which, then, among these is entitled to be regarded as the genuine physicist? The one who confines himself to the material, or the one who restricts himself to the formula essence alone? Is it not rather the one who combines both in a single formula? If this is so, how are we to characterize the other two? Must we not say that there is no type of thinker who concerns himself with those qualities or attributes of the material which are in fact inseparable from the material, and without attempting even in thought to separate them?"

(ii)Hamlyn(1968):"Which of these, then, is the student of nature? Is it the one who is concerned with the matter, but is ignorant of the principle, or the one is concerned with the principle only? Or is it rather the one is concerned with the product of both? Who then is each of the others? Or is there no particular person who is concerned with the properties of matter which are not separable nor treated as separable,while the student of nature is concerned with everything which is a function or affection of such and such a body and such and such a matter?"

(iii)Lawson-Tancred(1986):"Who, then, is the natural philosopher among these? Is he the one who defines the house in term of its matter and know nothing of its rationale,or the one who defines it only in terms of its rationale? or is he rather the one who defines it on the basis of both? In which case how should we label each of the other two? Or is it rather that it is the province of no philosopher to treat exclusively either of these affections of the matter in question that are inseparable or of the others insofar as they are so?"

(ⅳ) Shields (forthcoming): "So who among them is the natural scientist? Is it the one who knows about the matter but is ignorant of the account? Or the one who knows only about the account? Or is the natural scientist rather the one concerned with what comes from both of these? In that case, who is each of the other two? Or is no-one concerned with the inseparable affections of matter in so far as they are not separable?"

# 经验内涵的演变——从康德到塞拉斯

钱润葆

## 前言

当代分析哲学界出现了一个有趣的现象,越来越多的分析哲学家开始重新探讨关于形而上学的古典问题。近年来,英美哲学内部所谓的"新潮流哲学家"——麦克道威尔、布兰顿等,都是匹兹堡学派的代表人物。因此笔者的兴趣就落在关于匹兹堡学派的研究上,而了解匹兹堡学派的最关键的人物,就是塞拉斯。

陈亚军教授曾说,匹兹堡学派身上,"语义学与语用学、分析哲学与实用主义、弗雷格方式与黑格尔路径、经验主义与理性主义等等,融为一体"①。

因此,要搞清楚英美哲学内部的有趣变化,最简单的办法就是从塞拉斯入手,弄明白他的哲学和康德的哲学,或者说英美分析哲学的新潮流和古典哲学之间到底有着什么样的联系,而这样的联系又是建立在什么样的基础和背景之上的。关于塞拉斯和康德之间关系的切入点,笔者认为从"经验"的概念入手是可行的,"经验"是康德、杜威和分析哲学家共同讨论过的一个核心概念,对经验概念的内涵在不同阶段的变化的研究,应该可以展现从古典哲学到分析哲学和新实用主义这段历史中的一个侧面。希望从这种聚焦于认识论的研究中,可以

---

① 孙宁:《匹兹堡学派研究:塞拉斯、麦克道威尔、布兰顿》,复旦大学出版社 2018 年版,序言第 1 页。

将古典哲学、实用主义、分析哲学和心灵哲学纳入同一个视野中。

　　经验在古希腊被视为偶然的、随意的、零散的东西，它不能带来任何有益的东西，与理性或理智正好相反。巴门尼德曾将获取知识的途径比喻为两条道路，其中真理之路追求逻辑同一，否定变化，意见之路则代表着永远变化因而永远矛盾的现象界。后者属于经验。柏拉图很明显承继了巴门尼德的这种看法，认为日常经验只是理念世界的附属或投射，经验相对于理念是虚假的、不可知的。希腊人认为"经验不仅是从外面偶然附加在自然身上的不相干的东西，而且它是把自然界从我们眼前遮蔽起来的一个帐幕，除非人能通过某种途径来'超越'这个帐幕"①。罗素在他的西方哲学史中把这种对立称为"Appearance"和"Reality"的对立。到了西方近代，理性主义传统似乎依旧轻视经验，经验被认为只能作为理性和天赋观念的补充，例如笛卡儿就要先找到"一个实体"，才能去相信外在经验的真实性，因此他和伽利略一样认为感觉世界是模糊的、有欺骗性的。经验主义则是表现为一种严格的经验论（观念论），例如洛克的原则：除了来自感觉的知识外，我们没有任何别的知识。但是他难以解释他所认为的"第一性的质"和"第二性的质"同样必须依赖感觉经验进行区分，因此不能赋予第一性的质相对于第二性的质的物理学上的权威地位，而且根据这种严格的经验论，物质实体同样不是直接呈现给感官的，因而"物质实体必定是不可接受的"②。这种思路的延伸就是贝克莱的客观唯心主义和休谟的怀疑论，而这种结果显然是现代人所不能接受的。因此，为了对"经验"有一个更加合适的认识，并且为了能通过它对近代哲学和现代哲学的过渡有一个更清楚的认识，笔者认为从康德开始是比较合适的。

---

① 杜威：《经验与自然》，傅统先译，商务印书馆1960年版，第1页。
② 柏林：《启蒙的时代：十八世纪哲学家》，孙尚扬、杨深译，译林出版社2012年版，第10页。

# 一、从康德的认识论看经验的形成

## （一）先验感性论论经验的特征

读《纯粹理性批判》最好是能读德文原著，退而次之读英译本，再退而次之读中文译本。① 由于语言能力不足不能够读德文原著资料，所以笔者会在不懂的地方尽量参考英文版本，以求尽量做到理解准确。

另外由于本文关心的是从康德到塞拉斯这一条从德国古典哲学到现代哲学的线索，因此对康德所作的探讨无法做到面面俱到，而只是将视线聚焦在康德的认识论和匹兹堡学派的观点有所交集的地方，尤其是康德对塞拉斯有重要影响的地方，如果有在康德的思想中占据重要地位，但是对笔者的研究帮助不大的地方就不会进行考察，例如原理分析论和先验辩证论。

### 1. 先验感性论的基础概念

康德在先验感性论第一节就提出了很多基础概念。首先是"感性"："通过我们被对象所刺激的方式来获得表象的这种能力（接受能力），就叫作感性。"② 根据 Max Müller 译本（本文中所有 *Critique of Pure Reason* 的英文参考都源于它），这里的"对象"其英文为 object，既能表示对象，也能表示客体。既然"对象"是一种客体，那么"我们"就应该是"主体"，也就是说，康德的出发点和他之前的哲学家一样是笛卡儿式的，都主张从基于主体与客体二分的视角出发对认识能力进行探讨，虽然康德的立场并不是笛卡儿式的，但是康德关于经验的发源（至少是经验的质料的发源）所作的探讨开始于同样的视角。

由于对象或者说客体是借助于感性被给予我们，因此"只有感性才给我们提供出直观"③（英译本："Sensibility alone supplies us with intuitions." B33,

① 参见叶秀山：《哲学要义》，北京联合出版公司 2015 年版。
② 康德：《纯粹理性批判》，邓晓芒译，杨祖陶校，人民出版社 2004 年版，第 25 页。
③ 康德：《纯粹理性批判》，邓晓芒译，杨祖陶校，人民出版社 2004 年版，第 25 页。

A19）。因此对康德来说直观就是感性的，"这些直观通过知性而被思维，而从知性产生出概念。但一切思维必须……借助于某些标志最终与直观、因而对我们人类来说与感性发生关系"①，因此直观只是感性的。康德也在后文多次说明，知性或智性的直观对人类来说是不存在的，因为我们不可能仅仅凭借单纯的知性就得到对象的表象的杂多，对人类来说仅仅凭借知性而没有感性直观只能得到抽象的空洞的概念或幻象。

接着，康德提出一系列概念，"当我们被一个对象所刺激时，它在表象能力上所产生的结果就是感觉。那种经过感觉与对象相关的直观就叫作经验性的直观。一个经验性的直观的未被规定的对象叫作现象"②。在这里，由于康德将经验性的直观和现象（appearance）与感觉（sensation）规定在一起，会让人误以为康德接下来会对经验性直观和先天直观做出区分，但康德继续说："在现象中，我把那与感觉相应的东西称之为现象的质料，而把那种使得现象的杂多能在某种关系中得到整理的东西称之为现象的形式。由于那只有在其中感觉才能得到整理、才能被置于某种形式中的东西本身不可能又是感觉，所以，虽然一切现象的质料只是后天被给予的，但其形式却必须是全都在内心中先天地为这些现象准备好的，因此可以将它与一切感觉分离开来加以考察。"③也即是说康德认为，虽然现象的质料是属于经验或者说感觉的，但是现象的形式却是先天的（a priori），是可以独立于感觉之外的，这样，感觉中的现象就由后天的质料和先天的形式两部分组成。虽然现象是经验性直观的未规定的对象，即现象是经验性的，但经验性直观的对象却有先天的部分。这里最让笔者惊奇的部分是一个经验性的对象，其性质并不决定它的每一种组成部分，反而只决定其中的一部分，而另一部分并不由整体的性质决定，而是来源于别处。

### 2. 论感性直观和经验性直观的关系

前文说到虽然现象是经验性的，但是现象的形式却是先天的，康德将这种形式称之为"纯粹的"（pure），感性直观的纯形式（the pure form of sensible intuition）是先天的，"感性的这种纯形式本身也叫作纯直观"④。在这里又有一个容

① 康德：《纯粹理性批判》，邓晓芒译，杨祖陶校，人民出版社 2004 年版，第 25 页。
② 康德：《纯粹理性批判》，邓晓芒译，杨祖陶校，人民出版社 2004 年版，第 25 页。
③ 康德：《纯粹理性批判》，邓晓芒译，杨祖陶校，人民出版社 2004 年版，第 25-26 页。
④ 康德：《纯粹理性批判》，邓晓芒译，杨祖陶校，人民出版社 2004 年版，第 26 页。

易引起误解的地方,康德先讲述了关于经验性直观(empirical intuition)的定义,又讲述了感性直观(sensible intuition)和纯直观(pure intuition or the pure form of sensibility)的一些特点,可是并没有直接说明感性直观就是经验性直观,虽然说明了纯直观只是感性直观的纯形式,也就是感性直观的形式,但是感性直观和经验性直观之间的关系依旧是模糊的。康德在前文提到过关于现象的质料和现象的形式的定义,又说它们即感觉的组成部分,似乎就是说既然现象是经验性直观的未规定的对象,而经验性直观又是感觉中的直观,又因为感觉是通过感性能力产生的结果或影响(英译本:"The effect produced by an object upon the capacity for representation, insofar as we are affected by the object, is sensation." B34,A20),所以经验性直观就是感性直观,但是这样的论证似乎不够充分,所以应该仔细考察一下感性直观和经验性直观之间的关系。

有一点是确定的,那就是康德没有直接说明感性直观就是经验性直观,在康德所提到的三个有关直观的概念中,现象是经验性直观的未规定的对象,而现象的形式就是纯直观,由于康德在这里之前并没有说"形式"和"纯形式"到底有什么区别,因为他已经说了形式就是先天的,而"纯粹的"就意味着"在其中找不到任何属于感觉的东西"①,也许这里涉及关于先天和先验的区分,但是在第1节中没有提到过这个区分,因此笔者姑且可以认为形式就是纯形式,就是纯直观。因此可以看到,在康德提出的三种直观中,只有经验性直观和纯直观是直接有关系的,感性直观肯定不能和纯直观有关系,因为纯直观是经验性直观的组成部分,所以我们要找到的就是感性直观和经验性直观之间的关系。

这里我们假设,感性直观就是经验性直观,因为康德说过"一般感性直观的纯粹形式将会先天地在内心中被找到,在这种纯粹形式中,现象的一切杂多通过某种关系而得到直观"②。这似乎是在说感性直观的纯粹形式使现象的直观得以可能,根据前文康德对现象的质料和形式之间的关系的论述可知,现象的形式使现象的质料得以整理,也就是说只有通过形式对质料的整理,现象的直观才得以可能,现象的质料正是通过现象的形式的关系才能作为现象的整体的内容而被直观,因此现象的形式和感性直观的纯形式起到相同的作用。又因为

---

① 康德:《纯粹理性批判》,邓晓芒译,杨祖陶校,人民出版社2004年版,第26页。
② 康德:《纯粹理性批判》,邓晓芒译,杨祖陶校,人民出版社2004年版,第26页。

感性直观既然有形式，就也应该会有质料，况且康德在一开始就说只有感性才为我们提供直观，这应该就是说经验性直观是通过感性才得以可能的，也就是说经验性直观一定是感性直观，但是感性直观是不是经验性直观还不能确定，毕竟康德说了感性直观有纯形式，而经验性直观却只有形式，尽管这种形式是先天的。可是问题就出在这里，既然通过定义可知，形式和纯形式都是先天的，可是为什么要单独区分纯粹形式，就好像有不纯粹的形式一样，但这明显是不可能的，除非真的存在某种经验性的形式。而且在原文中康德对于经验性的直观的对象（现象）用了"形式"一词，而对于感性直观则用了"纯形式"一词，正是这种行文结构使人相信存在某种区分，使得经验性直观必定是感性直观，而感性直观不一定是经验性直观。

根据定义可知，现象可以被分为两个部分，其中质料是经验性的杂多，形式则是先天的某种关系，通过形式的整理杂多被呈现为现象的内容。因为现象是经验性直观的对象，所以现象的组成部分同样也是经验性直观的对象，又因为经验性直观是经过感觉与对象相关的直观，所以经验性直观的对象即现象正是凭借感觉才与经验性直观相关，没有感觉就没有经验性直观。而感觉是被对象刺激时表象能力所产生的结果，且被对象刺激并获得表象的能力叫作感性，所以感性是能力，感觉是感性能力产生的结果，因而，经验性直观就是直接凭借感性能力与对象相关的，没有感性就没有经验性直观。

所以不论是通过康德对感性概念与直观的关系的定义推出，还是根据原文从后往前推，得出的结论都是没有感性就没有经验性直观。那么可以肯定，经验性直观正是一种感性直观，而除了经验性直观之外，感性直观是否还有别的内容，仅凭这些还不能确定。

康德紧接着举了一个关于"一个物体（a body）的表象"的例子，其中去掉知性所想到的东西如实体、力、可分性等，再去掉属于感觉的东西如不可知性、硬度、颜色等，"那么我从这个经验性的直观中还余留下某种东西，即广延和形状。这些东西属于纯粹直观"①。康德在这里首先把经验性直观中属于感觉的东西即质料去掉之后，明确指出剩下的东西属于纯粹直观，就是现象的形式，那么前文中提到过的康德对于现象与形式、感性直观与纯形式之间的用词结构的疑问

---

① 康德：《纯粹理性批判》，邓晓芒译，杨祖陶校，人民出版社2004年版，第26页。

就得到了解决,因为现象的形式被明确称为纯形式。更重要的一点是,康德将关于一个物体的表象仅分为知性的、属于感觉的以及纯粹直观,后二者都属于感性范畴,那么就证明了对康德来说,感性直观除了经验直观之外,只有纯直观,而感性直观不可能是纯直观,所以感性直观就是经验性直观,经验性直观就是感性直观。

其实后文康德的话更加印证了这一点:"在先验感性论中我们首先要通过排除知性在此凭它的概念所想到的一切来孤立感性,以便只留下经验性的直观。"①感性被孤立之后,留下的仅有经验性直观,而我们从这直观中再把一切属于感觉的东西分开,以便只留下纯直观和现象的单纯形式,这就是感性所能先天地提供出来的唯一的东西了。② 这句话的英文版本和邓晓芒译本有出入,邓本是"从这直观中把一切属于感觉的东西分开",而英文版是"We shall separate from sensibility everything that belongs to sensation"(B37,A22),英文版是将感性中属于感觉的东西分离,对照之下可以知道对康德来说,感性直观就是经验性直观无疑。可是随之出现了另一个问题,感性中分离出现象的质料(感觉)之后,剩余两类先天的东西,即纯直观和现象的形式,这说明之前导致笔者困惑的地方其实是这里,虽然感性直观就是经验性直观,但是现象的形式并不是感性的纯形式,我们知道感性的纯形式(纯直观)有两种,即空间和时间,但是现象的形式是什么就不知道了,唯一能确定的是它不是先天知识的原则。而事实上康德在这里讲述的两种先天的东西(B37,A22)和前面康德讲的关于一个物体的表象的例子(B35,A21)是有出入的,在之前的例子中一个物体的表象中除开属于知性和感觉的东西后,只留下了纯粹直观,因为是关于一个具体对象的纯粹直观,所以剩余的是属于空间的广延和形状,余下就没有属于感性的东西了,因此康德在最后提到现象的形式和纯直观是不同的,但是具体现象的形式到底是什么,没有明确的说明,只是说它"必须是全都在内心中先天地为这些现象准备好的,因此可以将它与一切感觉分离开来加以考察"③。

### 3. 从纯直观的概念看康德对经验概念的改造

康德没有说不同于纯直观,现象的形式到底是什么(A22,B36 中康德说从

① 康德:《纯粹理性批判》,邓晓芒译,杨祖陶校,人民出版社 2004 年版,第 27 页。
② 参见康德:《纯粹理性批判》,邓晓芒译,杨祖陶校,人民出版社 2004 年版。
③ 康德:《纯粹理性批判》,邓晓芒译,杨祖陶校,人民出版社 2004 年版,第 26 页。

直观中将属于感觉的东西分开，只留下了纯直观和现象的形式，但后者没有被说明），但是他告诉我们了纯直观是如何被直观到的，那就是要借助于外感官和内感官，它们作为内心的一种属性（property），把对象表象在我们之外或使心灵直观到我们的内部状态。外感官直接把对象表象为在空间中，而内感官借助于时间的关系（relation of time）表象内在规定（inner determination）。

康德认为空间作为外部现象的基础，必然是先天的，他强调："空间决不是关于一般事物的关系的推论的概念，或如人们所说，普遍的概念，而是一个纯直观。"①因为如果没有唯一的空间的表象作为一切外在直观的基础，就无法形成一般的关于外在事物的表象或者一般的对空间做出限制的观念。康德的几条形而上学阐明是围绕着空间的基础性、先在性、唯一性、无限性展开的，简而言之没有空间的表象，就没有一切直观因而也没有一切概念的可能。又因为没有任何一种概念能够囊括无限数量的外在表象，所以空间绝对不是概念，而是先天直观。康德的思路其实是简单的，因为空间是经验性直观的基础，所以空间本身不能是经验性直观，那么空间只能是先天的，又因为空间能够无限地给予、包含表象，没有概念的外延有如此广的范围，所以空间不是概念而是直观。综上所述，空间是先天直观。

同时，从空间的表象原则，可以推导出几何学的命题，康德认为几何学作为一种先天综合知识，是从空间的直观中引出的，因此空间可以使其他先天综合知识得到理解。康德再次重申："它必须从本源上就是直观；因为从一个单纯的概念中引不出任何超出概念之外的命题。"②空间的表象可以在自身中先天地规定客体，所以它必须是感性直观的形式且是外感官的一般形式，才能够先于客体本身规定客体概念，而且在我们的内心中。如果空间的表象不是外感官的形式、不是我们自身的属性之内的东西，就不能够存在于我们的内心中。所以康德在这里解决了一个遗留问题，即现象的形式既然不属于感觉，又怎么会在感觉之内呢？康德的答案就是因为作为外感官的一般形式（B42），空间的表象存在于内心之中。

康德对时间的表象的说明，采取了与空间说明相似的结构。时间表象了我

---

① 康德:《纯粹理性批判》,邓晓芒译,杨祖陶校,人民出版社 2004 年版,第 29 页。
② 康德:《纯粹理性批判》,邓晓芒译,杨祖陶校,人民出版社 2004 年版,第 30 页。

们对事物的同时或者相继的关系,任何运动和变化的现象都以时间表象为前提。康德以同样的理由阐明了时间的基础性、先在性、唯一性、无限性等特点,他说:"变化的概念以及和它一起的运动(作为位置的变化)的概念只有通过时间表象并在时间表象之中才是可能的;而假如这个表象不是先天的(内)直观的话,那么任何概念,不论它是什么概念,都不能使一个变化的可能性、即把矛盾对立着的谓词结合在同一个客体中的可能性(如'同一个事物在某处存在又在同一处不存在'),成为可理解的。"①这里康德为一个形而上学史上的著名问题给出了回答。巴门尼德曾说,不能有东西既存在又不存在,我们参考斯通普夫哲学史对巴门尼德的理解,就会看到日常事物如一只趴在毛毯上的猫,它存在于毛毯上面,在毛毯底下或者上面或者旁边都不存在,这样就等于是说它既存在又不存在。同样,一个人在出生前不存在,在出生至死亡的这段时间内存在,而在死后又不存在,那么他同样是既存在又不存在。只有引入空间和时间的概念,才能在逻辑上解决对同一个对象的矛盾的谓词同时存在的问题。同时,从康德对时间表象的作用的表述,也能看出他依旧在认识论上有着强烈的观念论倾向,由于我们对对象的表象的认识,必须经过内心的直观、属于内部的状态,因此时间就成了包括外在对象的一切现象的必要先天条件,因为时间是内感官的形式,通过时间我们得以直观内部状态。

有趣的是,康德在分析空间和时间概念的时候,明确将二者称为"概念"而不是直观,由空间概念的形而上学的阐明得出空间不是概念的结论之后,依旧将空间称为概念,这是否暗示着某种概念能力在直观之下起着作用?康德说:"空间的原始表象是先天直观,而不是概念。"②"时间不是什么推论性的、或如人们所说普遍性的概念,而是感性直观的纯形式。"③这是否意味着空间和时间的非原始表象经过了概念的加工?或者干脆是因为康德为了便于同时代哲学家讨论而将就了呢?

不论如何,康德到这里已经将近代关于经验的概念改变、扩展得更为精细,他所说的经验性直观并不是传统哲学中所说的经验。康德之前的哲学中的经验应该指的是主体获得的关于外在事物的表象,笛卡儿通过确立了自我主体性

---

① 康德:《纯粹理性批判》,邓晓芒译,杨祖陶校,人民出版社2004年版,第35—36页。
② 康德:《纯粹理性批判》,邓晓芒译,杨祖陶校,人民出版社2004年版,第30页。
③ 康德:《纯粹理性批判》,邓晓芒译,杨祖陶校,人民出版社2004年版,第35页。

将内在领域开辟出来，因此经验就成了对主体来说所获得的外在表象，这种表象来源于外在客体，客体通过某种方式刺激主体的感官，使其表象映照在主体的心灵之中形成了印象，随着印象的固化成了观念。这个外在事物的印象在康德哲学中，应当就是感觉，而固化的观念就是概念。所以经验在康德这里只是人获取表象的能力（感性）的结果（毕竟因为在概念分析论中康德说明了直观从属于概念，于是这里的说法在把先验演绎的结果纳入考虑之后也是可以接受的），主体对客体的认识不是仅仅被动地接收，而是主体接受客体的刺激从而获得其表象的能力（当然先验感性论是不探讨知性对直观的作用的，所以这种获得统一表象的能力暂时被看作是感性直观本身的能力）。传统的经验概念的性质由此改变了，传统意义上的经验的形成，因此变成了人的认识能力的结果，这种认识能力不但是主动地接受客体的刺激从而形成表象，而且是经过非经验的关系整理从而形成认识。因为感觉形成的前提就是先天形式对质料的整理，所以对康德来说，经验不但是认识能力的接受性的结果，还是认识能力的创造（这一点在概念分析论被讨论得尤为透彻），于是传统的经验概念不但性质改变了（由被动变为主动），而且其外延还被扩大了，它不但包含了外在事物的表象，还包含了对表象的内容做出整理的形式，因为现象的形式同样在感觉或者感官之中（经验的形成毫无疑问也包含着概念，但是在先验感性论中还没有涉及）。这种形式毫无疑问来自主体的某种先天的关系，虽然纯直观本身不是一种能力，而是一种关系，但是由于感觉本身是认识能力的结果，而感觉的形成依赖于先天的关系，因此即使先天直观不是主体的能力，也是主体能力借以认识的性质，它就在内心之中。"一个先行于客体本身、并能于自身中先天地规定客体概念的外部直观如何能够寓于内心中呢？显然只有当这表象仅仅作为主体受客体刺激并由此获得对客体的直接表象即直观的形式性状（formal constitution），因而仅仅作为外感官的一般形式（form of the outer sense in general），而在主体中占有自己的位置时，才得以可能。"①康德告诉我们，主体借助外感官把对象表象为在空间中，所以主体能够且必然借助心灵的这种属性（外感官）先天直观到对象的表象。同时，因为现象事物的表象同样必须最终在内心中被我们直观到，因而借助了外感官获得的表象最终也要借助内感官与我们发生关系，"因此

---

① 康德：《纯粹理性批判》，邓晓芒译，杨祖陶校，人民出版社2004年版，第31页。

时间是所有一般现象的先天条件,也就是说,是内部现象(我们的灵魂)的直接条件,正因此也间接地是外部现象的条件"①。经验是我们的认识的能力形成的结果,也是我们的认识能力借助先天直观(感性直观的纯形式)而达成的。当然根据康德的观点,表象本身并不为我们提供普遍性或者确定性,而是通过纯直观,就像关于纯直观的先验阐明所指出的,我们才能获得某些先天综合的知识。纵然表象本身不能提供确定的、普遍的因此是先天综合的知识,但是通过经验中的形式,我们就可以了解这种普遍必然的知识,因此表象本身不能保证确定性,但是确定性和普遍性却可以从对表象的分析中得出,因为经验性直观本身不但包含感觉,也包含感觉的形式。

然而,正如经验的形成是主体能力参与构建的结论所提示的,没有主体的外感官的一般形式,没有主体受客体刺激并由此获得对客体的直接表象的内心中的形式性状,就不会有经验的生成。经验虽然由于主体的感性能力的形式所参与构建而形成,但是没有主体的内心中的纯直观就不会有关于井井有条的经验,而仅仅是无法获得统一性的杂多(这里仅分析先验感性论的内容而不涉及纯粹统觉)。甚至根据概念的先验阐明,没有这种先天的纯粹直观,就不会有先天综合的知识存在,那么诸如几何学和数学这样的科学就不能够获得其客观性。这样一来,人类的经验和人类的知识都必须且只能在主体的内部形式中获得实在性,而脱离了感性能力的视角,就不能够知道外部事物的真实面貌是什么样的。"由于我们不能使感性的这一特殊条件成为事物的条件,而只能使之成为事物的现象的条件,所以我们很可以说:空间包括一切可能向我们外在地显现出来的事物,但不包括一切自在之物。"②"如果我们抽掉我们直观的感性,因而抽掉我们所特有的那种表象方式,而谈论一般的物,则时间就不再是客观的了。因此时间只是我们(人类的)直观的一个主观条件(这直观永远是感性的,即限于我们为对象所刺激的范围内),它超出主观就其自在来说则什么也不是。"③由于这样,空间和时间的直观虽然使人的经验得以可能,但是也使人的关于世界真面目的经验得以不可能,这就叫作"经验性的实在性"(the empirical reality)和"先验的观念性"(the transcendental ideality)。不但如此,康德假设如

①　康德:《纯粹理性批判》,邓晓芒译,杨祖陶校,人民出版社 2004 年版,第 37 页。
②　康德:《纯粹理性批判》,邓晓芒译,杨祖陶校,人民出版社 2004 年版,第 32 页。
③　康德:《纯粹理性批判》,邓晓芒译,杨祖陶校,人民出版社 2004 年版,第 37 页。

果有除了人类之外的理性存在物，那么他们的世界的表象也完全不能被我们所想象，就如同托马斯·内格尔对蝙蝠的不可想象一样，只不过区别在于，内格尔的蝙蝠和人类之间的差别是物理主义的，尚且可以通过生物的共性予以想象。康德和其他存在直观的存在物的区别却是现象上必然的，即使同为理性存在物，依旧无法以任何方法取得相互理解，主体间性的差距因此也是绝对的。我们的这些阐明说明了一切能从外部作为对象呈现给我们的东西的空间的实在性（即客观有效性），但同时也说明了在那些凭借理性就它们自身来考虑，即没有顾及我们感性之性状的事物方面的空间的观念性……只要我们抽掉一切经验的可能性这个条件，并把空间假定为某种给自在之物提供基础的东西，空间就什么也不是了。① "我们反驳一切对时间的绝对实在性的要求……如果我们抽掉感性直观的主观条件，时间就什么也不是，时间（去掉它与我们直观的关系）既不能自存性地（subsistierend）、也不能依存性地（inhärierend）算到自在对象的账上。"②可以说，康德对经验概念的最大的改造，并不是使经验从模糊的、不可靠的、不确定的成了可确定的、有客观性的、实在的东西，而是将其彻底与现实世界的表象脱离开，为了让它有主体的现象的可靠性，不惜使其失去与世界的本质的关联，甚至使其失去了与其他理性存在的主体间的可理解性，使其与世界的关联性和人与其他理性存在（即使是假想的）主体间性变得牢不可破。怪不得约翰·卡普托评价康德说，他的知识论使人远离世界、他的伦理学使人远离道德、他的美学使人远离价值，不评论后两者，康德确实使经验与原初世界相隔离了起来。

不过考虑到康德面临的理论问题，这种设定又是情有可原的。他一方面要尽力为科学找到合法性，使其不在严格的经验论者的进攻下倒塌，又要为哲学的存在谋求出路，毕竟如果不将人的认识能力做出清晰的认识并且指出其限制，形而上学就会走得过远并且迷失方向，而走入科学的对立面。但也正因为如此，康德也不得不同时面对严格的经验论者、牛顿物理学的簇拥者和形而上学家的斥责，对他们来说，康德可能既是唯心主义者，也是叛逆的哲学家。不过我们在他的解说中，也能找到相对于他的批评者的理论优势。康德通过将经验

---

① 参见康德：《纯粹理性批判》，邓晓芒译，杨祖陶校，人民出版社2004年版。
② 康德：《纯粹理性批判》，邓晓芒译，杨祖陶校，人民出版社2004年版，第38页。

现象主观化,使经验论(观念论)和他的主张得以统一,正如我们开始时提到的那样,康德关于感性结构的认识,与笛卡儿所留下的传统相差无几。观念论者认为外部世界的实在性是我们无法证实的,按照严格的经验论,我们所知道的只能是内在于我们的关于外部世界的表象,在属于心灵的内在领域中,一切都是无可置疑的、明晰的。因此,康德通过将外部世界的表象的形式变为内心的固有的属性之后,关于外部世界的表象因此也是无可置疑的,那么关于外部世界的先天综合的知识也随着世界的形式的确定而确定下来,我们对于内在知识的确定性变为关于外在世界的确定性,只不过外在世界也因此变为人的内心中的外在世界了。当然这并不是说,我们与真实世界完全隔绝,真实世界的存在是无可置疑的,只不过我们只能认识自在世界的表象而已,因为一旦摆脱空间与时间的表象,在康德看来我们就无法想象任何事物,所以我们的经验的形成必须依托于空间与时间的表象,因此由于感性能力的限制,我们的思维也只能根据现象而思考,毕竟"一切思维必须……借助于某些标志最终与直观、因而对我们人类来说与感性发生关系"[1]。

## (二)以概念分析论论知性对经验的作用

### 1. 先验逻辑、概念分析论和纯粹知性概念

康德对感性和知性的基本区分,占据着其哲学的主旋律。在康德看来,感性为我们提供关于对象的表象,而知性使我们得以对这些表象进行思维,因此,"概念没有以某种方式与之相应的直观、或直观没有概念,都不能产生知识"[2]。正是因为如此,许多仅仅凭借先验感性论就做出的关于康德的经验概念的理解都是不准确且容易产生谬误的,甚至在阅读的过程中我们会发现康德自己都随着概念的先验演绎而不断地推翻自己先前不论是在先验感性论中,还是在先验逻辑中已经提及的东西,对于这种矛盾,我们固然可以认为是因为康德的写作方法所导致的(对感性和知性的分别孤立导致二者的实际结合并不似在任何一方所表现的那样),也可以认为是随着康德自己思考的深入而呈现出的思维的

---

① 康德:《纯粹理性批判》,邓晓芒译,杨祖陶校,人民出版社 2004 年版,第 25 页。
② 康德:《纯粹理性批判》,邓晓芒译,杨祖陶校,人民出版社 2004 年版,第 51 页。

自我扬弃。但是毫无疑问成熟地理解康德需要我们自身也陷入这种矛盾并克服它。感性和知性的相互配合才是人类理性认识对象的唯一途径。但是在概念分析论中，康德明确指出知性对于人类认识的重要作用，以至于没有知性的参与，感性直观就不会是它所呈现给我们的那样的表象，知性对于感性的重要作用因此也成了匹兹堡学派批判所予理论的一个重要灵感来源。因此本节的任务就是在概念分析论中找到康德有关的论述，阐明在康德的理论中，知性到底对感性和直观发挥了哪些作用，其范围如何，感性直观中的感性的接受性到底应该如何认识。

为了凸显感性和知性的研究的区别，康德将感性论和逻辑区分开来，前者研究一般感性规则，后者研究一般知性规则。在一般的逻辑中，又分为普遍的逻辑和特殊的逻辑，前者研究包含思维的绝对必然的规则，而后者只是某门科学的工具论（organon）。普遍的逻辑又分为纯粹逻辑和应用逻辑，前者抽掉了知性的经验性条件，因此只是关于知性的先天原则，后者只是某种针对主观经验性条件的心理学的规则。到这里笔者感到诧异，因为普遍纯粹的逻辑既然是普遍纯粹的，那么也应该是先天的，那么它和先验逻辑有什么关系吗？康德说："一种普遍而又纯粹的逻辑……只是就其运用的形式而言，而不管内容是什么（经验性的还是先验的）。"①很明显，这样的形式的逻辑不能是先验的逻辑，因为先验的逻辑是关于某些内容的。这一点从先验感性论中的概念的先验阐明就可以看出来，只有从某个概念中推出其他先天综合知识的可能性，这个概念才是先验的，也就是说先验的东西的基础就是奠定先天知识的内容的，因此关于某个完全抽掉内容而只理解形式的科学，绝对不可能是先验的，因为形式的科学不能是"综合的"。

于是为了与普遍逻辑区别，先验逻辑就是"在其中不抽掉知识的全部内容的逻辑……它还将讨论我们有关对象、而又不能归之于对象的知识来源"②。很显然，先验逻辑之所以是先验的，就是因为它是关于先天知识的内容的。"只有那种使我们认识到某些表象（直观或概念）只是先天地被运用或只是先天地才可能的、并且认识到何以是这样的先天知识，才必须称之为先验的（这就是知识

---

① 康德:《纯粹理性批判》，邓晓芒译，杨祖陶校，人民出版社2004年版，第53页。
② 康德:《纯粹理性批判》，邓晓芒译，杨祖陶校，人民出版社2004年版，第54页。

的先天可能性或知识的先天运用）。”①所以我们会发现，与先验感性论中先验阐明的一致，先验的知识必须是使其他先天认识可能的先天知识，当我们认识到这种可能性何以可能时，才能称这种使先天知识可能的先天知识为先验的。规定纯粹知性中的这些知识的“来源、范围和客观有效性的科学，我们也许必须称之为先验逻辑，因为它只与知性和理性的法则打交道，但只是在这些法则与对象先天地发生关系的范围内，而不是像普遍逻辑那样，无区别地既和经验性的知识、又和纯粹理性知识发生关系”②。

因此，先验逻辑的主要任务就是把知性孤立起来，“从我们的知识中只抽取出仅在知性中有其起源的思维的部分”③。它申述纯粹知性认识的要素、申述任何对象要能被思维都不可或缺的原则（the principles without which no object can be thought at all）的部分，这就是先验分析论。其中包括纯粹知性诸概念的部分，就叫作概念分析论，包括纯粹知性诸原理的部分则叫作原理分析论。因为对塞拉斯来说，相比于原理分析论，概念分析论有着更多的重要性和极大的启发意义④，所以我们将主要研究概念分析论。康德说：“概念分析论不是指对概念的分析……而是还很少被尝试过的对知性能力本身的分解，为的是通过我们仅仅在作为先天概念诞生地的知性中寻找这些先天概念并一般地分析知性的纯粹运用，来探究这些先天概念的可能性；因为这就是一门先验–哲学的特有的工作。”⑤这样，通过康德自己的说明，仅仅通过对概念分析论的研究，就可以阐明知性在其哲学中的作用了。

康德在概念分析论的开头把概念和直观截然分开，正像是他之前在把感性和知性截然分开一样。他说知性的知识是一种借助于概念的知识，是推论性的（discursive），概念建立（rest on）在机能（function）上，而机能指的是“把各种不同的表象在一个共同表象之下加以整理的行动的统一性”⑥（the unity of the act of arranging various representations under one common representation）。同时，概念

---

① 康德：《纯粹理性批判》，邓晓芒译，杨祖陶校，人民出版社 2004 年版，第 55 页。
② 康德：《纯粹理性批判》，邓晓芒译，杨祖陶校，人民出版社 2004 年版，第 55 页。
③ 康德：《纯粹理性批判》，邓晓芒译，杨祖陶校，人民出版社 2004 年版，第 58 页。
④ 参见孙宁：《匹兹堡学派研究：塞拉斯、麦克道威尔、布兰顿》，复旦大学出版社 2018 年版。
⑤ 康德：《纯粹理性批判》，邓晓芒译，杨祖陶校，人民出版社 2004 年版，第 61 页。
⑥ 康德：《纯粹理性批判》，邓晓芒译，杨祖陶校，人民出版社 2004 年版，第 63 页。

基于（based on）思维的自发性（the spontaneity of thought），知性只能用概念来做判断。这样，基于思维的自发性的概念，就和基于感性的接受性的直观区分开来，前者是推论性的，后者是直觉性的。直观作为感性的东西建立在刺激（affections）上，而不是像概念那样建立在自发的机能上，二者这样相结合，才可以产生出知识。

一切判断都是我们诸表象中统一性的机能，因为被运用于对象的知识不是一个直接的表象，而是一个更高的、包括这个直接表象和更多表象于自身内的表象，而许多可能的知识由此就被集合在一个知识里面了。这样，包括关于对象的直观的表象和概念的表象在一个集合内发挥作用，在诸多表象中感性直观和知性概念分工合作就成了关于这个对象的知识。这个过程看起来区分得很明白，感性接受性和知性自发性分工明确，前者负责提供关于对象的直观，后者负责使用概念来思维这个对象，但是在塞拉斯看来，"感受性就像直观一样是概念性的……并不是单纯对环境的回应，它还基于感知者的概念框架"①，这样，感性直观和知性概念之间的界线就变得模糊了起来，感受性（the receptivity of impressions 或 affection）的内容不再是单纯给予的，而是由知性参与构建的了。这一点从纯粹知性概念的定义就能看出来。

为了构成关于某个对象的知识，需要直观和概念的参与，这只是从知识形成的结果来说的，而关于知识形成的过程，却比这种二元结构复杂得多。为了形成关于对象的先天知识，其形成过程可分为三个步骤。首先是纯粹直观所提供的杂多，也就是空间和时间之中的表象的杂多。接着这些杂多必须由想象力（imagination）加以综合，即被一种确定的方式（in a certain manner）贯通（be go through）、接受（be taken up）和结合（be combined）起来，由于这些被综合的表象的杂多是先天地被给予的，因此这种行动就是纯粹综合。最后，在这些被综合起来的先天的表象中，被加入了一种必然的统一性（unity），即纯粹知性概念。这样最终得到的一个关于某个对象的必然综合统一的表象，才是一个先天的知识。② 同时康德告诉我们，纯粹知性概念不仅仅是一个判断中的不同表象的统一性，也是一个直观中的各种不同表象的纯粹的综合的统一性，所以如果没有

---

① 孙宁：《匹兹堡学派研究：塞拉斯、麦克道威尔、布兰顿》，复旦大学出版社2018年版，第56页。
② 参见康德：《纯粹理性批判》，邓晓芒译，杨祖陶校，人民出版社2004年版。

知性概念,纯直观中的表象就会是综合但是不统一的,这意味着什么呢?

在范畴表的第一组范畴(即"量的范畴"①)中,第一个是"单一性",英文却是"Unity",这就提供了一个明显的理解:虽然纯粹直观中的诸表象是综合的,即被贯通、接受和结合在一起,但是这些表象却不是在一个统一体之内的,因而它们不是被综合"在一起"的,虽然综合的能力使诸表象不至于离散,却不能让它们构成一个被思维的实体,它们就像一盘沙子,虽然在同一个空间和时间里,却不能被表象为"一个"。

因此,在康德看来,纯粹知性概念的作用就在于赋予纯粹直观的杂多的综合以统一性,使杂多的综合被表象为一个统一的客体,或者多个统一的客体,而不是不完备的以至于不可以被知性所思维的混乱的杂多。"它只有通过这些概念才能在直观杂多上理解某物,也就是才能思维直观的客体。"②当然,这里说的综合表象的统一性本身并不是单一性范畴,因为康德在 B131 说建立在判断的逻辑机能(logical functions in judgements)上的范畴已经以联结、概念的统一性为前提了。

### 2. 概念的先验演绎论:一切经验的前提条件

"先验演绎"指对概念能够先天地和对象发生关系的方式所作的解释。康德用法律中的阐明权利问题的术语来说明纯粹概念的合法性。在先验演绎的开头,他就解决了我们在先验感性论中留下的一个问题:纯直观即空间和时间,到底是不是概念?如果纯直观不是概念,那么为什么在先验阐明中康德依旧用"概念"冠之;如果纯直观是概念,那么感性的形式就应该属于知性而不是感性。

康德在 B118 正式说:"我们现在已经有了完全不同种类的两类概念……就是作为感性形式的空间和时间的概念以及作为知性概念的范畴。"③因此我们知道了,感性纯形式即空间与时间就是概念,根据康德在概念分析论第一章所说:知性的知识不同于感性,而是一种借助于概念的知识(B93),概念基于思维的自发性(B94),知性是一种思维的能力,思维就是凭借概念的认识(B94)。因此,我们知道,概念必定是隶属于知性能力的。就是说,感性纯形式即空间和时间,

---

① 康德:《纯粹理性批判》,邓晓芒译,杨祖陶校,人民出版社 2004 年版,第 71 页。
② 康德:《纯粹理性批判》,邓晓芒译,杨祖陶校,人民出版社 2004 年版,第 72 页。
③ 康德:《纯粹理性批判》,邓晓芒译,杨祖陶校,人民出版社 2004 年版,第 80 页。

作为概念一定是隶属于知性的，也一定是推论性的而不是感受性的。即使它们的来源可能不是知性，但是它们依旧必须隶属于知性。

接着，康德在纯粹理性批判的正文中第一次正面说明了经验的形成过程："经验就形成了，它包含两个极其不同性质的要素，一个是从感官来的、知识中的质料，一个是整理这质料的某种形式，它来自纯粹直观和纯粹思维的内在根源，后两者是在前一要素的机缘中才首次得到实行并产生出概念来的。"①

同时，这段话还蕴含着两个值得思考的地方，首先是"整理这质料的某种形式，它来自纯粹直观和纯粹思维的内在根源"这句话，它是说纯粹思维和纯粹思维的内在根源到底是各自的两个还是同一个呢？"某种形式"如果是来自同一个根源，那么纯粹直观和纯粹思维就来自同一个根源，那么就说明纯直观即空间和时间就是起源于知性的，可是如果是这样，为什么它们会和纯粹思维的范畴分开为两类不同的概念呢，难道是因为它们相比范畴拥有着更接近于对象的表象，即使它们作为概念本身不直接和对象发生关系？如果纯粹直观和纯粹思维的内在根源是不同的，纯直观不起源于知性，那么就意味着现象或经验的"某种形式"不是同一个，或者更准确地说，组成它的不是同一种成分，其中会既有纯直观，也有纯概念，则现象的形式不但是时间与空间，还会是范畴，联系康德在第10节提到过的纯粹概念为纯粹直观的被想象力综合过的杂多的表象提供统一性的话语，这似乎就意味着关于一个对象的先天知识，在直观时就已经被范畴所统一，这似乎是正确的。简而言之，如果现象的形式源于同一个根源即知性，那么纯直观就不会是直接和对象相关的了，如果现象形式有两个不同的根源，那么知性依旧可以在直观时直接参与对象的表象的构造，那么这种区分就会是不必要的了。所以不论怎么说，这里解读出来的内容都说明直观的对象的表象确实会有知性的直接参与构造，因此对这种语言的歧义的说明似乎没有实质性的意义，然而却有另外一个问题浮现了出来：既然纯直观是概念，是推论性的，根据B94，没有概念是直接和对象发生关系的，一切概念的表象和对象之间的关系，都是间接的关系，除了单纯的直观（an intuition）。只有这种给予的表象是直接与对象发生关系的。那么，作为纯直观的空间和时间，又是怎么和对象直接发生关系的呢？康德在后面似乎对此有一个解释："纯粹知性概念……

---

① 康德：《纯粹理性批判》，邓晓芒译，杨祖陶校，人民出版社2004年版，第80页。

不能在先天直观中出示任何先于一切经验而把它们的综合建立于其上的客体……由于它们倾向于把空间概念超出感性直观的条件去加以运用,也就使这个空间概念变得模糊了。"①但是这句话只能说明纯粹知性概念对纯直观的一种运用,而不能说明纯直观到底是凭借什么直接和对象发生关系的。

这段话值得注意的第二个地方是"后两者是在前一要素的机缘中才首次得到实行并产生出概念来的"这句话中这个"概念"指的是先天概念还是经验性概念? 如果是指先天概念,那么就是说整理质料的形式是在感官印象的条件下(on the occasion of the impressions of senses,B119)进行运作并产生出概念的,这样知识的质料就在因果上先于其形式、先于概念,这就是说感性现象的质料是非推论性的、单纯感受性的,因此塞拉斯将"感受性(affection)②"理解为"就像直观一样是概念性的"③就是一种误用。不过现在做出定论还为时过早,因为随着先验演绎的进行,一切关于经验的看法都将被改变,康德是否为感受性留下位置的问题,要留到后面才能下结论。

先验演绎的目的,是解释先天概念和对象发生关系的方式。但是真正显示先验演绎重要性的地方是对它的困难的阐述,即思维的主观条件怎么会具有客观有效性、怎么会作为对象的知识的可能性条件的问题。因为康德的立场已经被多次阐明过了:感性和知性的区分是绝对的,是质的区分。既然如此,没有知性概念的参与,关于对象的表象依旧会在直观中被给予,而不用知性的参与。关于对象的先天表象同样会在感性形式中被给予,而不需要纯粹知性概念。在先验演绎之前,我一直认为这个问题的切入点应该是感性纯形式作为概念的、因而属于知性的问题,但是康德给出的解释明显更加深入和本源。他在§14中明确说明:"经验(按其思维形式)只有通过范畴才是可能的。"④结合康德在§13中对经验组成的表述,我们可以知道,感官中的客体不仅需要感性纯形式使其在空间和时间中被直观为我们的对象,同时还必须在成为我们的直观的对象时也成为思维的对象。再结合§10中关于一切对象的先天知识的形成过程

① 康德:《纯粹理性批判》,邓晓芒译,杨祖陶校,人民出版社2004年版,第81页。
② 翻译引自孙宁:《匹兹堡学派研究:塞拉斯、麦克道威尔、布兰顿》,复旦大学出版社2018年版,第56页。
③ 孙宁:《匹兹堡学派研究:塞拉斯、麦克道威尔、布兰顿》,复旦大学出版社2018年版,第56页。
④ 康德:《纯粹理性批判》,邓晓芒译,杨祖陶校,人民出版社2004年版,第85页。

的表述，我们可以知道经验不仅仅是直观的客体，同时还必须是思维的客体。在经验的形成过程中共有三种能力起了作用，即感官能力对对象的先天直观、想象力对对象的直观的杂多的综合以及知性能力对这种综合的统一（纯粹概念）。§14. A95 中康德直接将这个过程表述为"一切经验的可能性条件"，共包含心灵的三种能力：感官对杂多的先天概观、想象力对这种杂多的综合以及本源的统觉对这种综合的统一。由此可见，经验概念在概念分析论中拥有了思维的向度，它同时由感性和知性能力的要素构成。这样我们就能看到与近代哲学的经验概念即将其理解为由同质要素即单纯感觉所构成的哲学（例如洛克和休谟认为感觉印象和观念只是程度不同）相比，康德的经验概念的最大区别是，它由两种截然不同的要素构成。不过，这两种截然不同的要素的区分在对先天知识的分析中却没那么明晰，因为康德将要表明，直观在某种程度上是以知性能力为前提的，更准确地说，直观是以自发性的纯粹统觉为前提的。

我们知道，康德到目前一共引入了两种"统一性"的概念。第一种就是作为纯粹概念的"单一性"范畴（二者都是 Unity 或 Einheit）。第二种就是他在§10 所提到的机能所赋予一个判断中的表象或一个直观中的表象的综合的统一性（范畴）。后者就是在关于一个对象的先天知识的组成中最后知性所提供的东西。我们在看到§14. A95 时会认为根据康德所表述的心灵的三种能力的结构，范畴和统觉应该是一个东西，因为§10 和§14. A95 两个地方几乎是相同的，只是一个说的是一切对象的先天知识，另一个是一切经验的可能性条件，二者的区别只是说法的不同，因为经验的可能性条件就是关于它的某种先天的知识（§27. B166 更是直接指出所谓的先天知识就是关于可能经验对象的先天的知识）。但是根据康德对先验感性论中对现象的要素的表述（A20）和在§13 中对经验的要素的表述的出入来看，康德对同一件事情的看似同构的表述方式，可能预示着重要的转折。

在§15 中，康德说："联结①是杂多的综合统一的表象。"②联结就是综合（B130），所以这种统一性绝对不是联结本身出现的，因为在§10 中康德明确说过，统一性是知性或概念所赋予的，想象力本身只能综合而不能产生统一性的

---

① 即 combination。

② 康德：《纯粹理性批判》，邓晓芒译，杨祖陶校，人民出版社 2004 年版，第 88 页。

表象(当然这只是在§24之前的看法)。关于先天知识的形成顺序,既然在纯粹概念赋予杂多的综合以统一性之前那种综合就已经具有了统一性,那么一定有一个更加本源的行动在范畴之前发生了作用,这就是纯粹统觉。在这里我们可以把§10. B104的表述和§14. A95的表述做一个细化,前者可以被理解为一切对象的先天知识的形成过程,因为康德在用词上用了"首先……其次……还没有"(B104),而后者则可以看作结构性的说明,因为康德用的是"1)""2)""3)"的计数语言。这样,两种相似的表述由于这些差异,就引出了统觉和范畴的不同之处:统觉已经在直观的杂多的综合之前发生作用了(当然根据先验演绎的结论,统觉和范畴的统一性在某种意义上说是一回事,前者为对象的杂多提供联结在一个客体概念中的客观有效性,后者则干脆使直观对象被规定,但是根据康德的行文在此处还无法发现这种区分)。

所以,正像§15中所强调的,一切事先没有结合在一起的表象,都不能在对象中表象为联结在一起的,而这种联结本身只能由我们自己所完成,因为这种综合的行动本身是主体的自发性的行动。因此所有的直观,只要是被表象为联结在同一个客体中的,那么这种直观的杂多就一定是被意识的统一性所决定的。这种统一性的发现并不像在§10. B104中所说明的对直观的杂多的给予之后的统一,而是指直观本身的统一性。这一区别在B137的注释中表达得非常清晰:空间和时间及其一切部分都是同一个直观,它们因此是"使许多表象包含在一个表象及其意识里面的概念……于是意识的这种统一性就被看作是综合的,但又是本源的"①(through them many representations are contained in one representation and in the consciousness of it...the unity of that consciousness is encountered as synthetic, but as yet as original)。所以,这样一种本源的统一性自然不是经过想象力的综合和范畴的统一所得到的,而是和直观自身相关的。

于是正像康德在§16中所说的:"直观的一切杂多,在它们被发现于其中的那同一个主体里,与'我思'有一种必然的关系。"②很明显这种必然的关系是先天的和本源的,因为没有这种同一个意识中的统一性,直观中的杂多就不会被表象为在同一个东西中的了。因而这种使表象在一个意识中成为可能的东

---

① 康德:《纯粹理性批判》,邓晓芒译,杨祖陶校,人民出版社2004年版,第92页。
② 康德:《纯粹理性批判》,邓晓芒译,杨祖陶校,人民出版社2004年版,第89页。

西，就是自我意识，就是纯粹统觉。康德在这一节中的论证过程有一些类似笛卡儿对"我思故我在"的论证过程，他通过直观中被给予的杂多的表象意识到这个直观背后必然有一个同一的自己，因此这些表象是主体自身的表象。他不仅仅通过直观发现了直观背后的自我意识，还通过对自我意识的发现意识到直观的表象和统觉的必然的关系。①

于是，直观就在康德的哲学中处于一个很关键的中心地位了，如果画一幅韦恩图我们就会看到，直观在先验感性论和先验分析论中都有着重要的地位，这可能和康德的认识论原则有关。因为如果没有直观提供对象的表象，则根本不可能有关于某物的知识，也就不会有经验。这个直观的表象的杂多虽然来自感性，但是借助于这种杂多知性早已在认识发生之前就发生了奠基性作用，虽然根据康德的立场直观必然是感性的，但是这种逻辑上的区分不能掩盖的事实是知性同样通过直观发挥了决定性的作用，所以直观的位置似乎就不明显了。在§17中他就这一点说明，"一切直观的可能性"在与感性和知性的关系中分别有不同的最高原理，前者是一切直观杂多都从属于空间和时间的形式条件，后者则是一切直观杂多都从属于统觉的本源-综合的统一的诸条件之下。然而在这里的问题是，就直观本身来讲，到底是感性能力决定了直观，还是统觉使直观成为可能呢？摆脱方法上的区分，真实的情况在康德看来应该是什么样的？

从§15到§21我们看到了一个连贯的关于直观和统觉、范畴的关系的推论，这个连贯的推论说明，直观在一开始就是从属于范畴的。如前所述，在§15中康德说明了联结就是综合，它本身就是综合统一的，所以这种统一性并不源于联结本身，而是在联结之前就完成了。于是在§16中康德意识到了我们自身的统觉的本源的综合统一，§17中康德意识到统觉的综合统一是直观的表象结合在一起的客观条件，否则诸对象的表象就不会被表象为在一个客体概念中的结合着的所予的杂多，于是被给予的表象与一个客体的确定的关系就是由意识的统一性所决定的，"意识的综合统一是一切知识的一个客观条件……任何直观为了对我成为客体都必须服从这一条件"②。§18中康德进一步说明了这种意识所提供的客观性是什么意思，即使一切直观中给予的杂多都结合在一个客

---

① 参见康德：《纯粹理性批判》，邓晓芒译，杨祖陶校，人民出版社2004年版。

② 康德：《纯粹理性批判》，邓晓芒译，杨祖陶校，人民出版社2004年版，第92—93页。

体概念中,因此才使这些杂多成为对我来说有意义的客体。这种客观的统一性由于是先天的,且通过它其他先天知识如纯粹概念与经验对象的关系能够可能,因此也是先验的。§19 中康德指出,知性使用概念所做的判断,其逻辑机能就是使给予的知识获得统觉的客观统一性,就是说通过经验性直观所给予我们的知识,其在思维中的客观的统一性(给予的杂多结合在一个客体概念中)是通过知性对范畴的运用而达到的。① 于是在§20 中康德进一步说,既然直观中给予的杂多的统一性必然从属于统觉的本源的综合统一性,而这种经验性直观的统一性所给予的知识是由知性规定过的,因此直观中的杂多才会出现在一般意识之中,所以将直观中所给予的杂多先天地规定的东西就是范畴,因为范畴作为纯粹知性概念,是知性所做判断的唯一工具。① 所以§21 中康德就此得出结论:"在一个我称之为'我的'的直观中所包含的杂多,被知性的综合表现为属于自我意识的必然统一性,而这是通过范畴做到的。"②

看到这里如果让我们再次审视塞拉斯对康德的感受性概念的界定,就会发现将感受性(affection)看作是概念性的是合乎康德哲学的,因为根据上文对先验演绎的分析,对康德来说,由于统觉的本源的综合统一性,直观中所给予的杂多已经通过范畴将杂多本身赋予了判断的客观内容,这样一来直观本身按其本性来讲虽然源于感性的被动性的接受性,但是自身却是从属范畴,因而是推论性的。塞拉斯的判断不但没有背离康德,反而出乎意料地符合康德。不过,这里我们说的"感受性"概念实际上是康德所谓的客体对主体的刺激而产生的影响,换句话说就是感性所产生的感觉。经验性直观作为感觉中的直观,从先验演绎来看确实已经被范畴所规定了。不过,这并不意味着塞拉斯要沿着否定任何纯粹接受性来源,因为康德说得很清楚:"对直观来说杂多必定是还在知性的综合之前、且不依赖于知性综合就被给予了。"③毕竟康德的基本立场还是感性和知性的相互分离,脱离了感性来源的知性只剩下空洞的概念。

为了表明这一点,康德在§22 正式给出了"经验"的定义:"范畴只用在经验性知识的可能性上……这种知识就叫做经验。"④范畴就是在纯直观上运用也

---

① 这一点见概念分析论第一章第一节。
② 康德:《纯粹理性批判》,邓晓芒译,杨祖陶校,人民出版社 2004 年版,第 96 页。
③ 康德:《纯粹理性批判》,邓晓芒译,杨祖陶校,人民出版社 2004 年版,第 97 页。
④ 康德:《纯粹理性批判》,邓晓芒译,杨祖陶校,人民出版社 2004 年版,第 98 页。

不能提供有关事物的知识，因为纯直观仅仅只是形式，本身不提供有关对象的表象。但这也不意味着我们期许的先天知识就落空了，在§27中康德指出，关于经验对象的知识并不全都源于经验对象，就像关于自然现象的法则不源于自然界一样，虽然经验对象是后天的，但是经验对象中却可以找到先天的要素，比如纯粹直观和纯粹概念。我们关于对象的先天知识本身可以被解释为一切经验的可能性条件的知识，而这种知识之所以可能，就是因为它们源于主体内部。

在§24中康德补充了感性直观和知性范畴之所以能发生作用的机制，那就是"想象力"的概念。在§10节中康德最早提到想象力时，对它的解释仅仅是对直观杂多的综合，然而由于§15中康德对联结概念的论述，我们似乎有理由抛弃掉它了。直到§24和§26康德提出了它对两种相互之间完全不同属性的能力的连接作用，按照对杂多的联结能力它是主动性的，因而是属于知性的，同时按照领会的杂多性它又依赖于感性。① 康德指出正是想象力依照范畴，对直观杂多进行了先验的综合。这样依赖于其上的经验性的综合所建立的知觉或者说经验性意识中会出现的东西，就是依赖于范畴的。② 这样，范畴对现象的规定的作用或者说范畴为现象所颁布的法则的客观有效性就建立起来了。（这里可以发现，在§10中我们对康德所述的达到一切对象的先天知识的地方理解有误，按照先验演绎的结果，想象力的综合和范畴所进行的规定性应该是不分时间先后的，不如说三个要素是同时发挥作用的比较贴切，因为在这里对知性的能力所进行的区分仅仅是分析的而不是经验性的。康德对一切先天知识或一切经验的可能性条件的要素的分析仅仅是结构性的。）

虽然我们可能会对康德这一演绎所做的最终的结果有所不满，因为他的结论将现象和规律都放进主体之中，他不追求对客观世界的探索反而将客观世界与人的能力隔离开来，正像我们在先验感性论中所看到的那样。他还在§24和§25中指出根据他的演绎，我们所直观到的自我同样不是自在的自我而只是现象的自我，世界和自我都作为物自体而不能被我们所发现，因为前者被感性形式所决定，而后者被知性不能直观而定论。约翰·卡普托曾在《真理》中说，如果康德能够生活在二十世纪，通过全球化所导致的交通网络的极大便利而解除

---

① 参见康德：《纯粹理性批判》，邓晓芒译，杨祖陶校，人民出版社2004年版。
② 参见康德：《纯粹理性批判》，邓晓芒译，杨祖陶校，人民出版社2004年版。

世界各地不同的地方，从而大大开阔他的眼界的话，那么可能康德就会改变他原有的观念或者起码拥有一个更加开放的世界观。笔者认为这一论断是非常合理的，如果要从康德哲学的外部对它进行批评的话，由于康德个人的生活习惯和人生阅历，我们很可能会觉得他的世界观对于现代人来说过于落后了，尽管他是启蒙运动的重要领导者。可是如果从康德哲学的内部来看，导致康德这种现象论哲学或者不可知论的重要原因，却是对普遍必然性的追求。康德最重要的"先天"概念，几乎完全就是因为这种追求而出现的，当然他对牛顿力学的绝对时空观的推崇也起着重要的作用。在《纯粹理性批判》中康德关于空间和时间以及其他重要科学概念的探讨，都毫无疑问透露着牛顿物理学的影子，用以广义相对论和量子力学为科学基础的现代人的眼光来看，确实很多康德为了印证其理论所举的例子都缺乏或多或少的说服力。不仅如此，康德也没有经历过进化论诞生之后的时代，无论在逻辑上还是概念上，他的理论似乎都是严谨和巧妙的，一旦他试图去论证人类的感性直观和知性的某种特征好像是神秘地使人类和其他生物产生了不可逾越的距离时，好像都会让人有一些或多或少的不理解。与之相比现代的心灵哲学中对于思维和大脑机能的某些讨论则显得更有优势了。

综上，康德哲学由于其时代性在某些基本立场上与现代科学和现代人的世界观有着许多冲突，使得它在现代难以以其本来面目完整地被人接受，而实用主义和语言哲学等等现代思想则开始在新的方面思考经验概念，思考人的认识和世界之间的关系。

## 二、实用主义和语言哲学视域下的经验概念

在康德之后，德国古典哲学进入了一个极有创造力和变革力的阶段，达到了形而上学的顶峰，但这并不是本文的重点。由于本文将目光放在塞拉斯和康德之间的联系上，而不是整个匹兹堡学派和古典哲学的联系上，因此黑格尔哲学及其对麦克道威尔和布兰顿的影响不在本文的探讨范围之内。同时由于篇幅所限，为了以最短的内容呈现从康德到实用主义和语言哲学这条线索中的关键之处，本章选取了实用主义和语言哲学的几位代表人物进行研究，他们都对

我们理解从康德到塞拉斯的哲学转变对经验概念的影响起着重要作用。

### （一）从杜威的经验概念看实用主义的经验观

杜威是古典实用主义最重要的代表人物，虽然仅仅通过杜威我们不能了解古典实用主义的全貌，由于杜威对黑格尔的喜爱导致哲学风格迥异于皮尔士和詹姆斯，所以对杜威的哲学的研究并不能简单地代表古典实用主义，但是杜威的思想与皮尔士以及詹姆斯的学说有着内在的联系和继承，并且杜威也是使实用主义学说声名大噪的人，因此选取杜威了解古典实用主义，笔者认为还是可行的。

在《确定性的寻求》和《哲学的改造》两本书中，杜威都通过他对历史和人类学的了解将形而上学的历史解构为人类学视野下的文化中的一个部分，通过这种历史的视野，对杜威来说，哲学史尤其是形而上学史的本质变得不再神秘，甚至成了和任何一种文化传统一样的在人类历史中起着特殊职能的部分，它们和其他人类社会中的文化传统一样都有着特定的作用，和特定的阶级联系在一起，以至于随着人类社会的进步而变得不合时宜了。

在杜威看来，哲学在古代是由于实用的需求而诞生的。古人由于面对着无法掌控的来自大自然的危险，只好在思想的世界中寻求确定性的慰藉，开辟一个确定无疑的世界，所以哲学诞生之时的这种对确定性的寻求的特征，并不是为了寻找真理，而是为了寻找随着确定性而来的确定无疑的安全，它脱胎于宗教。相应地，有资格进行这种思想活动的阶层自然是古代社会中的特权阶级，在特权阶级看来，哲学"显得崇高威严，只在自由的世界中施展才能，对经验的世界则不屑一顾。对与这个世界相关联的工艺技术活动更是嗤之以鼻"①。普通的劳动者迫于生计则不能进行这种需要闲暇的活动，而必须独自面对大自然的切实的危险。随着实践经验的累积和技术的进步，人类的劳动者所掌握的技术已经足够应付大自然的危险，然而长久的特权阶级所进行的思想活动却随着阶级特征而固化，在人类社会中形成了思想活动或思想工作这种比劳动或实践活动更加高贵的意识形态，即使前者比起后者实际上对人类社会的影响要小得

---

① 陈亚军：《实用主义：从皮尔士到普特南》，湖南教育出版社1999年版，第127页。

多。人类事实上是依靠技术而非思想改造自然环境、解决生存危险的。这样一来,形而上学就成了一种纯粹的人类历史的遗物,而不是像它本身所想的那样和世界有着比实践活动更为牢固的关系。

由于这样的历史原因,传统的作为哲学的形而上学必须经过改造以适应现代社会的需要,而不是固步自封地维持其传统。"杜威警告我们,哲学的这一要求其实是虚妄的……它是保守的,面对过去的;而且,它把世界划分为两个部分,更是生出了无穷无尽的麻烦。哲学改造的任务,就是要消除这种割裂世界、割裂知行的做法。"①我们可以看到杜威对传统哲学的批判显然和当时兴起的人类学研究密不可分。正像摩尔根对马克思和恩格斯的启迪一样,当时已经趋向成熟的人类学研究和进化论显然为杜威提供了一个更加开阔的视野。他说:"如果谁能够虚心去研究哲学史,不把它当做一个孤立的事物而把它当做文明和文化史的一章去研究,如果谁能够将哲学的故事和人类学、原始生活、宗教史、文学、社会制度的研究结合起来,那么谁就对于今天的讲话的价值必定能够下一个独立的判断。"②

那么杜威的这种颇具现代风格的世界观,会使实用主义产生什么样的经验的概念呢?"经验"概念在杜威哲学中有着举足轻重的地位,杜威的工具主义或实验主义就是基于他的经验论。在杜威看来,自古希腊以来的哲学传统和近代的理性主义传统都毫无疑问将经验看作无足轻重的东西,即使是作为科学先驱之一的笛卡儿在哲学上也是如此,"只有当伽利略-牛顿的方法取得了全部的胜利时,才没有必要再叙述经验的重要性"③。虽然近代的经验论者确实遵循了以经验为教导的原则,但是经验论者一方面所遵循的只不过是机械的经验论,"它把认识局限于关于物理事实的认识,经验成了一种冰冷无情的关于事实的报道,不涉及人的行为、价值等"④。另一方面,近代经验论者所应用的哲学立场,依旧是笛卡儿式的,它将经验当作是某种反思的对象,是通过对心灵的内在观察而得到的经过人为加工的东西,没有受过相关的哲学训练的人是绝对不能够

---

① 陈亚军:《实用主义:从皮尔士到普特南》,湖南教育出版社 1999 年版,第 127 页。
② 杜威:《哲学的改造》,许崇清译,商务印书馆 1958 年版,第 13 页。
③ 杜威:《经验与自然》,傅统先译,商务印刷馆 1960 年版,第 6 页。
④ 陈亚军:《实用主义:从皮尔士到普特南》,湖南教育出版社 1999 年版,第 134 页。

认识的，"他们对于经验所采取的是一种非经验的态度"①。

对杜威来说，经验意味着一个浑然一体的未被分裂的人与自然的关系的整体，经验并不是一种知识，因为经验本身不是也不能被当作对象。"它不仅包括人们作些什么和遭遇些什么，他们追求些什么，爱些什么，相信和坚持些什么，而且也包括人们是怎样活动和怎样受到反响的……以及他们观看、信仰和想像的方式——简言之，能经验的过程。"②这样一个整体就不能被分为主观和客观两个独立的部分，而必须被看作是同时包括着这两个方面。因为在这个整体中，主观和客观、结果和过程、事实和价值都是浑然不可分的。只有在这样的人类的原始的和真实的活动的背景之中才能孕育出理智的对经验内容的反思和加工，才会出现那些被哲学看作是本质的、真实的区分。如果没有这个原始的经验作为背景，有对象化思维能力的人类就不会有思维的平台和可能性，一个在意识中的世界的表象就根本不会出现，"世界并不是如我们想象的已经'在那里'，它是在和我们的遭遇中，在与人的相互作用中完成自己并显示自己的"③。根据杜威的经验概念，我们可以看到任何一个世界，包括其中的物品获得其意义的过程都是通过人在生存中不断和环境打交道的连续过程而形成的，在这个连续不断的整体性的过程中，任何事物的意义都会随着人与世界的互动而充盈变化，没有任何事物是被规定了的。"这种经验概念强调的是经验的原初状态……我们并不是先认识对象，而是先占有享有对象的。"④

所以很自然地，杜威反对近代哲学所树立的内省的哲学，将经验限制在主体主观的内心中只会导致对人与自然关系的完全错误的理解。杜威所坚持的立场是基于进化论的作为有机体的人类和同类与世界之间的互动关系，而不是仅仅将人看作是一个没有实践活动的单纯的思维，是一个完全的不参与到世界中的旁观者的主体。它的对象因此只是一个固定不变又高高在上的，好像任何一个观光的心灵都可以瞻仰的帝王。⑤

由于这样一种经验概念，实用主义认识经验的目的就不再是传统哲学为了

---

① 陈亚军：《实用主义：从皮尔士到普特南》，湖南教育出版社1999年版，第134页。
② 杜威：《经验与自然》，傅统先译，商务印刷馆1960年版，第10页。
③ 陈亚军：《实用主义：从皮尔士到普特南》，湖南教育出版社1999年版，第135页。
④ 陈亚军：《实用主义：从皮尔士到普特南》，湖南教育出版社1999年版，第136页。
⑤ 参见杜威：《确定性的寻求——关于知行关系的研究》，傅统先译，上海人民出版社2004年版。

通过过去已知的东西把握某种被规定的静止不变的东西，而是为了在依旧持续不断地和世界的互动中把握未来，为了现实的、行动的目的。它不是为了内心的安宁，而是为了指导充满可能性的未来。因为它使我们充分认识到一种世界概念："它的演化尚未完成，用詹姆斯的话说，它'仍然处于创造中'，'处于成长过程中'。"①这个世界中我们认识到什么，完全来自我们的经验，它不但不和思想相对立，相反思想的关于世界的内容就来自经验中而不是其他地方，更不是由人类的思维所赋予的。

这样的一个经验概念并不意味着我们就要轻视理论的反省而把认识局限于粗糙的原始经验，不意味着我们的思想就要被限制而不能做有关认知的活动。杜威认为传统哲学的错误在于没有认识到经验的原初状态，因此认识的结论不能够应用于经验的本原的活动中去，但这并不意味着经验就不能受到思想或理论的作用。"自然科学也运用理论，但在自然科学那里，一切都回归到原始经验，它是服务于原始经验的。"②

不仅如此，杜威要我们注意到，原始经验由于是不将认知和行动分开的，那么经验与价值就是不可分的。主客二分的哲学由于仅仅将经验看作是有关事物的客观的印象，因此只能反映对象的物理属性而不会蕴含任何价值判断，这样对某物的认识和关于某物的行动就是割裂开来的，这就是著名的休谟问题。但是根据杜威的经验的方法，经验作为包含着人类的生活的一切活动的要素的整体，本身不但蕴含着人对某物的判断，同时也必然蕴含着与这个判断关联的价值认知："事物在被反省前，便已显示了被我们追求、爱惜、向往等价值特征。"③所以二元的哲学的认知方法不但排除了事物的价值，而且随着对象被认识得越透彻，与之相关联的价值就被排除得越透彻，这就导致了现代世界中人的价值世界的失落。从这个角度看杜威哲学，就会发现他并不是一个彻底的科学主义者，因为虽然他的实用主义坚持和科学同等的遵循原始经验的立场，却在关于价值的问题上与主流的科学的立场相远离，这使杜威在面对人的价值的问题时与批判科技的海德格尔有了一种默契。对杜威来说，"原始经验是多面的，丰富的，对于它可有多种打交道的方式。传统哲学偏爱从认知的角度切入

① 转引自陈亚军：《实用主义：从皮尔士到普特南》，湖南教育出版社 1999 年版，第 137 页。
② 陈亚军：《实用主义：从皮尔士到普特南》，湖南教育出版社 1999 年版，第 141 页。
③ 陈亚军：《实用主义：从皮尔士到普特南》，湖南教育出版社 1999 年版，第 143 页。

经验……我们在这样做的时候，并不意味着对舍弃掉的东西的否定"①。

杜威对传统哲学二元分裂的视角的批判，将我们对哲学观念的认识放入了一个全新的关于社会、历史与文化的视角中去。在这个理解中，哲学概念的含义和规则不是固有的和本真的，而是其社会文化和风俗习惯所赋予的。这不得不让我们想到几十年后普特南对"神秘的指称理论"的批判，可以看到，杜威和语言哲学之间确实有着某种默契。

（二）从维特根斯坦的"语言游戏"概念看语言学转向对经验概念的影响

与其他的哲学家不同，维特根斯坦在§1并没有抛出什么概念让读者理解，也没有阐述任何哲学史的背景，而仅仅是根据《忏悔录》I/8节的内容，阐述了一番奥古斯丁的语言观："在这些话中我们得到了关于人类语言的本质的一幅特定的图像……这个语言的语词命名对象——命题是这些名称的结合。"②维特根斯坦指出，这种语言观意味着一种观念：每一个语词都一一配置给了一个对象，每一个语词的意义就是命名。对于这种语言的观念，我们在学习语言时都不陌生，因为语言教学的最基本的过程，就是指出一个东西并且发出一个声音然后重复这个过程，更进一步的教学则是要在写出一个特定的符号时在脑中想象一个特定的事物，并且发出已经学习过的关于这个事物的声音。这个过程我们叫作学会说话和学会写字，它们共同构成了学习一门语言的基本过程。正是通过这样的过程，才可以掌握自己的母语，因为没有认识足够的名称，就不能指称足够多的事物，也因此不能算作学会了一门语言。所以这个对母语的学习的想象过程和学习一门新的外语的过程是类似的：持续不断地重复写和说尽可能多的名称，以保证自己的词汇量。不过有趣的事情是，我们所想象的母语学习的过程只能是想象而不是回忆，因为想象母语的学习事实上需要一门语言作为基础来进行思维，除此之外则不能很具体地想什么东西。更加可能的情况是：我们仅仅凭着学习第二门语言的经历想象学习母语的过程，因为如果试着不用语词

---

① 陈亚军：《实用主义：从皮尔士到普特南》，湖南教育出版社1999年版，第143-144页。
② 维特根斯坦：《哲学研究》，韩林合译，商务印书馆2013年版，第7-8页。

进行思考的话,则想象的过程肯定会出乎意料地艰难,同时也会由于时间过于久远或者干脆因为学习母语时大脑机能的不完全导致无法进行任何回忆。

于是凭借着对第二门语言或者说第一门外语的学习的过程,得以想象第一次学习语言的过程,我们会很轻松地指出一点,那就是我们在学习不同的事物的名称。于是凭借着回忆,我们认为语言的本质就是给不同的事物冠以名称。可是这里我们遇到了一些困难:数字是什么东西的名称?或者"这个"是什么东西的名称?或者任何共相是什么东西的名称?看到这些对象,我们似乎本能地就想到了柏拉图,想到了这些共相作为对象的实在性是否能够被分析的问题,或者我们会想到康德,想到这些名称没有对应的对象在直观中单独呈现,因此它们的来源还有待探究,或者是来自感性形式和纯粹统觉的先验综合,或者是由于纯粹概念,或者干脆就是先验幻象。但是如果换一个方向思考,也就是思考带给我们这种思考方式的前提,即作为思维的载体的语言,就会发现,还有一个领域没有被澄清。如果我们想到,使这些关于共相的理论出现的基础,也就是关于语言的使用的本质不是如我们所理解的那样的话,那么我们就没有必要再讨论上述问题了。所以如果语言的本质不是将事物一一命名,使语词总指称一个东西的话,那又是什么呢?难道我们关于自己学习母语的过程的想象出现了错误吗?

维特根斯坦指出,语言的使用远远不止将一个对象命名这一种方式,事实上,命名只是语言的几乎无限的使用方式中的一种。在§27中他说:"我们当然用我们的命题来做极为不同种类的事情。只要想一下惊呼语就够了。——它们有着完全不同的功能。"他列举了"走开!""哎哟!""救命!""好极了!""不!"等一系列词,然后他问:"现在你还倾向于将这些词都称为'对象的名称'吗?"[①]不仅如此,维特根斯坦指出,语言的运用形式是极多的,它们被统称为"语言游戏":"这个词在此当是在强调如下之点:语言的说出是一个活动或者一个生活形式的一个部分。"[②]

这句话让笔者想到了在学生集体活动中常常进行的两种游戏:"抢椅子"和"一元五角"(男生是五角,女生是一元,随着主持人报金额进行抱团)。这两种

---

① 维特根斯坦:《哲学研究》,韩林合译,商务印书馆2013年版,第26页。
② 维特根斯坦:《哲学研究》,韩林合译,商务印书馆2013年版,第24页。

游戏在进行时，其中所使用的语言都是极其精炼且没有明显指代的，不清楚游戏规则的人即使掌握了同一种语言，也不能够马上明白玩法。更重要的是：两种游戏进行时所使用的语言都不是命名任何事物的（起外号和命名是两码事）。也就是说，不但语言的使用方式是多种多样的，我们甚至可以随时发明新的使用方法（想想在酒桌上出现的数种喝酒游戏）。

当理解了这些不同的语言游戏所造成的或高或低的门槛时，我们可以进一步将看似相近的语言游戏中的区别分出来。比如在日常语言的使用中，同一个词在不同的语言游戏中所具有的意义明显是不一样的，它们虽然都是日常语言的使用，却绝对不是同一个意思。同一个词在不同的语言游戏中具有不同的用法，却在同一个语言游戏中被结合在一起，让听众失笑的和让故事中的听众惊讶的事情恰恰在于：他们都能很好地同时理解两个语言游戏，并且被它们在同一个语言游戏中的意义的格格不入和形式上的齐一性所造成的矛盾所逗笑。

同样的事情也可以发生在哲学中，假设哲学本身就是多种不同的语言游戏的结合，那么因此同一个词在不同的哲学中所拥有的意义就会大不一样（想象一下柏拉图和马克思的对话，或者老子和恩培多克勒的对话，假设他们都说同一种语言）。哲学中常常出现，不同的哲学家的同一个概念会因为不同的理论基础而变得格格不入，因此说同一种语言的人，由于其教育背景或者任何偶然的理由，对某一个词的使用的理解天差地别的话，就是一件非常正常的事情。所以"每一种解释都可能被误解"[①]。因此当我们想要弄清楚一个语词的意义的时候，唯一的方法就是澄清它的用法："在一个语词在语言之中究竟应当扮演什么角色这点已经是清楚的情况下，实指定义便解释了这个词的用法——意义。……为了能够追问名称，人们必须已经知道了某种东西。"[②]

因此，回到学习母语的问题上去，我们还会认为语言的学习就是一个一个词命名事物的过程吗？维特根斯坦已经说明，如果我们没有学会这些词在语言中的用法，那么我们根本不可能明白一个词的意义。这就意味着事实上在学习命名某个事物之前，我们就已经在规则上学会了语言，就像我们学习第一门外语一样。因为如果不是如此，我们学习语言的过程就不会是轻松的，每当我们

---

① 维特根斯坦：《哲学研究》，韩林合译，商务印书馆2013年版，第27-28页。
② 维特根斯坦：《哲学研究》，韩林合译，商务印书馆2013年版，第29页。

学到一个不确定用法的语词时,"我们恰恰必须对它们进行解释。——因此经由其它的词对它们进行解释!那么,这个链条中的那个最后的解释的情况如何"①?于是持续地追问的结果就像苏格拉底的诘问一样——没有任何东西被解释清楚。

我们似乎不得不接受一个观点:学习语言的最小单位是一整套语词。单独的零散的学习不能习得语言。这是因为我们现在已经看到了,任何一个语词想要被解释清楚,就必须清楚其用法,而清楚一个语词的用法事实上需要清楚整个相关的语言游戏的性质和使用方式,否则即使说出语词也并没有实指的意义。而一个语言游戏的运作模式的习得,却离不开一套与之相关的语词,也就是说,习得一门语言或者说学会一个语言游戏中的一个语词的意义(使用方式),本身就建立在已经习得与之相关的一整套语词的意义的基础上。

因此语言中的其个概念,其意义是依托着与之相似的概念而得到理解的,解释某一个词的意义实际上只是在展示它在整个语词系统中处在什么样的位置,发挥了什么作用。所以语词与语词之间,或者说概念和概念之间的关系并不是纵向的,好像有几个语词支撑着整个语言的基础,或者说总有一些语词比其他语词更加基础,所以总要回溯到它(比如共相或者实体、本质)。即使存在着这样的语词的用法的语言游戏,这些语词的"基础性"也只是在想法中,而不是在用法上(因为这些被称作"基础性"的语词的意义,同样要在"非基础性"的语词的意义明确之后才能明确)。

在"语言游戏"概念的含义和意义得到澄清之后,我们会发现传统哲学的论题的"第一性"特征就被消解掉了,传统哲学中某一个关键性的概念变成了这个特定的语言游戏中的一个特殊的用法。而各个不同的语言游戏中的同一个语词的不同使用方式仅仅是具有"亲缘关系"的,而不是在暗示着某一个共同的有普遍性的东西存在。维特根斯坦举例:"对于'关于这棵树的视觉图像是复合的吗,它的构成成分是什么?'这样的哲学问题,正确的回答是:'这要取决于你如何理解"复合而成的"。'(这自然不是什么回答,而是对这个问题的一种拒绝。)"②于是,在我们要回顾经验概念的时候,或者说想要在维特根斯坦之后继

① 维特根斯坦:《哲学研究》,韩林合译,商务印书馆 2013 年版,第 28 页。
② 维特根斯坦:《哲学研究》,韩林合译,商务印书馆 2013 年版,第 44 页。

续探讨经验的概念，却发现它在一定的程度上消解了，至少是它的重要性在一定程度上降低了。杜威把经验概念的重要性提高到无与伦比的程度上，认为它是我们一切思维的基础和一切探讨的准绳。但是因此传统的哲学的重要性在杜威那里同样被消解掉了。维特根斯坦的研究让我们意识到，继续在传统的哲学的语境中谈论经验概念似乎已经没有意义了，因为传统的哲学只是一种语言的特定的用法而已，在其中所得到的东西只不过是用法的澄清而不是任何关于实际情况的东西。于是到了这里我们就必须审视我们对经验概念的探讨的初衷到底是什么，难道只是为了玩一个游戏吗？

哈贝马斯在《后形而上学思想》中，讨论过在现代社会哲学的定位问题。哈贝马斯注意到，哲学不但和常识有着直接的联系，而且由于它的反思性，也可以使哲学远离生活世界而接近科学。"由于和生活世界的这种密切相关而又支离破碎的关系，哲学也适合担任科学体系这边的角色，即担任解释者的角色。这样，哲学便把科技、法律和道德等专家文化与交往的日常实践沟通了起来。"[①]于是我们可以得到一个清晰的方向，那就是哲学可以在不同的语言游戏之间作为沟通者而存在，正是由于它对于维特根斯坦来说的"模糊性"，或者是"亲缘关系"。对于科学这样的语言游戏来说，虽然其内部的语言的用法有其自己的规则，但是无论如何它都能在一定程度上指导生活实践的进行，即非语言活动的进行。这同样给了我们一个清晰的指示："经验"概念本身在语言游戏中的用法并不重要，重要的是这个语词所代表的东西——非语言活动的领域的一切，或至少说是在语言游戏之外，在主体间活动之外，还需要探寻的世界。

由此可知，一个特殊的语言游戏的主要活动，就是对生存的世界的结构和规律进行理论归纳，而这个理论的外延所贴合的那个能够验证理论的结论的东西，就是我们需要注意的，它在这个语言游戏中叫作"经验"。因此，在维特根斯坦之后，经验真正能够起到价值的地方，就是其在科学中的某种作用。虽然我们所进行的称之为哲学和科学的活动本身并不能意味着什么，但是它与我们所关切的那个对象，那个外在于主体间活动的东西，那个杜威意义上的"经验"，却是哲学依旧值得去关注的。科学的实践与观察者和观察紧密相连。但是，科学始终无法了解这两者的内在本质。这个责任被科学推卸掉了。如果我们需要

---

① 哈贝马斯：《后形而上学思想》，曹卫东、付德根译，译林出版社 2012 年版，第 37 页。

一个完整的图景,这个图景不仅包含着科学所描述的世界,还包含着观察者和观察,那么我们便只能寄希望于严肃的本体论研究。① 为了考察这样一个图景,或者说要从内部的角度弄清楚"经验"对我们来说意味着什么,就必须站在维特根斯坦之后,并且在科学的或者现代的立场上进行一种同样关乎于"世界"和"经验"或者"认识"的研究活动。它作为一种语言的活动虽然是有内部的因此是理论的独立性的,但是使它具有价值的却是它所朝向的对象——外部世界(或者非主体间的领域)。为了进行这种研究活动,我们就需要在几位新实用主义者同时也是分析哲学家身上找到一个清晰的指引。

(三)实用主义关于先天的概念和经验论的两个教条

作为连接古典实用主义和分析哲学的代表人物,刘易斯对我们进行这样一种研究具有很重要的指导作用,在他身上能够更加清楚地看到"经验"经过实用主义和维特根斯坦之后意味着什么。在经典的《实用主义关于先天的概念》一文中,刘易斯结合对现代科学的了解,阐明了康德的先天概念在现代应该怎样来理解,才能较好地通过它去理解经验。他指出,先天的概念关涉到哲学史上两个永恒的问题:"心灵本身在知识中所起的作用问题和'必然真理'或'独立于经验的'知识的可能性问题。"②他认为这个先天概念之所以在现代站不住脚,是因为两个错误,即对必然真理和心灵的关系的误解和对先天的东西和经验的关系的误解。确实,我们总是将先天的概念误解为完全独立于经验的东西,这个印象其实在康德那里就已经被认为是错误的了。即使是在康德那里,先天概念作为经验性直观下的对象的形式,本身是蕴含在经验之中的,说它独立于经验只是逻辑上的,而不可能是事实上的。康德也曾说明,我们只能有一种先天知识,那就是经验对象的先天知识(先验演绎 § 27)。刘易斯进一步指出了康德的错误:"不论愿意与否,心灵必须接受的乃是既予的经验,盲目的事实,知识中的后天因素。先天的东西代表一种在某种意义上是随意采取的态度,一种心灵自身的约定,一种也可以其他方式来制订的约定,如果这适合于我们的

---

① 参见约翰·海尔:《当代心灵哲学导论》,高新民、殷筱、徐弢译,中国人民大学出版社 2006 年版。
② 陈启伟主编:《现代西方哲学论著选读》,北京大学出版社 1992 年版,第 499 页。

爱好或需要的话。"①这里显现了刘易斯作为一个实用主义者和一个分析哲学家的态度：经验是一切认识的唯一来源，心灵自身对它的规定则仅仅是心灵的一种随意的活动。我们仿佛看到杜威和维特根斯坦站在他的背后。

刘易斯指出我们惯常地认为是先天的东西，比如逻辑，事实上是一种很随意的东西，可以根据不同的规则而自身融贯，只要不和经验相违背就被看作是真的。"在有关融贯一致的一切问题之外，还有一些逻辑上的争论问题，除非根据其符合于人的爱好和理智上的方便的一些实用的理由，是不可能确定的……甚至是不可能进行争论的。"②因此所谓的先天的东西，就是指不和经验相冲突的规则，在这个广阔的领域内人们自由选择任何形式的理论的框架，而导致选择结果的仅仅是由于爱好或者实用的理由而已。"必然真理"因此仅仅意味着不和经验冲突的任何简单的随意的东西。比如说所谓的"分析命题"，它是真的仅仅因为它和经验无关。"不仅被赋予语词的意义或多或少是一种自由选择……而且进行定义所包含的那种精确分类的方法也不是由经验指定的东西。"③我们可以看到，进行定义的活动只是一种主观的活动，或者说，就是一种语言游戏。为了不和经验相冲突，这种主观的活动会自身进行各种分类以保持一致性，所以数学和物理变化、化学反应、视错觉等范畴被分开讨论。这些不同的范畴所拥有的先天特征，只是主观分类的结果，否则它们就不会是融贯的了。

刘易斯为了更进一步说明先天概念的主观性，举了爱因斯坦在相对论中说明的例子（同时性的定义既不是假设也不是推测，而是一个主观的规定）。这不禁让笔者想到了世界时间中对于"秒"的定义：由于地球的轨道是椭圆形，由真太阳日算出的时间不能得到一个秒的准确的定义，于是有了求其平均值的平太阳时。但是由于时钟的误差和地轴的轻微摆动，地球自转的速度在不规则地变慢，导致每年的平太阳时都不一样长。为了修改秒的定义，直接规定一秒的时间，人们就通过以铯原子为核心的原子钟来定义秒，其误差在三亿年中只在一秒之内，这就是国际原子时。由于地球自转逐渐变慢，世界时会慢于国际原子时，于是又产生了协调世界时，它和世界时的误差会经常被调整，以方便日常使

---

① 陈启伟主编：《现代西方哲学论著选读》，北京大学出版社 1992 年版，第 499 页。
② 陈启伟主编：《现代西方哲学论著选读》，北京大学出版社 1992 年版，第 501 页。
③ 陈启伟主编：《现代西方哲学论著选读》，北京大学出版社 1992 年版，第 501 页。

用。北京时间就是中国在自己算出的协调世界时上再加八小时而得到的。于是我们看到,对于"秒"这个概念的规定,其标准根本不是经验所制定的,甚至由于经验和主观标准的冲突,人们还需要不断进行修正,以使心灵的主观规定便于得到一个使经验可理解的结果。

所以,对于经验的规定,永远只是主观的一种为了使经验便于理解而制定的规则,它很可能随着实践活动而被改变。"如果我们向这种原初未分的经验要齐一性,我们是找不到的。"①于是当相对论被实验观测结果所证实之后,牛顿的和康德的绝对的时空观就会被抛弃,也就不会再被认为是先天的东西。正像非欧几何对先天综合判断的否证一样,康德的感性纯形式概念也被经验所抛弃了。先天的概念的主观性已经变得易于理解,当它们并不能作为合适的工具时,先天的范畴就必须接受改变。思想的内容必须时刻以原初经验为准绳,这正是实用主义所坚持的立场。

既然先天的东西不再是固有的和永恒的,那么人类心灵对于经验就不能做出任何形式的规定,以至于"心灵"概念是否还有意义都变得值得怀疑。"我们的范畴和定义乃是特殊的社会的产物,是根据有着很多共同点的经验得到的……是由人类目的之一致和人类协作之迫切需要踏出来的。"②虽然刘易斯承认,先天的因素必然伴随着人类的知识,否则人类就无法理解经验。但是随着他的论证我们已经意识到了,没有任何一个先天的范畴是不可以被改变的。因此,虽然康德关于知识的立场,即由经验和主观的东西所共同构成的没有问题,但是这个主观的先天的因素却不是源于心灵,而恰恰是源于我们的实践的需求。于是"心灵"的概念不再是有着特殊意义的,它仅仅意味着我们有一个由社会和文化所决定的相似的主观的方面而已,因此,心灵是一个社会实践的或者文化的产物。

与刘易斯相似地,奎因也认为很多被认为是必然的真的东西实际上只是误解而已。他在《经验论的两个教条》中怀疑了分析真理的"分析性"和基于它的还原论的存在的合理性。对"分析的"和"综合的"判断的区分,在休谟和康德看来,是毫无疑问的,康德喜欢举类似"物体是有广延的"这类命题来说明分析

① 陈启伟主编:《现代西方哲学论著选读》,北京大学出版社1992年版,第505页。
② 陈启伟主编:《现代西方哲学论著选读》,北京大学出版社1992年版,第508页。

判断的必然正确性。在康德看来，广延的概念毫无疑问是包含在物体的概念之中的，因此对康德来说这个形式可以写成 x 有特征 y，这一命题是在任何情况下都为真的（尤其是在经验性直观被给予之前）。康德的这一诉求类似于奎因所指出的意义的证实说或还原论，它将通过在经验中的无一例外性来证实分析性命题的存在。但是对于这一类的命题是否必然为真，必须先考察其意义才可以。奎因认为，要想理解命题的分析性的概念可以先从意义的概念入手，在这里命题的分析性的概念被理解为按照意义为真的。但是奎因发现在我们试图通过意义的概念去理解（命题的）分析性的时候，似乎必须首先求助于对同义性的理解，因为意义的相同意味着概念的内涵相同（单身汉为什么必然是未婚的男人？）。当我们说一个包含两个不同语词的命题是分析的，就是说这两个语词是同义的，因此这个命题必然是真的。

可是什么才是"同义的"呢？同义性似乎就是定义的同一，可是我们却无法弄明白定义是怎么来的。我们对于语词的定义经常不过是求助于语言的使用习惯而已，这样同义性的意思就随着文化的使用方式的变异而改变，这样一个基础肯定不能够是命题的分析性的立足之处。这样一个定义"通常是纯粹的词典编纂法，即肯定一个在现有说明之前的同义性关系"①。这样一个对两个词关系的定义只不过是"关于用法的报道"。奎因又考察了另外一种同义性，就是基于语境的用法相同而使意义相同的可能性，却发现在类似语境中的用法相同同样是基于现在的同义性的。除此之外，还有一种定义的方法是绝对保证同义性的，那就是人为地增加新的符号，它却和我们要找的和经验有关的分析性没有关系了。于是，奎因不再尝试通过定义去了解同义性，而是直接考察"保全真值的互相替换性"，即严格的认识的同义性。因为他想要寻找的关于分析的命题所依赖的同义性指的就是通过这种替换性使一个命题变为逻辑上真（例如使单身汉和未婚的男人能够替换为单身汉就是单身汉，或使 x 是 y 替换为 x 是 x）的，经过尝试奎因发现，这样一种同义性却必须建立在分析性得到理解之后才是可行的，这样无疑就导致了一个循环的死胡同。于是奎因尝试直接去解释分析性。在避免了日常语言的含混的人工语言中，奎因发现对分析性的定义仅仅

---

① 蒯因：《从逻辑的观点看》，陈启伟、江天骥、张家龙等译，中国人民大学出版社 2007 年版，第26 页。

只是一个简单的规定,它对于分析性的意思并没有特别的说明,通过人工语言依旧不能了解分析性到底是什么。如果按照语义规则去说明分析性,却发现我们对语义规则本身是什么也是不清楚的,"在这个情况下人工语言的分析陈述实际上是从它们被指定的日常语言译文的分析性中辨认出来的"①。于是在人工语言的概念中去解释分析性所依靠的基础依旧是对分析性的先在的某种理解。

所以既然从意义的概念到认识的同义性的概念、分析性的概念去说明分析性到底是什么都失败了,我们似乎只能够求助于经验的证实说或还原论去找到分析性在经验中到底是什么意思了。根据这样的证实说,一个分析陈述的意义就在于在任何情况下都能在经验中得到证实。所以奎因转而去思考一个陈述和经验之间的关系的性质,也就是是否一个有意义的陈述一定能够被表述为对经验的某种描述呢?这似乎让我们回到了近代哲学的一些主题,一个语词是否代表着一个感觉材料或者它的复合?奎因指出,由于弗雷格、罗素等人的努力,单一的语词已经不能作为独立的有意义的单位了,取而代之,我们的问题就变为了是否一个以陈述为最小单位的还原论可以将其基本的组成部分翻译为对感觉材料的描述呢?奎因指出这种认为单一的陈述可以作为有意义的最小单位而通过感觉材料得到理解的学说明显有着一种谬误,单一的陈述是不能被单独地以经验进行证实或者否证的,任何陈述想要得到恰当的理解都必须建立在一整个系统之上才可以。所以单一的陈述和经验之间没有什么特定的紧密的关系,因此通过证实说理解分析性的概念就是行不通的了,基于分析性的概念而得到理解的还原论也是不能够被理解的了。

"我们所谓的知识或信念的整体……是一个人工的织造物。它只是沿着边缘同经验紧密接触。"②于是奎因得出了这个著名的结论,即意义的最小单位实际上是整个陈述的系统,单独的陈述和语词并不能够拥有无可置疑的意义,相反,正如奎因上面所研究的那样,不依托一整个概念的互相解释的系统,就不能够有任何语词或者陈述的意义得到保证,因此像"分析的"真理和还原论这两个

① 蒯因:《从逻辑的观点看》,陈启伟、江天骥、张家龙等译,中国人民大学出版社 2007 年版,第 38 页。

② 蒯因:《从逻辑的观点看》,陈启伟、江天骥、张家龙等译,中国人民大学出版社 2007 年版,第 44 页。

相互支持的教条都只是在"胡说"而已。正像刘易斯所指明的那样，我们的知识仅仅是内部融贯而外部不与经验相冲突的。"就认识论的立足点而言，物理对象和诸神只是程度上、而非种类上的不同。这两种东西只是作为文化的设定物（cultural posits）进入我们的概念的。"①

综上所述，刘易斯和奎因分别从不同的角度出发，却得出了和维特根斯坦极其相似的结论。维特根斯坦澄清了语言使用的模糊性所造成的意义问题，说明不同的语言游戏中的语词的用法就是它的意义，这需要对这一个语言游戏的整体性提前把握才可以被明确地理解。刘易斯说明了在实用主义的观点看来，既然一切知识都源于坚硬的经验，那么先天的东西就只是带有主观特色的简单的规则，这些作为规则的东西本身是会随着实用的需求而变化的。奎因则在分析哲学内部的理论立场上指出，从严格的逻辑的角度根本无法得知"分析的"真理的确切含义，依托这种所谓必然正确的知识的还原论的经验论因此也是不可能的，单独的陈述不能被经验所证实或否证，因此意义的最小单位就应该是一整套边缘贴合经验的融贯的陈述的系统。三位哲学家的努力给我们指出一个清晰的方向，即我们的认识依赖于一个主观的整体的系统，这个系统不论是日常语言还是科学体系，其面貌有着一种完全的主观性，随着实用的或者兴趣的需求而变化。刘易斯和奎因指出，在我们的认识中唯一不变的东西，就是我们的经验，通过经验提供的指导才可以保证概念系统的合法性。可以说，刘易斯和奎因的态度依旧是康德式的，认为没有经验提供的东西，就不会有知识。可是根据维特根斯坦的想法，"经验"的意义也应该是凭借着我们对它的用法而决定的，正像是康德的"经验"概念和杜威的"经验"概念不同，是由于他们的哲学在根本特征上的不同一样。刘易斯和奎因认为可以作为认识的指导的经验，是否也是由于实用主义的或科学的理解而有其意义的呢？经验本身是否有其必然统一的面目，或者说我们对经验的理解其实也是随着我们在不同的用法中而变易的呢？带着这个问题，我们进入到塞拉斯的《经验主义与心灵哲学》。

---

① 蒯因：《从逻辑的观点看》，陈启伟、江天骥、张家龙等译，中国人民大学出版社 2007 年版，第46 页。

# 三、从《经验主义与心灵哲学》
# 看塞拉斯对经验概念的发展

## (一)所予的神话

刘易斯和奎因破除了知识中的人为因素的某种神话,他们说明了所谓的逻辑真理和分析真理相比于经验的随意性和主观性,为所说的坚实的经验留下了唯一的确定性。但是这种经验怎么会和主观的规定不同,而能够作为知识的唯一的基础或原则呢?我们是否因为古典实用主义对经验的确信而不再对经验有所考察了呢?毕竟维特根斯坦已经提醒过我们,如果对某一个语词的使用是确信不疑的,那么这仅仅意味着我们对这个语词所在的语言游戏的熟悉,而不意味着这个语词代表着某个对象的实存。所以"经验"在经过杜威、维特根斯坦、刘易斯和奎因的讨论之后,到底是什么意思呢?其中毕竟有着某种区别。对杜威来说,经验不但代表着原始的前反思的生活实践的过程,还意味着在实践过程中人的情感信念;维特根斯坦即使对任何哲学的语言都不感兴趣,但毕竟不会拒绝简单的事实,正如他的石板、棋盘或者游戏之类的东西;刘易斯和奎因明显是在科学的意义上使用经验概念,对他们来说经验为认识提供所有材料,人们也只能凭借这些质料去认识世界,经验不意味着价值信念之类的东西,但是比简单事实要复杂一些,某种意义上经验如果没有经过主观的规则的加工就不能被理解,刘易斯的先天概念和奎因的诸神-科学都是这样一类主观的东西。由此可知,认识中的关于主观的或者先天的、理论的部分,其作用在与经验的作用相比较之下已经是非常清楚的了。实用主义的经验概念在有关科学的分析哲学这里得到了一种共同的承认,除了维特根斯坦并没有对它有太多的热情。但是恰恰是在维特根斯坦对某一个语词的意义的恒定性的怀疑中,我们看到了实用主义的经验概念的不稳固之处,就是说:我们怎么会知道经验不是一个根据其使用方式而构造出的理论的东西?为了理解在语言或思想中,经验到底意味着什么,就不得不对塞拉斯的所予的神话有所考察。

在《经验主义与心灵哲学》中，塞拉斯指出，"所予"的种类有很多："感觉内容、物质对象、共相、命题、实在联系、第一原则，甚至所予本身。"①这些东西所构成的分析的方式被称作"所予框架"。因此我们看到了这些多种所予不仅仅是感觉内容或者感觉材料，还有很多传统意义上理智或思维的对象，就像卡尔纳普在《世界的逻辑构造》中所用的"对象"一词，事物、性质、类、内涵和外延的关系、状态、事件等等几乎一切思维的形式或对象都可以被称作对象。所以塞拉斯所描述的可以被叫作所予的东西，可能是几乎任何被呈现在思维中的东西。不过塞拉斯也说明了，对感觉材料论的批判确实是对所予框架批判的第一步。这一步也是我们所关注的重点，因为它是揭示经验和主体之间的关系的。

"所予这个认识论范畴大概是要阐明一个想法，即经验知识基于一个由关于事实的非推论知识构成的'基础'。"②这是一个再简单不过的想法，从洛克开始，经验主义者就相信感觉印象是构成经验知识的第一步。但是塞拉斯用一个简单的矛盾的三元组指出了感觉材料论的矛盾之处："A. x 感觉到红的感觉内容 s 衍推 x 非推论地认识到 s 是红的。B. 感觉到感觉内容的能力是非习得的。C. 认识到具有 x 是 Φ 这个形式的事实的能力是习得的。A 合取 B 衍推非 C；B 合取 C 衍推非 A；A 合取 C 衍推非 B。"③塞拉斯用这个简单的结构直观地表现了感觉材料论的问题。感觉材料论者通常认为感觉到感觉内容就是认识到感觉内容，也就是说感觉到感觉内容这个动作所获得的结果也是一个认识的结果，因此它可以被知识作为根据或者基础。可是感觉到感觉内容一贯被认为是自然所造成的结果，它必定是本能的或者非习得的，一定程度上即使动物也拥有这种能力。可是认识某个对象是什么则不是非习得的能力，而必须是后天培养的结果，想想维特根斯坦所描述的语言学习的过程就知道了。因此感觉材料论者的立场是建立在一个矛盾之上的。

在§9中塞拉斯指出，即使像"艾耶尔一样认为实存感觉材料衍推实存'直接知识'的人肯定都不想说感觉材料是理论实体"④。但是当他们试图去用严格的人工语言描述某个对象之于某个人看起来有某种属性这样的描述感觉到

---

① 威尔弗里德·塞拉斯：《经验主义与心灵哲学》，王玮译，复旦大学出版社 2017 年版，第 12 页。
② 威尔弗里德·塞拉斯：《经验主义与心灵哲学》，王玮译，复旦大学出版社 2017 年版，第 13 页。
③ 威尔弗里德·塞拉斯：《经验主义与心灵哲学》，王玮译，复旦大学出版社 2017 年版，第 17 页。
④ 威尔弗里德·塞拉斯：《经验主义与心灵哲学》，王玮译，复旦大学出版社 2017 年版，第 25 页。

感觉材料内容的句子时,其使用形式却和阐述一个物理对象有着形式上的相似性。即使最有创造力的感觉材料论者也因此需要承认:"用感觉材料的语言来讲,物理对象是感觉内容的模式,因而,从这个框架来看,认识之中的心灵与物理世界之间不存在'铁幕'。"①但是感觉材料论者毕竟可以宣称,物理学中的理论实体也同时是感觉材料,因为感觉到的感觉材料确实是经验知识的基础,或者物理对象本身就是可以直接被给予的东西。总之,在塞拉斯指出感觉材料论的内在矛盾之后,即使感觉材料论者可以选取一条解释的道路将"非习得"和"习得"之间的区别变得模糊,但是他们也不能指出为什么我们的感觉材料立刻就是理论实体了,除非他们宣称理论实体和感觉材料之间不存在一个分析的关系。但是这种感觉材料论所表明的一点是确定的:对物理对象的描述和对感觉到感觉材料的描述的语句具有相似性,塞拉斯指出,它们都具有"看上去"这个形式。

于是关于物理对象和感觉材料之间的问题可以暂且放下,去看看"看上去"这样一个描述意味着什么。在§10中塞拉斯指出,对"所予的神话"的批评并不仅是在于对感觉材料论的批评,因为即使不赞同感觉材料论,也会陷入所予神话。感觉材料论认为存在着两种内在片段,第一种就是感觉到感觉材料的非习得的能力的结果,没有这种能力就没有任何感知的可能性。第二种内在片段就是对经验对象的非推论地认识,这种片段成了经验知识的依据或基础。这种关于内在片段的想法是危险的,因为如果将非习得的感觉到和习得的认识到相混淆,内在片段的性质就将变得模糊不清。但是这种想法并不是唯一的所予的神话。承认内在片段的存在导致的所予神话是基础主义的,这一问题塞拉斯已经一再点出,但是如果不承认内在片段的存在,认为它仅仅是某些可以公约掉的东西,就像维特根斯坦所认为的那样,那么依旧会陷入另外一种所予神话:事实的所予。这种所予神话由于一个简单的原因而存在,即没有人会否定一个客观发生的事件。事实上在塞拉斯对感觉材料论者的人工语言的评论中已经暗示过,对感觉材料和物理对象的描述之间有着某种相似性,这种相似性引出了第二种所予神话。其实我们可以干脆说,不论承认内在片段与否,只要是将某种直接获得的东西当作知识的基础,就会陷入所予神话,即使否认内在片段也

---

① 威尔弗里德·塞拉斯:《经验主义与心灵哲学》,王玮译,复旦大学出版社2017年版,第25页。

不会导致对非习得能力的认同的减少。

（二）所予神话的核心

为此，塞拉斯在§14写了一篇"历史小说"，小说的主人公是在领带商店工作的约翰。塞拉斯假设约翰已经学会了对日常语词的使用和对标准颜色的辨认。故事的起因是商店中安装了新发明的电灯（所以时间大概是电灯被发明之后不久），由于在灯光下标准颜色的改变，约翰对领带颜色的辨认出现了错误，把原本应该是蓝色的领带看成了绿色，这一点在将领带放到太阳下之后被约翰认识到了。塞拉斯指出，当约翰意识到这个错误之后，在商店中再次看到这条原本应该是蓝色的却呈现绿色的领带时，约翰会推论说："这是蓝的。"这时约翰不是在作一个报告，而是在进行一个推论。因为他知道领带的颜色不会是其所不是。于是约翰在以后学会了一种新的说法："这看上去是绿的，不过……"这时约翰是在报告一个最小事实，它是一个最小事实，是因为它既不是一个简单的报告，也不是一个否定，而是一个基于事实所作出的说明。我们可以看到，约翰所作的报告并不是对感觉材料的直接报告，而是基于一个推论的新的东西，它却是表述事实的最小单位。塞拉斯指出，某物"看上去"和"看到某物是……"的不同之处就在于此，看到某物是这样意味着做出一个断言并且认可它，就像约翰第一次在灯光下看到"绿色的"领带一样，这时的这个断言是相信其结论的人所作的。而某物"看上去"是什么样，则是像在约翰意识到自己的错误时所改正后的说法，即虽然做了一个断言却不认可它。"当我说'x现在之于我看上去是绿的'，我是在报告这个事实：我的经验，作为一个经验，与看到x是绿的的真实经验可以说无法内在区分。"①现在看来，经验就是一个断言，我们的态度不会影响经验。所以一个经验之所以能够做知识的证据，在于它其实本身就是一个断言，就是一个可以推论的东西。

塞拉斯在§18中指出，辨识某物的颜色的能力，所需要的是一整套关于颜色的概念，而我们需要辨认颜色却还取决于环境（正像灯光和阳光下颜色的不同一样）。在§19中他直接说明了这些需求所指向的结论：辨识某物看起来具

---

① 威尔弗里德·塞拉斯：《经验主义与心灵哲学》，王玮译，复旦大学出版社2017年版，第33页。

有什么颜色首先要有关于颜色的一整套概念,而为了区分不同的环境的特征,同样需要这些概念(正像发现商店里的环境和阳光下的环境的特征的不同是由于约翰发现领带的颜色因此不同)。因此如果不预先习得关于绿的概念,就不能辨认绿色的领带或看起来是绿色的领带,而为了得到绿的概念我们必须首先得到一整套关于颜色的概念(想想维特根斯坦的语言游戏)。"虽然习得绿这个概念的过程可能——的确是——包含逐渐养成在各种环境中回应各种对象的习惯的漫长历史,不过,在一种重要的意义上,我们得不到关乎时空物理对象的可观察属性的概念,除非我们得到它们全部——和(我们会看到)大量别的概念。"①于是我们知道了塞拉斯的基本立场:感觉到感觉材料其实是辨认概念的过程,感知不是在一个非习得的能力中形成的,所有的对感觉材料的感知都是概念所组成的断言,除此以外没有经验得以构成的方式。在此,我们会惊讶于塞拉斯和维特根斯坦的相似之处。仿佛塞拉斯是用语言游戏论破除了所予的神话,他好像宣称,认为经验知识有一个非推论基础的神话和认为简单事实是不含有概念的神话,都不能解释构成经验的基础(如果经验有一个基础的话),因为对于经验或者认识论来说,只有一种语言的使用存在:对概念的使用。在这个意义上,经验应该是没有任何所谓基础的,因为要么概念能做出断言就是由于对一整套概念系统因而是一整套语言的掌握,要么就是经验的缺失,因此经验没有基础,也不能分析。

现在看来似乎塞拉斯的观点已经表述得差不多了,然而,他的论证过程却并没有停下来。事实上,他在接下来的篇幅中转而大量地讨论了哲学史、科学史、现代物理学、逻辑、分析哲学、心灵哲学的内容,并且不附带任何说明地使用相关的术语,好像他预设概念在认识之先一样预设读者有这些知识基础。而且他的论证也非常不连贯,经常有意识地将话题引到别的地方去而不是专注于自己先前所提出的问题。与康德的虽然复杂但是清晰的思路不同,塞拉斯的思路是很难跟上的,好在他提出的问题和结论还算清楚明白。塞拉斯在结束上面的讨论之后,转而回头继续讨论了各种可能的经验主义的观点,其核心依旧是关于感觉和思想的性质差别以及经验主义对二者在表述上的结构性相似。虽然

---

① 威尔弗里德·塞拉斯:《经验主义与心灵哲学》,王玮译,复旦大学出版社 2017 年版,第 35—36 页。

塞拉斯的著名的功绩被称作是将分析哲学从休谟阶段引入了康德阶段，但是稍微阅读一下塞拉斯的《经验主义与心灵哲学》就会发现他并没有对康德有过什么引述或者追捧，事实上全部文本提过康德的名字的次数寥寥无几，像我们在第一章中根据塞拉斯的一些基本观点来评述康德哲学的做法，在塞拉斯的这篇文本中根本找不到任何相似之处。塞拉斯所具有的与康德的唯一相似之处似乎只是立场上的：关于感觉和思想的性质的绝对差别的坚持以及关于概念对"感觉"的基础性作用。但是在笔者阅读的过程中，总是觉得这些相似之处和维特根斯坦同出一源而不是康德（在§30中塞拉斯直接引述了《哲学研究》中的例子来说明逻辑空间的习得性）。

总之，塞拉斯在通过约翰的故事表明了自己关于概念和报告之间关系的想法之后，将论述的重心放在了揭示经验主义将感觉和思想混同的错误，不同于之前塞拉斯通过习得与非习得之间的矛盾直接说明这个错误，塞拉斯打算从经验主义内部的论证过程来揭示它。他指出康德之前的经验主义者所犯的错误，与维特根斯坦在《哲学研究》中所指出的孩童学习第一语言中我们理解的错误如出一辙，以为孩童在了解整个语言系统之前，就已经会使用其中的概念了，换句话说，就可以用概念对"感知"进行分类了。于是塞拉斯提出了他著名的"心理学的唯名论"："否认有任何对逻辑空间的觉知先于（或独立于）语言习得。"[1] 他在这里使用的方法和在同一篇文章中所大量使用的方法似乎是一致的：通过解释有所谓"实指"内涵的语词和语言中的纯形式作用的语词的特点的类比发现二者之间的同一性，由此指出"实指"的语词其本质不是实指感觉的，而是形式的。由此将经验主义所造成的困惑解决：如果指称感觉的概念和关于理论实体的概念的使用完全一致，或者指称感觉的概念和关于理论的概念之间有着相似的特点（§32中分析概念获得可信度的方式和关于感觉的概念获得可信度的方式的对称性），那么感觉和思想的混同就不是混同，而是将思想错当成了感觉。因此塞拉斯接触到了所予神话的核心（§38）：当自我确证的（或者有权威性、可信度的）片段被给予认可时（符合语义规则所以不会出现逻辑错误），作为经验知识的基础的所予就出现了。鉴于塞拉斯强调过的第二种所予神话，也许这个说明可以得到补充，即否认内在片段的基础主义也会因为"观察"和"符合

---

[1]　威尔弗里德·塞拉斯：《经验主义与心灵哲学》，王玮译，复旦大学出版社2017年版，第53页。

语义规则"而陷入基础主义。

于是在塞拉斯指出所予神话的实质,即错误理解和使用语言中的实指要素之后,我们就来到了考察塞拉斯为取消所予神话所做的努力的阶段了。在这里塞拉斯并不满足于从约翰那旦得来的心理学的唯名论的结论,还试图解释所予的神话的起源问题,想要用一种历史的方法还原所予的神话的阶段特征,这里塞拉斯不但不像康德,反而接近了黑格尔,尽管他所做的工作不是在历史地解释所予神话的起源,而是将所予神话放在自己的思想的历史中并解释其起源。

### (三)从作为科学哲学家的塞拉斯看经验概念的发展的阶段性结局

塞拉斯为了描述所予的神话的起源,在§48开始写了一篇不同于历史小说的"科幻小说",他假设人类的祖先只会一种语言,那就是一种基于主体间活动的仅仅作为公共生活的必需的简单语言,在这个故事的开始,语言还远远没有学会谈论所谓的内在片段和直接经验。他假设一位叫琼斯的天才诞生在人类中并且发展了这门语言,使理论语言和观察语言有了某种关联,然而这些理论语言却还不能够指称什么东西,因为这门语言和科学的描述一样只在特定情况下和观察语言有所关联。于是随着这种关联的发生,"思想"得以形成,但这只是因为理论语言的一种特殊状态,而不是因为某种内在的或者私人的事情发生了(正像科学实验的观察报告不是内在的或者私人的一样)。于是随着这种主体间的只表达公共事件的语言开始能够表达思想,并且能够描述一个主体的行为之后,它才可以开始发展为主体进行自我描述。当这种情形日渐稳固之后,昔日的纯粹理论的公共语言就变成了一个可以基于单个主体的可作报告的语言,所谓"内在片段"就诞生了。于是琼斯所做的事情,就是帮助并且见证这个主体间的关乎理论的语言,是如何一步一步发展为描述私人事件的关于"印象"的语言的。

也就是说,塞拉斯的琼斯的神话为其心理学的唯名论找到了一条历史的途径,它重点解释了描述"感觉"或印象的语言是如何从一个基于主体间性的公共的理论语言发展而来的。也为他所指出的经验主义的,尤其是感觉材料论者的理论矛盾找到了出路:感觉和思想的混淆的原因是,没有看到关于"感觉"的语句的理论特征。于是我们发现塞拉斯并不像有人所批评的那样忽视了"感性接受性"，而只是将它驱赶到了语言和概念之外。这一点和康德倒是非常地相似，后者并没有否认感性的被动性，而只是将直观的质料驱逐到了统觉之外。而塞拉斯对这一点也是心知肚明的，他在§19和琼斯的神话中都申明了在语言学习之前的世界或环境的存在，只是像刘易斯所宣称的那样，没有概念的帮助我们无法指称那个世界。

同时，如果我们在阅读的过程中可以寻找"经验"的字眼就会看到，塞拉斯对于"经验"概念的重视实际上远远不如我们考察过的其他哲学家。在塞拉斯的论证中"经验"仅仅是用作一个日常或者科学意义上的用词出现，它无非指代着内在片段或者观察报告。因为塞拉斯自己表明，他在哲学上的许多地方是和科学一致的，这一点除了在他的行文中可以看出来之外还有许多例子。例如在§41中他说："在描述和解释世界的维度，科学是万物的尺度，是什么是其所是的尺度，也是什么不是其所不是的尺度。"①再比如§63中他直接指出琼斯就是爱因斯坦等人，甚至人类自己。这样也就无怪乎他对于经验的漠不关心了，因为经验或者更直接地说观察，就是科学的方法的基础。塞拉斯虽然自己消灭了经验主义的基础主义，但是这对于他只不过意味着将经验与科学的理论语言等同而已。不过反过来说，哲学中的"经验"不就意味着所予吗？在塞拉斯这里，我们看到了刘易斯、奎因对经验的实用主义的表述和维特根斯坦的语言游戏论之间的冲突是如何被解决的，那就是对"直接性"的消解。刘易斯和奎因对经验的认识其实可以被看作将康德和杜威的经验概念结合之后的产物，他们的经验概念既不是康德意义上的概念和经验性直观结合之后所产生的知识，也不是杜威所说的那个原初未分的包含了人类生活和信念的东西。一方面刘易斯和奎因接受杜威的基本立场，即经验是知识的唯一来源，而不是知识的产物，人类的一切知识都要有经验作为坚实的基础；另一方面刘易斯和奎因放弃了杜威经验概念中的价值的部分，使其变得更加静止或者机械，以便于作为科学的对象加以限定。后一个方面由于这种理论的需求，刘易斯和奎因为知识重新赋予了康德意义上的区分，将人类知识分为两个部分，其质料来源即那个原初的"坚硬的"东西就是经验，而为了认识这种经验所作的主观的限定则是理论。这时我们所遇到的问题就是由维特根斯坦启发而提出来的：一个语词为什么会固有地

---

① 威尔弗里德·塞拉斯：《经验主义与心灵哲学》，王玮译，复旦大学出版社2017年版，第66页。

指代一个对象？如果将经验认为是原始的、坚硬的东西,那么在其他地方会不会换一种用法,使这个语词成为主观的、随意的东西？这种可能性是危险却不能忽视的。但是这时塞拉斯的观点补充进来,就为这个矛盾进行了一些调和：经验之所以具有主观的特征,是因为指称经验的语言是人类的语言,这个语言所使用的方式是主体间的、公共的,因而不会是私人的、随意的,但它毕竟是语言之内的。可是,这样会不会使经验变为奎因所指的那个内核远离经验本身的逻辑融贯的网络呢？笔者认为结合塞拉斯的观点,这个结局是必然的,经验概念到这里其基于主体间性的可理解性就显示出了它作为科学语言的一个部分的特征,同时由于塞拉斯对所予神话的破除,就导致了经验的真实模样不是人能够直接得知的,即使有这种可能性,那也是在掌握第一语言之前的事情。因此,我们得到了塞拉斯和康德相似的最后一点：对物自身的某种排斥。塞拉斯对感觉直接性的否定,必定导致语言成为他的"感性形式"。可能也是因此,匹兹堡学派的其他哲学家才会致力于将塞拉斯的理论引向他的"黑格尔阶段"吧,毕竟塞拉斯在《经验主义与心灵哲学》中所表现的历史的观点,是将他的物自体放入社会实践的历史而得到解决的最好切入点。

# 结论

通过对康德、杜威、维特根斯坦、刘易斯、奎因、塞拉斯的经验概念或哲学的考察,我们发现在这样一个从德国古典哲学到分析哲学的线索中,经验概念的内涵有了一个很大的但是依旧可以得到追溯的转变。康德的经验概念在被杜威的实用主义和维特根斯坦的语言学研究所影响之后,产生了一系列的变化。其二元结构被杜威所打破之后,又被新的实用主义者以现代科学的视角找回,用以描述事实和理论之间的差异,在这个过程中,康德的经验概念的内涵向其质料的方向转变并且有了更加基础的特征,其形式和先天的概念则被现代科学的理论位置所取代。维特根斯坦的思想导致了对这个现代的经验概念的实在性的某种怀疑,其结果在塞拉斯这里得到揭示(尽管塞拉斯是在讨论所予而不是科学的观察报告或狭义的经验时得出的)：刘易斯和奎因的经验概念和维特根斯坦的语言游戏论相碰撞之后,广义的经验(和塞拉斯的观察报告相区分)不再代表"坚硬的"所予，而是在基于主体间性的公共语言中扮演着理论对象的角色，从而对知识产生影响。经验概念不再是原初的和固有的，而是整个被称作科学的语言游戏中的一系列语词，它的客观性是基于主体间性的公共性的统一和语义规则的融贯，而不是直接性或者有先天权威的感受性。这意味着康德的经验概念的形式又回到了视野中来，反而将实用主义所珍视的质料的方面从经验的内涵中赶走了。塞拉斯不是对这种"坚硬的"质料予以拒绝，而是像康德一样剥夺了它被认识的可能性。所以经验的质料如何能够被理解的问题，只能留给匹兹堡学派的其他哲学家并让其对塞拉斯的理论进行黑格尔式的改造了。

# 参考文献

[1]康德.纯粹理性批判[M].邓晓芒,译.北京:人民出版社,2004.

[2]孙宁.匹兹堡学派研究:塞拉斯、麦克道威尔、布兰顿[M].上海:复旦大学出版社,2018.

[3]陈亚军著.实用主义:从皮尔士到普特南[M].长沙:湖南教育出版社,1999.

[4]维特根斯坦.哲学研究[M].韩林合,译.北京:商务印书馆,2013.

[5]陈启伟.现代西方哲学论著选读[M].北京:北京大学出版社,1992.

[6]蒯因.从逻辑的观点看[M].陈启伟,江天骥,张家龙,等,译.北京:中国人民大学出版社,2007.

[7]威尔弗里德·塞拉斯.经验主义与心灵哲学[M].王玮,译.上海:复旦大学出版社,2017.

[8]约翰·海尔.当代心灵哲学导论[M].高新民,殷筱,徐弢,译.北京:中国人民大学出版社,2006.

# 飞矢不动悖论及其意义分析

李晓鹏

## 前言

关于芝诺本人,有必要谈以下三点。① 他是巴门尼德的学生和亲密朋友,"芝诺自始至终都做了巴门尼德的学生和知心朋友"②,可能还是其义子,据说芝诺是巴门尼德的得意门生和义子。他们这种师生、朋友、义父义子的多重关系至少能够成为芝诺为巴门尼德的存在论作辩护的一个理由。但令人惊诧的是:师生还可以成为好朋友。老师不以"年长知道得多"而不大理会学生的一知半解,那么,当学生的也会因此更加欣赏老师的思想而成为其忠实的追随者。像巴门尼德那样的老师,似乎必有芝诺那样的天才学生与之相配。

德高望重的芝诺死于政治斗争,死法似乎异常悲惨,着实令人同情,据说他为了拯救爱利亚人而要谋杀暴君,但暴君将他抛进了石臼捣碎而死无全尸,"然后他说他要附耳告诉僭主关于某个人的事情,并借此咬住他的耳朵死死不放,

---

① 尽管笔者相信这三点与上下文及本文的主旨是相关的,也是有必要写的,绝非多此一谈,但是,笔者写这三点内容却另有目的。笔者想告诉大家这样一件事情:世界可能只有一个,但对它的解释却是多样的。芝诺的几个悖论的内容是确定的,但对它们的解决却是多种多样的,学者们的解读都是意见。

② 第欧根尼·拉尔修:《名哲言行录》(下),马永翔、赵玉兰、祝和军等译,吉林人民出版社2003年版,第572页。

直至死于乱刀"①。芝诺的政敌提前把芝诺从这个世界中清理出去了，使后世为他没有留下更多的充满智慧的哲学著述而遗憾。尽管他本人的著作只留下4则残篇，还是有赖后人的转述和介绍，但是，仅仅他的寥寥几百字的几个悖论就足以困扰后世许许多多的哲学家、逻辑学家、数学家达两千多年之久，至今仍未彻底解决。

同亚里士多德不太一样，芝诺似乎更倾向于"我爱真理，但更爱我师"，尽管芝诺"以一系列破坏性的证明的作者而著称。没有证据表明他提出了任何肯定性的学说"②，但他的学说却是为了肯定其师的学说——无论他的工作是否真的有效。当然，芝诺悖论仍具有建设性的意义，即激发人们对于时空、运动及它们与物质的关系等问题的深层思考和重新认识。芝诺之后，亚里士多德、黑格尔、康托、罗素等人对芝诺悖论进行过深入思考，他们提出了许多很好的解决芝诺悖论的意见，但"芝诺难题"并没有彻底解决，以致当今许多学者还要来反驳芝诺。可见，后世并不承认芝诺论证的结果是合理的，似乎也不认可其论证有效。这样，如果芝诺的工作是错的，对于芝诺而言，似乎就间接地反对了巴门尼德关于存在的某些思想的合理性，也就意味着巴门尼德的一些存在论思想不过是好的意见，但它们并不能等同于真理。就如同大家解读的关于芝诺悖论的工作一样，只不过有好的意见与更好的意见之别，同时，这也正是芝诺悖论的伟大意义的所在——我们可能受着某种时空观、运动观、物质观的控制而去认识世界，可能存在很多种时空观、运动观、物质观，每一种都对应一种关于时空、运动、物质的世界图景，我们永远不会摆脱其中一种时空观、运动观、物质观的支配。真理可能是唯一的，理论都是意见，但这并不影响芝诺更爱其师的好的意见。通过学习芝诺悖论，可能激发我们重新思考这样几个问题：什么是时间？什么是空间？运动何以可能——物质如何在我们的思维中"动"起来？时空与物质及其运动的关系？这其中任何一个都是大问题。本文主要以"飞矢不动悖论"为例，讨论一下芝诺悖论可能涉及的问题，解决芝诺悖论遇到的难题，后人为解决芝诺悖论所做的工作，还会提及一些对芝诺难题的思考，及应该如何看待芝诺

---

① 第欧根尼·拉尔修：《名哲言行录》（下），马永翔、赵玉兰、祝和军等译，吉林人民出版社2003年版，第573页。

② 泰勒主编：《从开端到柏拉图》，韩东晖、聂敏里、冯俊等译，中国人民大学出版社2003年版，第172页。

悖论。

# 一、飞矢不动悖论所涉及的问题
# 和解决飞矢不动悖论遇到的难题

## （一）何谓飞矢不动悖论

### 1. 亚里士多德的记载

根据亚里士多德的记载，"如果每件东西在占据一个与它本身相等的空间时是静止的，而移动位置的东西在任何一个霎间总是占据着这样的一个空间，那么飞着的箭就是不动的了"①。

### 2.《劳特利奇哲学史》中的观点

据泰勒主编的《劳特利奇哲学史》中的观点，飞矢不动应该详细表述为"1. 在任一瞬间，这支箭一定'在一个位置'上。它没有任何部分可以同时在两个位置上，所以它必定占据'和自身相等的一个空间'（即同样形状和体积的一个空间）。2. 这支箭必定在这一瞬间是静止的。在一瞬间内（in），它没有移动通过任何距离，因此在（at）一瞬间它没有运动，所以在那一瞬间它必然是静止的。3. 但是选取的这一瞬间是这支箭飞行中任意的一瞬间。因此，箭必然在飞行中的所有瞬间都是静止的"②，其中第4点与亚里士多德的记载相似，"4. 因此，既然飞行中的箭绝不会不在它飞行的一个瞬间，所以箭在飞行中总是静止的，所以它在飞行中绝不运动"③。

---

① 北京大学哲学系外国哲学史教研室：《西方哲学原著选读》（上卷），商务印书馆1981年版，第34页。

② 泰勒主编：《从开端到柏拉图》，韩东晖、聂敏里、冯俊等译，中国人民大学出版社2003年版，第179页。

③ 泰勒主编：《从开端到柏拉图》，韩东晖、聂敏里、冯俊等译，中国人民大学出版社2003年版，第179页。

### 3. 简单归结

综合以上观点，飞矢不动是说飞矢在任一瞬间都对应唯一位置，并且飞矢在任一瞬间或者任一位置都处于静止状态，在飞矢由一个地方到达另一个地方的整个过程中，飞矢不断地保持静止状态。

## （二）飞矢不动悖论涉及的问题

### 1. 运动何以可能的问题

之所以飞矢不动是一个悖论，是因为它同我们的经验、直观相违背，凭借经验、直观，飞矢不仅在动，而且是连续变化的。但如果接受芝诺的论证，那么飞矢的确未动，因此，该悖论首先涉及的问题是运动是如何可能的？飞矢如何能够在我们的思维中动起来？及我们怎样才算真正理解了运动？

### 2. 时间问题

什么是时间？时间如何流逝？时间是否连续？时间是否由一个个瞬间构成？或者说时间到底能不能被分割成一个个瞬间？在芝诺那里，瞬间究竟指什么？是时刻点，还是极小的一段时间？

### 3. 空间问题

什么是空间？空间是不是连续的？如何连续？空间是否可分？有没有最小单元的空间？飞矢在动，其中一个根据是它在空间中的运动轨迹是连续的，这种连续是如何可能的？

### 4. 涉及时间本身的判断问题

芝诺所谓的箭在任一瞬间占据唯一位置指的是什么？他的根据又是什么呢？因为时间本身介入其中，我们不能用诸如"同时"这样的语词去形容，那么，我们如何确定箭在某一瞬间有"箭所处的'唯一'空间"与该瞬间相对应？这个时候，我们又该怎样去理解时间在我们做出某种判断时的作用和意义？

### 5. 时空与物质及其运动的关系问题

时空与物质及其运动是一种什么样的关系？在牛顿那里，"绝对时空观认为时间和空间是两个独立的观念，彼此之间没有联系，分别具有绝对性。……

他把时空的绝对性'片面地、夸大地、过分地扩大为脱离了物质、脱离了自然、神化了的绝对'"①,他说,"时间无论各物质形态和运动形式如何变化,它总是均匀流逝的;空间犹如不变的空箱,可以装载或容纳不同的物质形态及其运动"②。而在相对时空观那里:"爱因斯坦则抛弃了那种与物质脱离了联系的抽象时空,而把时空与物质和运动都密切联系在了一起,把时间和空间自身也密切联系起来了。因此,时空总是随着物质形式和运动状态的改变而改变,不是永恒不变的。爱因斯坦曾说过在用到空间和时间的时候,它们总是一道出现的。没有孤立的时间和空间是合理的。"③也就是,牛顿认为时空与任何物质及其运动无关,时间与空间彼此独立,爱因斯坦把时空与物质相联系,并且认为时间与空间不可分割。

## (三)解决飞矢不动悖论遇到的难题

### 1. 瞬间是指时刻还是时间段,时间是连续的还是间断的

尽管芝诺对飞矢不动的论证很有说服力,但人们依然不认为他的论证方式及结果是对的。很多学者认为之所以造成这个悖论,是因为时间(连续的)不能被分割成一个个瞬间(间断的),这个论证的基础是时间和空间的非连续,是由不能再分割的最小的单位组成④,它是从时间是由瞬间的总和这个假定得出的,"即把空间和时间的无限可分性混同于无限的分割"⑤。时间能否被分割成一个个瞬间?如果可以,那么相邻两个瞬间之间有没有"间隔",如果有,则它们就不相邻,如果没有,则相邻两个瞬间就成为一个了,或者说它们不可以被区分为两个。以上似乎可以说明时间是连续的,且时间不可以被分割成一个个离散的点或段。如果在芝诺那里瞬间是指一段但极小的时间,先不要管他是如何把这段时间从"时间之流"中截取出来的,尽管这段时间极短,但它仍有一个"开端"和一个"终点",而通常认为飞矢在不断运动,即使芝诺认为飞矢不会连续运动,

---

① 鞠昕彤:《绝对时空观与相对时空观的辩证关系》,载《科教导刊》,2010 年第 22 期。
② 鞠昕彤:《绝对时空观与相对时空观的辩证关系》,载《科教导刊》,2010 年第 22 期。
③ 鞠昕彤:《绝对时空观与相对时空观的辩证关系》,载《科教导刊》,2010 年第 22 期。
④ 参见金炳华等编:《哲学大辞典》(分类修订本),上海辞书出版社 2007 年版。
⑤ 爱德华·策勒尔:《古希腊哲学史纲》,翁绍军译,上海人民出版社 2007 年版,第 62 页。

但芝诺也会承认飞矢在这段时间的"开端"和"终点"的位置必不同，因此说，如果芝诺所谓的瞬间指一段时间就同他所要论证的飞矢不动相违背。所以，可以认为芝诺说的瞬间是指时刻点。当然，瞬间也可能是指时间段，因为时间虽然在不停地流逝，但箭仍可以是静止的。

### 2. 如何过渡的问题

飞矢在每一瞬间处于一个位置，我们可以把飞矢当作一个空间点，则任一瞬间对应一个空间点，同样，任一空间点对应一个瞬间。在芝诺这里，时空都是离散的，也就是在飞矢由一个地方到达另一个地方的过程中，即由一个时空点到下一个时空点，整个过程时空点之间是不连续的，可以想象为飞矢由一个时空点"凭空消失"，然后"凭空出现"在下一个时空点，以至目标点。这样才能保证飞矢在每一瞬间处于一个位置，并且是静止的。芝诺肯定承认飞矢在这一刻的位置不同于下一刻或另一刻的位置，虽然在他看来飞矢在这两个时刻点都是静止的，但是，飞矢在两个时刻点的位置有所改变，即物理学讲的位移，亦即运动了。但真正困扰人的地方在于：如果时空是离散的，时间如何由这一刻过渡到下一刻，过渡到再一刻？即时间是怎样流逝的？飞矢又如何由这一点过渡到下一点，过渡到再一点？需要对这种"过渡"进行说明，就有可能说明时间是连续流逝的，飞矢的运动轨迹也是连续的。"如何过渡问题"可能是芝诺悖论涉及的一个大问题。

### 3. 用数学方式去处理时空问题时存在的问题

如果瞬间指时刻点，时刻点的长度为 0。这里，把飞矢看作一个点。那么，飞矢由一个地方到另一个地方的轨迹，可以被看作一条线段，把飞矢由一个地方到另一个地方所花去的时间用另一条线段表示，则时间线段上的点就可以与空间线段上的点建立一一对应的关系。这里把时空线段看作是时空连续的表示，飞矢不动悖论认为时空线段是由时空点组成的，并且时间点与空间点能够建立一一对应关系。为了反驳芝诺，我们现在把时间（或空间）线段延长或缩短原来的 10 倍（几倍都可以），仍可以把它上面的点（如果线是由点组成的话）与未作改变的空间（或时间）线段上的点建立一一对应的关系。而对于单纯的时间线段或空间线段，改变后的长度也仍可以与未作改变时的长度就其上的点建立一一对应关系，这固然可以说明部分与整体具有某种相似性或者一致性，但也说明用点与线去处理间断和连续会有问题。

### 4. 正在发生的这一刻与时间如何连续流逝

假设时间是连续的,那就存在如何理解正在发生的这一刻的问题,有没有这一刻,它与连续的时间的关系是什么?"什么是'现时'?"这一问题曾困扰爱因斯坦一生。这些问题用几何化的方式表述就是:点如何构成线?如同投掷一枚粉笔,点动成线。但没有第一推动者的这一刻,它如何使过去、现在、未来成为连续的一体?所以,什么是这一刻,时间如何流逝这样的问题仍然存在。即使承认时间连续不可分,承认飞矢的运动不间断(轨迹连续),但除了想象,还是无法理性地理解飞矢如何动,这似乎也回避了"动"何以可能的问题。

# 二、后人为解决飞矢不动悖论所做的工作

## (一)亚里士多德的思考

### 1. 潜无限与实无限的区分

为了解决芝诺提出的像"飞矢不动"这样的运动悖论,亚里士多德区分了潜无限与实无限。潜无限"把无限看作永远在延伸着的,一种变化着成长着被不断产生出来的东西来解释。它永远处在构造中,永远完成不了,是潜在的,而不是实在"①,同潜无限相反,实无限则"把无限的整体本身作为一个现成的单位,是已经构造完成了的东西"②。

### 2. 两种无限思想与飞矢不动悖论

基于实无限和潜无限的区分,亚里士多德这样思考造成飞矢不动悖论的原因:"箭的飞行可以被分解成无数的亚飞行(subflight)。只要我们把箭的飞行的

---

① 张伟平:《潜无限和实无限观点下微积分的"以直代曲"思想探究》,载《大学数学》2008 年第 1 期。

② 张伟平:《潜无限和实无限观点下微积分的"以直代曲"思想探究》,载《大学数学》2008 年第 1 期。

分成 $n$ 个部分,我们就也能将它分成 $n+1$ 个部分。但这并不意味着,箭的飞行是一个由现实的亚飞行所组成的集合"①,他曾说,"因为时间并不是由不可分的霎间组成的,正如任何一种别的数量并不是由不可分的东西组成的一样"②。在亚里士多德这里,他认为如果飞矢飞行的时间和轨迹可以被分成一个个单元的话,那么这样的过程可以永远分下去,因为最小单元的时间和运动轨迹永远完成不了。尽管亚里士多德没有正面回答飞矢是如何运动的,但他仍启发我们思考飞矢的运动过程能否被分成一个个可以完成了的最小单元的"亚飞行",及有没有最小单元的时间和空间,还有我们应该如何理解"分"等问题。

## (二)分割问题

### 1. 分割问题一

在思考飞矢不动悖论时不可能绕开分割问题,还会被时空可不可分、怎么分、拿什么分这样的问题所困扰。时空不同于具体物体,在分割某个物体时,用锯或刀锯开或切开即可。分割物体,一定是去掉了它的一部分,才把它分成了两部分,就像把一根木头锯成两半,而实际上,如果所有的锯末渣子算一部分的话,就是把木头分成了三部分。这个例子似乎可以说明:如果要把一个东西分割开,一定是把它分成了三份。但实际上,对于分割太大或极小的东西,就没有了分割工具,如天体和基本粒子,这似乎就存在"事实可分"与"逻辑可分"之别。

### 2. 分割问题二

如何分割时空?分割"工具"又是什么?时空之分究竟是怎样一种分法?可不可分?吴国林的建议是"'分'不一定要求分开,只要能够从理论上或逻辑上'辨别'也是'分'"③,但不知用于时空,该如何辨别、区分这一刻与下一刻,这一点与下一点?对于惠施的"一尺之锤,日取其半,万世不竭",一尺之锤到底可

---

① 罗伊·索伦森:《悖论简史——哲学和心灵的迷宫》,贾红雨译,北京大学出版社 2007 年版,第42 页。

② 北京大学哲学系外国哲学史教研室:《西方哲学原著选读》(上卷),商务印书馆 1981 年版,第34 页。

③ 吴国林:《物质可分无限性再思考》,载《自然辩证法研究》2004 年第 3 期。

不可以无限地分割下去呢？分到一定程度就会发生质变、突变，那就不再是原来意义上的"锤"了,比如分蛋糕,分到分子、原子的份上,那分子蛋糕和原子蛋糕就已经不能算蛋糕了。这种见解对于思考时空可不可分、可不可以无限地分等问题具有借鉴和启发意义。这里提及的"分割问题"对解决飞矢不动悖论是有价值的。

### (三)黑格尔的思考与康托的努力

#### 1. 黑格尔的思考

黑格尔对于芝诺悖论有一个巧妙的解决方式,他这样规定运动:"运动的意思是说:在这个地点而同时又不在这个地点;这就是空间和时间的连续性,——并且这才是使得运动可能的条件。"①在黑格尔这里似乎就不会存在飞矢不动悖论了。但黑格尔对运动的定义仍然是一种描述性的理解,"在这个地点"是说静,"又不在这个地点"是说动,亦静亦动,虽然表述完备,但有矛盾。"在这个地点又不在这个地点"这种表述显得模糊,有想象和猜测的意味,虽然黑格尔想表达"动"的意思,但他用的不是理性的方式,因此,还需要进一步说明为什么会是那样,换句话说,黑格尔变相地回避了运动何以可能的问题。

#### 2. 康托的努力

在后世众多对芝诺悖论进行回应的工作中,康托的工作最为引人注目,这是因为"现在大多数哲学家相信,芝诺悖论已经被格奥尔格·康托(Georg Cantor)于19世纪末发明的超限算术学(transfinite arithmetic)给解决了"②,用最简洁的语言表达康托的工作就是:"芝诺错误地假定速度是有限的。"③康托的成果用于说明二分法悖论和阿基里斯追乌龟悖论可能很奏效,如果某一物体有速度,那么意味着它在运动,但飞矢不动悖论恰好涉及速度是何以可能的问题,飞矢在任一瞬间有无速度?"用牛顿、莱布尼兹的方法求瞬时速度,最大的问题是

---

① 黑格尔:《哲学史讲演录 第一卷》,贺麟、王太庆译,商务印书馆1959年版,第289页。

② 罗伊·索伦森:《悖论简史——哲学和心灵的迷宫》,贾红雨译,北京大学出版社2007年版,第45页。

③ 罗伊·索伦森:《悖论简史——哲学和心灵的迷宫》,贾红雨译,北京大学出版社2007年版,第45页。

$\Delta t$ 到底是不是 0？在给定的瞬时，$\Delta t$ 及 $\Delta s$ 都应是 0，但 0/0 没有意义。因为位移 $\Delta s$ 及所用的时间 $\Delta t$ 都是 0，从而导致芝诺的'飞矢不动悖论'。"[1]尽管微积分可以处理很多问题，但它的基础却存在逻辑缺陷，这是由贝克莱首先指出的，即贝克莱悖论，由此引发了第二次数学危机。后来，柯西用极限论为微积分奠基，"他把微分过程中的 $\Delta t$ 和 $\Delta s$ 规定作以 0 为极限的变量即无穷小量"[2]，这里，柯西承认了潜无限的思想，但又会陷入阿基里斯追乌龟的悖论，即阿氏与龟之间距离 $\Delta s$ 趋于 0 而永远不等于 0，所以，如果柯西承认潜无限的合理性，则阿基里斯永远也追不上乌龟，因此，他"不得不依赖以实在无限为基础的康托尔（Cantor）集合论来为之奠基"[3]。但很快，罗素就发现了集合论悖论，并导致了第三次数学危机。"S 由一切不是自身元素的集合所组成。然后罗素问：S 是否属于 S 呢？"[4]如果这里把柯西遇到的难题用康托的工作去解决，那么，就会得到一个新的版本的罗素悖论：阿基里斯与乌龟的距离 $\Delta s$ 是可以完成的潜在无限（完成不了）的距离。这里无法判定阿基里斯是否追上了乌龟，因此，集合论以实无限为基础存在矛盾，可见"罗素悖论无非是芝诺悖论的引申。因为其中包含的潜在无限与实在无限的矛盾乃是芝诺悖论的离散与连续矛盾的引申"[5]，故康托仍没有彻底解决芝诺悖论，因为不能同时解决飞矢不动悖论与阿基里斯追乌龟悖论。连续与间断、潜无限与实无限的矛盾仍困扰着人们。

### （四）罗素与吴国盛否定、怀疑式的探索

#### 1. 罗素也困惑

在芝诺的四个运动悖论中，最令罗素感到困扰的大概要数飞矢不动悖论了，他为此提出三种解决方法："其一是：时空虽确由点和瞬间构成，但其数目在任何有限的间隔中都是无限的。因为任何两个瞬间之间都有无穷多个瞬间，所以，任何一个瞬间的下一个瞬间是找不出来的。其二是：可以根本否认时空由

---

① 洪辛：《芝诺悖论与数学危机》，载《自然辩证法研究》1986 年第 2 期。

② 洪辛：《芝诺悖论与数学危机》，载《自然辩证法研究》1986 年第 2 期。

③ 洪辛：《芝诺悖论与数学危机》，载《自然辩证法研究》1986 年第 2 期。

④ 韩雪涛：《从惊讶到思考——数学悖论奇景》，湖南科学技术出版社 2007 年版，第 105 页。

⑤ 洪辛：《芝诺悖论与数学危机》，载《自然辩证法研究》1986 年第 2 期。

点和瞬间构成。其三是：可以根本否认时空的实在性。"①罗素的第一点隐含了这样一个思想：在任何一段时间或者长度中，如果把所要分割的单位规定得越小，则分割的子时间或子长度的数量就越多。只不过在芝诺那里，瞬间的长度为零，那么，任何两个瞬间之间的瞬间就有无限多个，但我们却找不到任何一个瞬间的下一瞬间，这时，时间就变成离散的了，这与通常直觉到时间是连续的信念相违背，因而，罗素的第二点即对时空由瞬间和点构成的观念提出疑问。如果时空根本上不是由瞬间和点构成，那么，不但芝诺的飞矢不动悖论没有意义，而且我们去解决这个悖论的一切工作也都是徒劳的。

**2. 吴国盛的建议**

吴国盛似乎更倾向于相信物理点并不能等同于数学点，物理运动问题并不一定可以等效地还原为数学问题，也不一定可以用数学的方式去解决。他建议"运动本身是第一位的，而运动轨迹是第二位的，物理经验是第一位的，而数学描述是第二位的，物理事件是第一位的，而时空结构是第二位的"②，因为"对运动轨迹的分析引出了数学和逻辑上的许多问题"③，飞矢不动悖论的例子已经很好地说明了这一点。几何、数学中规定的点与线的关系本身就存在矛盾，用它们去分析运动轨迹必然会出问题，因而，运动本身对我们当下的知识而言，仍呈现出某种神秘不可知性。吴国盛说"运动更为基本而且不可分析，它超出了理论理性。芝诺没能证明运动的不可能性，因为运动根本不可证"④，这种认识在某种意义上与大逻辑学家哥德尔证明的伟大的"哥德尔不完全性定理"工作的哲学意义之一——真高于证明的思想相契合，因为如果认为这些非理性的东西靠得住的话，实际上仍可以通过直觉、想象、猜测等把握运动。

**（五）笔者的想法**

物理学不能解释物体"正在动"是怎么回事，因为在某一瞬间，无论这个瞬

---

① 刘二中：《解析芝诺悖论内含的逻辑漏洞》，载《自然辩证法研究》2005 年第 11 期。
② 吴国盛：《芝诺悖论今昔谈》，载《哲学动态》1992 年第 12 期。
③ 吴国盛：《芝诺悖论今昔谈》，载《哲学动态》1992 年第 12 期。
④ 吴国盛：《芝诺悖论今昔谈》，载《哲学动态》1992 年第 12 期。

间是表示时刻还是表示一段极短的时间,物理学家都无法判断该物体是否在运动,但物理学家可以根据该物体相对于某一参照物的位移发生了变化而断定它"运动了",这就是说,物理学家讲的运动只看到了该物体在某一时刻的初始状态及该物体相对于某一参照物的位置发生改变后的另一个时刻的"结果状态",这里所说的该物体在"初始状态"和"结果状态"时都是静止的,物理学只告诉人们该物体"运动了",但并没有告诉人们该物体的这种运动是如何由一个状态过渡到另一个状态的,换句话说,物理学讲的运动回避了"动""如何动"这种关于运动的实质性的问题。因此,产生的问题是:飞矢由一个地方到另一个地方,如果作为整体的飞矢以它自身作为参照物,那么,在这一过程中,它是运动呢,还是静止的? 这个问题可以转化为作为整体的宇宙是动的呢,还是静止的?

# 三、飞矢不动悖论的意义及我们应该 如何看待芝诺悖论

## （一）飞矢不动悖论所具有的建设性的意义和否定性的价值

### 1. 提出问题

芝诺提出的四个运动悖论挑战了人们以往的运动观,但芝诺做的并非一种完全具有破坏性的工作。芝诺悖论具有的建设性的意义在于它能唤起我们对一些问题进行重新思考,就飞矢不动悖论而言,主要涉及什么是时空、时空是否连续、连续是否意味着不能间断(不可分),时空可不可分、可不可以无限分割,运动何以可能、运动与静止的关系,以及运动、静止与物质的关系等问题。"飞矢如何动"就是这些问题的整合。

### 2. 时间与时间测量

飞矢不动悖论要求我们必须思考时间问题,否则这个悖论绝无可能被解决。牛顿认为"绝对的、真正的和数学的时间自己流逝着,并由于它的本性而与

任何外界事物无关地均匀流逝着"①,并且他认为时间不可测量。爱因斯坦则"把时间看成了'时钟指针的读数'……把时间概念本身和时间的标准以及时间标准的反映(时钟指针的读数)混为一体了"②。如果像牛顿那样承认时间的流逝是连续的,那么,就不可能从任何一只钟表上读出时间正处在某一刻,因为在连续流逝的时间中无法找出这一刻。所以,连续就意味着不可分,可谓"时间可分,非常时间",因此,钟表上的时间是间断的、离散的。实际上,我们不可能做到让钟表上的"指针"连续运动,只能把钟表加工得更加精致,以期它的"指针"能够更接近连续运动,但问题是等到"指针"真正连续地转动时,我们就无法对它进行读数了。所以,真正的连续的时间不可测量,测量的时间并不等于时间本身。芝诺在飞矢不动悖论中提到了瞬间,无论是指时刻或是时间段,他都把时间当作间断的,把时间的流逝看作一个个离散的点或段的"凭空消失式"跳跃。然而,如果仅仅认为芝诺因为没有看到时间是连续的而造成了飞矢不动悖论,那么还是没有理由说明时间就是连续的,即便我们所认为的时间是连续的是对的,也不过是知道了时间的一个属性而已,对于时间究竟是什么,我们仍无法得知。但是,万事万物一旦存在,就好像上了一列时间火车,不停地运作,根本无法控制,不知道它要带我们去往何处,直至我们从这列时间火车上消失。就是说,不管愿不愿意,时间都在流逝着,我们无力改变。

### 3. 空间与空间测量

在没有真正弄清楚空间是指什么之前,我们所说的空间测量一般都具体落实在长度的测量上。实际上,我们从来都没有完全精确地测量过任何东西,这是法国数学家曼德尔布罗带给我们的思考,他于1967年提出了"英国的海岸线有多长"的问题,这个问题看起来似乎很简单,但是,测量的精确程度要受到测量尺度的影响,测量工具的单位规定得越小,测得的长度将越大。测量的极限值是海岸线的长度,但永远都不可能达到这个极限值。当然,我们有理由怀疑这个极限值是否真实存在,因为它的存在是源于长度测量的观念以及测量技术。如果说科学对世界的认只具有明晰性,那也是源于我们给定了某种标准,然后用它对世界进行"衡量"之后的明晰,但这种既定标准本身就带有逻辑缺

---

① 胡成华:《时间和空间的客观本质探讨》,载《重庆交通学院学报》2004年第6期。
② 胡成华:《时间和空间的客观本质探讨》,载《重庆交通学院学报》2004年第6期。

陷，标准本身就具有不确定性、模糊性。因而，几乎可以断定，在科学的、理性的视野下，世界向我们呈现出一幅确定、明晰的图景，但是，万事万物那种浑然一体的模糊性、混沌性仍然隐含在我们认为的那种清晰性当中，精确与混沌不可严格区分。因为精确源于标准、源于测量，放弃标准和知识，我们对世界一无所知。中国的神话故事包含着一种隐喻的说法，例如盘古开天辟地，盘古所持的是一把"理性之斧"，因为有了理性认识，天才是天，地才是地，万事万物才是其所是，但是，理性认识之中仍隐含混沌模糊性。因而，我们求长方形的面积的公式——长乘以宽也许仅仅是被规定出来的，作为一种数学符号表示某种意义，面积也许只表示有那样一块"地"，除此之外，无法得到更多的关于这块"地"的完全精准的认识。我们有理由质疑思想、知识、理论等并不一定真的同世界本身相符合或者相一致。因此，笔者认为康德关于物自体的设定是明智而极富远见卓识之举。时间、空间及运动对我们仍保持着神秘的物自体的姿态，因此，时空及运动问题值得我们更深入地去思考。尽管芝诺本人可能没有这样的意思，但芝诺悖论似乎在暗示我们：人是有限的存在物，不适合思考无限问题。要真是这样，那我们就出于明智的考虑，不再去做那些徒劳的事情了。

### （二）应该如何看待芝诺悖论

#### 1. 芝诺悖论是否可以被解决

芝诺"四个悖论成立的前提分别是空间无限可分、时间无限可分、空间间断（即具有最小单位）和时间间断"[①]，因而，我们要同时解决芝诺这四个悖论，就存在"时空无限可分，当且仅当时空有最小不可分单位"[②]的矛盾，这样看来似乎永远都不可能完全解决芝诺悖论，但其原因之一可能是我们某些知识的欠缺："在现有的经典数谱中，只有'零、无穷小、有穷数、无穷大'这4类数量形式，而在这些悖论中人们却碰到了性质完全不同的7类与数量相关的概念：多、少、存在、不存在、有穷数、无穷大、无穷小。这意味着由于经典数谱中数量形式的

---

① 黄金书、宋太平：《从芝诺悖论和哥德尔不完备性定理看现代物理学的逻辑基础》，载《南阳师范学院学报》2008年第12期。

② 黄金书、宋太平：《从芝诺悖论和哥德尔不完备性定理看现代物理学的逻辑基础》，载《南阳师范学院学报》2008年第12期。

空缺,几千年来人们只能用经典数谱中 4 类数量形式去认识、描述人类科学中 7 类被公认的、客观世界中实际存在的数量形式。"①在没有确切地弄清楚时空之前,现有的关于时空的知识是充满矛盾和内在冲突的,因为,实际中飞矢的运动是那么自然,丝毫没有矛盾,但到了思维中的飞矢就变成"静止的"了,由此,我们有理由怀疑现有知识的完备性,因为芝诺悖论已经告诉我们:解决它的知识已经超出了我们现有知识的范围。

### 2. 芝诺悖论值得人们深思的地方

由于芝诺卓越的工作,我们不得不信服巴门尼德关于存在是一的思想极为深刻,因为分割时空就会出现重重矛盾,在这里要再一次重申巴门尼德的论题:"变化和运动乃是幻象,只有一个存在者,它是连续的、物质的、不动的。"②对于还原论思想,笔者认为:巴门尼德的存在论是最彻底的"还原论",他的存在"泯灭"了一切多样和差异,因为他的存在囊括了所有物质,还包括时间、空间、运动变化及共相。但是盘古已经举起"理性之斧"开了天辟了地,因而,大家起来反驳芝诺,有一种拒斥"共相"的倾向,因为在巴门尼德那里,存在与存在者同一了,存在成了最大的"共相"。所以大家的工作目的是承认事物的多样性,承认丰富多彩的存在者,承认它们本质上不能够还原为一。另外,芝诺悖论是由理性的思维方式造成的,人们去解决芝诺悖论遇到的困扰同样是因为理性的原因,因而,应该反对霸道的理性,直觉、想象、猜测等也应该有它们存在的价值,人们需要康德的《纯粹理性批判》,也同样需要徐志摩的诗。但有一个不容忽视的问题:"全部芝诺证明的价值和重要性恰恰在于,它们是对任何一种数学以及任何一种利用了任何种类无限物和不可分物、并把它们运用到物理世界去的物理学的基础的挑战。"③这意味着涉及了实无限的理论存在逻辑上的缺陷,正像芝诺悖论所揭示的那样,因为有那种矛盾的存在,就有可能。

---

① 欧阳耿:《芝诺悖论、贝克莱悖论和罗素悖论新解》,载《宜春学院学报》2009 年第 4 期。

② 撒穆尔·伊诺克·斯通普夫、詹姆斯·菲泽:《西方哲学史:从苏格拉底到萨特及其后》(修订第 8 版),匡宏、邓晓芒、丁三东等译,世界图书出版公司北京公司 2009 年版,第 16 页。

③ 泰勒主编:《从开端到柏拉图》,韩东晖、聂敏里、冯俊等译,中国人民大学出版社 2003 年版,第 180 页。

# 结论

现有的知识，对诸如时间、空间、连续、分割、无限、零等观念还没有明确而可靠的认识。因而，对这些观念的误用导致了芝诺悖论，但无法用这些观念去解决芝诺悖论。所以，笔者认为，如果你认为芝诺悖论被解决了，那么，这仅仅是因为你相信某个哲学家或逻辑学家或数学家或别的什么家的解决。笔者相信，即使有一天真正、彻底地解决了芝诺悖论，我们也不敢承认这一切是真的，甚至也不会对这种解决做出合理的证明。同时笔者也相信，未来会不断地出现更好的解决芝诺悖论的意见。

# 参考文献

[1]韩雪涛.数学悖论与三次数学危机[M].长沙:湖南科学技术出版社,2006.

[2]金炳华.哲学大辞典:分类修订本[M].上海:上海辞书出版社,2007.

[3]王晓朝.希腊哲学简史:从荷马到奥古斯丁[M].上海:上海三联书店,2007 年.

[4]北京大学哲学系外国哲学史教研室.西方哲学原著选读:上卷[M].北京:商务印书馆,1981.

[5]爱德华·策勒尔.古希腊哲学史纲[M].翁绍军,译.上海:上海人民出版社,2007.

[6]吴国盛.科学的历程[M].2 版.北京:北京大学出版社,2002.

[7]张志伟.西方哲学史[M].北京:中国人民大学出版社,2002.

[8]赵敦华.西方哲学简史[M].北京:北京大学出版社,2001.

[9]撒穆尔·伊诺克·斯通普夫,詹姆斯·菲泽.西方哲学史:从苏格拉底到萨特及其后[M].匡宏,邓晓芒,丁三东,等,译.北京:世界图书出版公司北京公司,2009.

[10]罗伊·索伦森.悖论简史:哲学和心灵的迷宫[M].贾红雨,译.北京:北京

大学出版社,2007.

[11]泰勒.从开端到柏拉图[M].韩东晖,聂敏里,冯俊,等,译.北京:中国人民大学出版社,2003.

[12]黑格尔.哲学史讲演录:第一卷[M].贺麟,王太庆,译.北京:商务印书馆,1959.

[13]鞠昕彤.绝对时空观与相对时空观的辩证关系[J].科教导刊(中旬刊),2010(22):110,131.

[14]刘二中.解析芝诺悖论内含的逻辑漏洞[J].自然辩证法研究,2005(11):1-4,42.

[15]刘二中.芝诺悖论若干解释的辨析[J].自然辩证法研究,2008(8):109-112.

[16]吴国盛.芝诺悖论今昔谈[J].哲学动态,1992(12):23-26.

[17]常晶,郭广报.芝诺悖论新视角[J].福建师大福清分校学报,2008(1):53-56.

[18]洪辛.芝诺悖论与数学危机[J].自然辩证法研究,1986(2):39-48.

[19]林解放.时间究竟是什么[J].自然辩证法研究,2002(2):75-76.

[20]胡成华.时间和空间的客观本质探讨[J].重庆交通学院学报,2004(6):132-134.

[21]吴国林.物质可分无限性再思考[J].自然辩证法研究,2004(3):34-37,110.

[22]张伟平.潜无限和实无限观点下微积分的"以直代曲"思想探究[J].大学数学,2008(1):142-147.

[23]刘伟.芝诺悖论的结构新探[J].河池学院学报,2007(1):23-26.

[24]熊新荣,樊孝喜.试论时空观的变革[J].新疆教育学院学报,2007(2):124-126.

[25]陈卫平.科学时空观的演进与时空特征[J].南京师大学报(自然科学版),1995(2):26-31.

[26]刘又知.对芝诺"飞矢不动"的逻辑分析[J].江西教育学院学报(社会科学),2000(2):33-34.

[27]黄金书,宋太平.从芝诺悖论和哥德尔不完备性定理看现代物理学的逻辑

基础[J].南阳师范学院学报,2008(12):36-40.

[28]欧阳耿.芝诺悖论、贝克莱悖论和罗素悖论新解[J].宜春学院学报,2009
(4):5-7.

[29]鲁俊生.物质不能无限可分[J].世界科学技术,1998(1):16-17.

伦理学与逻辑学

# 荀子人性论及其对当代社会治理的启示

董　爽

## 前言

　　内涵丰富的荀子的人性论思想,对当代社会治理具有重要的启示意义,当然也存在一定的历史局限性。现今对荀子人性论的研究主要集中在其性恶论,但性恶论并不是荀子人性论的全部,荀子的人性论思想还包括对人之所以为人的本质的论证。荀子认为人是有辨的,并且人有气、有生、有知,亦且有义,故最为天下贵。人具有社会性,可以组成群体,具有各自的分工,而禽兽则没有,所以人类是天下最尊贵的。

　　本文主要从三个方面对荀子人性论进行解读与论述。首先,根据文献与资料记载,分析总结荀子人性论的主要内容。其次,通过对比他与告子、孟子的人性论思想,总结他对告子的继承和对孟子的批判,从中分析论证荀子人性论思想中的可贵之处与不足之处。最后,针对当今社会的道德现状,研究荀子的人性论可以得到很多启示,荀子认为通过礼义法度的制约和师法教化来达到化性起伪的作用,则可以使社会安定,人们行为善良。

### (一)选题意义

　　荀子的人性论具有很重要的研究意义。就理论意义来讲,对荀子人性论的研究一直众说纷纭，单独系统地研究荀子人性论的专著却并不多见，所以笔者整理了关于荀子人性论的文本，并分析了人性论的思想。就其现实意义来讲，对荀子人性论的研究是对古代伦理学对现代社会的指导意义的一个发展。当代社会人性问题被越来越多的人重视，科技的发展和社会的进步，伴随而来的是物质欲望的极大满足和不断扩大，荀子说："然则从人之性，顺人之情，必出于争夺，合于犯分乱理而归于暴。"（《性恶》）针对社会现状，我们可以从荀子的人性论思想中得到一些关于政治、经济、文化方面的治理启示。在政治方面，应完善权力运行的制约和监督机制，防止为满足欲望而滥用权力，为权力公开透明运行提供制度保障；在经济方面，进一步完善社会主义市场经济体制，引导和规范人们对利益追求的良性竞争，在全社会树立正确的财富观；在文化方面，进一步加强社会主义精神文明建设和思想道德建设，大力弘扬先进文化，宣传和培养正确的价值观。

## （二）研究现状

人性论是中国哲学史上的一个重要问题，自古以来，哲学家们对人性论的看法不一，主要分为性善论、性恶论、性无善无恶论、自为人性论、性有善有恶论、双重人性论、性三品等。荀子是性恶论的代表人物，他的人性论受到了很多哲学家的关注，这些哲学家对他的人性论进行了不同角度的阐释。

徐复观在他的《中国人性论史》中将荀子的人性论界定为经验主义的人性论，认为荀子的性恶论的一切论据，皆立足于感官经验所能得到的范围之内，由恶向善的通路是心知，用礼来建立一种合理的社会，可是他对于孔孟的仁的精神体认不足，但这并不妨碍他对儒家伦理道德思想的补充和完善。

焦国成在其《中国伦理学通论》中提出荀子的人性论除了性恶论还有"有辨""人有气有生有知亦且有义"，认为人具有社会性，人最为天下贵。这本书从伦理学角度阐释了荀子的人性论。他认为荀子强调性恶，从而他的伦理学更倾向于注重外在的礼义，并且给道德教育和道德修养奠定了基础。

林宏星的《〈荀子〉精读》，是一部专门研究《荀子》一书及荀子思想的著作。他在分析荀子的重要理论与概念时，对比了众多的相关研究，阐发了荀子思想精微，他在研究荀子人性论时，通过梳理荀子"性"及"性恶"的一些概念性问题的区分,指出了"人之性恶"或仅仅只是其"人性"论中的其中一义,荀子显然还有人之所以为人的"义""辨'的义,并且在最后提出了人们所忽略的"伪而成善"中的"伪"除了后天积习义,还有先天能知义的意义。

廖名春在《荀子人性论的再考察》一文中重新梳理了荀子人性论的内涵,他认为性恶不是荀子所说的人性的全部内涵,荀子的人性观是一个多层次的结构,除了指人生而就有的本能,还包括恶的情欲之性和无所谓善恶的知能之性。

李春花在论文《荀子人性论及其现代价值》中对荀子性恶论思想的形成、内容、论证以及遏制性恶的礼义法度进行了详细的梳理和全面的论述,更深入地理解和把握荀子的人性论。

许士中在论文《荀子人性论思想研究》中主要从荀子人性论思想的产生背景、理论来源、治国实践、现代启示等方面对荀子人性论进行研究,阐述了荀子人性论对现代的启示。

纵观以上文献可知,学者们从不同维度对荀子人性论进行了深入探究,并形成了不同的结论。

## (三)研究方法

本文的研究方法主要有文献研究法、对比分析法、综合分析法。

首先,运用文献研究法搜集整理有关研究荀子人性论思想的文献资料,在搜集资料的过程中,可以不断地加深对课题的了解,汲取他人研究中的闪光点,并剖析存在的问题与不足,同时提出自己的观点。其次,在研究荀子人性论的价值与不足时,运用了对比分析法,对比分析了荀子与孟子、告子的人性论思想,进而对荀子人性论进行评价。最后,还用到综合分析法,本文把荀子人性论作为研究对象,并通过对荀子整体的思想特征的把握来分析荀子思想的价值。

# 一、荀子人性论的主要内容

## （一）荀子性恶论

### 1. 性

要研究荀子的人性论，首先要知道荀子所说的"性"是什么。荀子将性和伪做了区分，在区分性与伪的基础上来界定性，荀子在《性恶》中提到："凡性者，天之就也，不可学，不可事；礼义者，圣人之所生也，人之所学而能，所事而成者也。不可学、不可事而在人者谓之性，可学而能、可事而成之在人者谓之伪。"《礼论》中也有"性者，本始材朴也；伪者，文理隆盛也"的论述。《正名》中说："生之所以然者谓之性。"《儒效》也有"性也者，吾所不能为也"。所谓性，在荀子看来，就是天然生成的，不能学习，不能人为做到的，而通过学习能够得到的，人为能够做到的都不是性，而是伪。

荀子把人生而拥有的天资和本能看作性，如眼睛可以看，耳朵可以听。可以看得清离不开眼睛，可以听得清离不开耳朵，眼睛明亮而耳朵灵敏，是不可以通过学习得到的，是天然生成的。再比如，饿了就想要吃饱，冷了就想要取暖，累了就想要休息，这些都是人生而就有的本能，不需学习就有的性情。

相对于性而言，伪则是通过后天学习与实践所掌握的能力、知识，《性恶》中说"夫感而不能然，必且待事而后然者，谓之生于伪"。而礼义、法度在荀子看来是属于伪的范畴，也可以说伪就是对人的本性进行后天的改造，使人之性符合礼义。

### 2. 善恶

在荀子性恶论提出之前，影响最大的人性论就是孟子的性善论。孟子认为人性本善，把人类社会的伦理道德归为人性的范畴。荀子对孟子的性善论进行了否定，并提出了性恶论。荀子在《性恶》中提出："凡古今天下之所谓善者，正理平治也；所谓恶者，偏险悖乱也。是善恶之分也已。"也就是说，善就是合乎法度,遵守秩序;恶就是偏斜阴险,悖道作乱。这是善和恶的分别。荀子认为善是通过圣王所制定的礼义法度来教化治理人们,而使天下能够安定有序,行为善良,恶则是人邪僻奸邪而不端正,悖理惑乱而不守秩序的本性。

荀子认为"其善者伪也",善是人后天伪而得到的,是通过圣人创造的礼义法度和社会准则的教育及环境熏陶而得到的,礼义法度的指导、教育,人们将会为恶。恶则包括人生而具有的好利、疾恶、好声色的习性,是顺从人生而有的欲望与情性所导致的争夺与混乱。

### 3. 人性与善恶

荀子提出性恶论的同时也对其进行了一系列论证。

首先,由欲望好恶论"性恶"。他说人生有好利恶害的情性,是禹桀所同,若顺着情性不加节制,则争夺、残贼、淫乱等恶果产生。依着荀子视"情"为性的好恶喜怒哀乐而言,"顺是,故争夺生……顺是,故残贼生……顺是,故淫乱生而礼义文理亡焉"(《性恶》)中的"顺是",是指顺"情生"而产生"恶"的结果。所以荀子由情性的观点推出"性恶"的结论。

荀子的论证可以分为两步:

第一,以情论性。追逐名利、妒忌憎恨之情以及耳目之欲、声色之好等感性欲望是"人之所生而有也,是无待而然者也"(《荣辱》),是人天生的本性。戴震说的"荀子证性恶,所举者亦情也",指的便是这一步论证。

第二,以情欲产生的后果而不是以其本身论性恶。"故"是表示因果的概念,"顺是"是因,"争夺生而辞让亡"等是果。这些后果是恶的,恶故情恶,情恶故性恶。荀子认为,在自然条件下,人们的感性欲望的发展将不可避免地产生冲突,不可避免地产生恶果。

其次,由积学效果对比"性恶"。"今人之性恶,必将待师法然后正,得礼义然后治。今人无师法则偏险而不正,无礼义则悖乱而不治。"(《性恶》)荀子比较了有礼义导化人,和无师法礼义的差别,并用"君子"与"小人"做对比,提示纵性情,安恣睢是顺情性不加节制而违礼义的意思,而用此推证出"性恶"。

再次,由敬让与情性欲求的对比论"性恶"。荀子认为人伦与孝亲之道并不是出于情性,他说:"今人饥,见长而不敢先食者,将有所让也;劳而不敢求息者,将有所代也。夫子之让乎父,弟之让乎兄,子之代乎父,弟之代乎兄,此二行者,皆反于性而悖于情也;然而孝子之道,礼义之文理也。故顺情性则不辞让矣,辞让则悖于情性矣。用此观之,然则人之性恶明矣,其善者伪也。"(《性恶》)荀子指出辞让礼让反于性、悖于情,故说性恶。

第四,由辨合符验驳"性善"证"性恶"。"凡论者,贵其有辨合,有符验,故坐而言之,起而可设,张而可施行。今孟子曰:'人之性善。'无辨合符验,坐而言之,起而不可设,张而不可施行,岂不过甚矣哉! ……今人之性恶,必将待圣王之治,礼义之化,然后皆出于治,合于善也。用此观之,然则人之性恶明矣,其善者伪也。"(《性恶》)荀子从经验检测的立场,强调"辨合符验",驳孟子的"性善"说,转而强调"性恶"的观点。

第五,心理论证。"凡人之欲为善者,为性恶也。今人之性,固无礼义,故强学而求有之也;性不知礼义,故思虑而求知之也。然则生而已,则人无礼义,不知礼义。人无礼义则乱,不知礼义则悖。然则生而已,则悖乱在己。用此观之,人之性恶明矣,其善者伪也。"(《性恶》)在荀子看来,人普遍具有追求自己欠缺的东西的心理倾向,一个人自身没有什么就会去追求什么。人追求善,说明匮乏善,匮乏善,由此可见,性恶。

在荀子的论述中,既然人之性恶,那善从何来呢?在《性恶》的开头他就明确指出:"其善者伪也。"善良的行为是后天通过伪得来的。那么,何为伪?与不可学、不可事的性相对应,他认为:"可学而能,可事而成之在人者,谓之伪。"(《性恶》)伪就是可以通过后天学习、实践创造的。荀子认为,善是后天的,是人们学习效法圣王、化性起伪的结果。

"今人之性恶,必将待师法然后正,得礼义然后治。"(《性恶》)这就是说人的本性虽是恶的,但可以通过接受老师的教育,礼法的熏陶感化而变得善。既然如此,人们就会问人之性恶,那么师法礼义从何而来?荀子也对其进行了解释。他说:"凡礼义者,是生于圣人之伪,非故生于人之性也。"(《性恶》)"圣人积思虑,习伪故,以生礼义而起法度。"(《性恶》)他把礼义法度等社会伦理规章都归结为圣人人为制定出来的,不是本来就由人的本性产生的。圣人深思熟虑,了解人类的事,设定礼义而制定法度,所以有人就会怀疑圣人的本性中有善,为此,荀子把人性和人的创造物区分开,他认为就像器具是由工人制造出来的,而不是由人的本性产生的一样,礼义也是由人创造出来的,是人的创造物,而不是由人的本性产生的,所以圣人创造了礼义并不代表人的本性就是善的。

那么性恶的人何以会创造良善的礼义呢？在荀子看来，"凡人之欲为善者，为性恶也"。"今人之性，固无礼义，故强学而求有之也；性不知礼义，故思虑而求知之也。"（《性恶》）他认为，一个人本身没有什么，就会追求什么。薄的希望厚，丑的希望美，窄的希望宽，穷的希望富，卑贱的希望高贵，如果本身没有的，一定会向外寻求，由此看来，人的本性是恶的，就会追求良善的礼义。而圣人和众人先天的本性是相同的，不同之处在于后天的作为，圣人可以通过人为的努力来改变人的本性，人为的努力做出后，礼义就产生了。

虽然荀子在《性恶》中始终强调人之性恶，但笔者认为他之所以强调人之性恶，是为了突出后天的化性起伪的过程，也是为了维护礼义之道。对于如何化性起伪，笔者认为荀子是从两方面来阐述的，其一是社会治理的角度，他说："今人之性恶，必将待圣王之治，礼义之化，然后皆出于治，合于善也。"（《性恶》）他认为，设立君主的权势来统治，倡导礼义来教化，制定法度来治理，加重刑罚来禁止，就能够使天下安定有序，人们行为善良。其二则是从自身修养的角度来说。他说："今使涂之人伏术为学，专心一志，思索孰察，加日县久，积善而不息，则通于神明，参于天地矣。故圣人者，人之所积而致矣。"（《性恶》）由此我们可以知道，普通人努力学习道义，专心致志，认真思考，仔细观察，不断积累善行，就可以成为圣人，所以注重个人修养也是改变人之性恶，使人向善的一种途径。

## （二）荀子性恶论以外的人性论

虽然，荀子是性恶论的代表人物，但是，他的人性论思想并不是只有性恶论所概括的，还有对人之所以为人的本质的论述。

### 1. 人之为人在于有辨

荀子在《非相》中对人之所以为人进行了论述，他说："人之所以为人者，何已也？曰：以其有辨也。……夫禽兽有父子而无父子之亲，有牝牡而无男女之别，故人道莫不有辨。"他认为人之所以为人在于有辨，所谓辨，就是分别的意思。他从父子之亲、男女之别两方面说明了人与禽兽的不同，人是有辨的，而禽兽没有。禽兽虽有父子之实却没有父子之情，有雌雄的不同却没有男女的分别，所以荀子认为人之道就在于这个"辨"字。

我们要怎样来理解荀子所说的"辨"呢？在《非相》后文中荀子又说道："辨莫大于分，分莫大于礼，礼莫大于圣王。"由此可知，对事物的区别没有比等级名分更重要的了，等级名分没有比礼更重要的了，礼义没有比圣王更重要的了。所以可以把"辨"概括为包括君臣等级之分、父子纲常之分、男女性别之分在内的一切伦理道德之分，以及礼义形成的和圣王制定的一切分别。焦国成在《中国伦理学通论》一书中也对"辨"的含义进行了描述。他这样写道："'辨'是包含着'圣王'所制定之礼、'圣法'所规定的一切分别在内的，其中既有伦理道德之分，又有政治等级之分，又有职业之分。这个'辨'字，实在是与一切合理的社会关系相联系的。"①

笔者认为荀子所说的"有辨"主要是强调了人的社会性。人之所以为人，而不同于禽兽的关键在于人是一种社会动物，在这个由人组成的社会中，每个人都是有分别、有分工的，在社会中，人们处的地位与所扮演的角色均不同，每天会做与自己的政治地位、职业相符的工作，遵守圣王制定的礼法规范。若人认识到自己在社会中所处的地位和扮演的角色，就会根据社会关系的不同而遵守自己身份所该遵守的原则和礼法。那么，年幼的人就应该侍奉年长的人，卑贱的人就应该侍奉尊贵的人，不肖的人就应该侍奉贤德的人，上级应该爱护下级，下级也不非议上级，知行浅薄的人就尊重推崇仁人智士，而做到这些的前提都是"有辨"，因为"有辨"，才有长幼、贵贱、贤肖之分。

这正如性恶论中所说的，饥饿了想吃饱，寒冷了想取暖，劳累了想休息，喜欢利益而厌恶祸患，是人生下来就有的，人人相同的地方。然而有的人如果饿了，看到长辈就不敢先吃，要有所谦让，累了不敢要求休息，要为长辈代劳，儿子谦让父亲，弟弟谦让兄长，儿子代替父亲，弟弟代替兄长，这都是违反了人的本性和背离了人的性情的，但由于人是"有辨"的，所以有父子之别、长幼之序，有要遵守的礼义制度、孝子的原则。若是没有了分别，那么人之性恶就与禽兽也无异了，所以人之所以为人在于"有辨"。

## 2. 人有气有生有知亦且有义

荀子除了阐述了人之所以为人在于有辨外，还在《王制》中提出了他的另一卓越思想，即"水火有气而无生，草木有生而无知，禽兽有知而无义，人有气、有

---

① 焦国成:《中国伦理学通论》（上册），山西教育出版社1997年版，第142—143页。

生、有知、亦且有义，故最为天下贵也"。在这里，荀子把世间万物分成了四个等级。等级最低的是水火一类的无生物，它们是由元素"气"构成的，除了其物质性的存在外没有别的本质特点。第二个等级是草木类的植物，它们除了是由物质元素"气"构成的之外，还有生命这个本质特点，所以它们也就更高级一些。第三个等级是禽兽一类的动物，它们既是由物质元素"气"构成的，又有生命，还有知觉和意识，所以它们比无生物和植物更高级。最高等级的是人类，人类不仅具有上述三种事物的本质，还具有这三种事物所没有的一种本质"义"。这里所说的"义"并不是指礼义之意。那么什么是"义"？"义是能使得人类结成群体、结成社会的东西，是能使人群有一定的分工、分别的东西。义者，宜也。凡是适于人类社会、适于人群协调的规矩、观念，都可以称之为义。人能够发现这种应当、规范，能够拥有它们、实践它们，这也就是人区别于动物、植物、无生物的本质。"①人有义，用义来区分名分，人们就能够组成社会群体，和谐相处、团结一致，团结一致就能够拥有强大的力量来战胜外物，因此，人虽力气不如牛，奔跑不如马，但却能够驱使牛马，所以我们说人有义，是天下最尊贵的。

性恶论只是荀子人性论的一部分，除此之外，荀子还提到了人之义、人之辨、人之群等，这些都是人之所以为人，异于他类并优于他类的特质。

# 二、对荀子人性论的评价

## （一）荀子人性论的可贵之处

### 1. 维护了礼义之道

荀子对"人之性恶"进行论述的过程中，几乎处处在与孟子的性善说针锋相对。他在《性恶》中分三点对孟子性善说进行了反驳，首先，他认为孟子说人们学习是因为本性是善的，这是由于孟子没有明察人的本性与人为之间的区别，本性是天然生成的，不可学不可事。其次，他又反驳了孟子所说的人是由于丧

---

① 焦国成：《中国伦理学通论》（上册），山西教育出版社 1997 年版，第 143—144 页。

失了本性所以变恶的。他认为现在的人生下来就脱离了它的质朴和资质，必定丧失本性，所以人之性恶就很明显了，人之所以违反本性而背离性情是受到孝子的原则和礼义制度的教化。最后，他从善恶的分别和圣王礼义的现实性角度反驳了孟子的"人之性善"一说，他认为圣王、礼义的存在，正是因为人之性恶，如果人之性善，则不需要圣王、礼义在善良的本性上增加什么了。

由此可见，荀子的性恶论维护了礼义法度的存在，如果按照孟子所说的人之性善，本质上则是确立了人的自我内心意志的权威，而否定了外在社会伦理道德的权威，这会给人们不遵守礼义法度留下缺口。所以性恶一说意在维护礼义之道，确立社会伦理道德的权威，以此来稳定社会秩序，防止社会动乱。这应该是荀子提出性恶所要达到的目的。

**2. 精辟阐述了人的本质在于人是一种社会动物**

人的本质，在其现实性上，就是一切社会关系的总和。而荀子所言人之辨、人之义说也正是如此。人之为人在于有辨，正是强调了人的社会性，说明人存在于一切合理的社会关系中。而人之义则是能使人类结成群体、结成社会的东西，是使人群有一定的分工、分别的东西。这里的人的社会关系可以分为三点。其一，荀子认为人与人结合为群体和社会，应该有各自的社会地位，并且各自的社会地位应该存在等级差异。"有天有地而上下有差，明王始立而处国有制"（《王制》）说的就是上下有差别，要制定等级制度来维护一种等差有序的社会结构。其二，人的社会关系除了指封建社会等级差别制度外，也指社会分工分职。"人不能兼技，人不能兼官"说的就是术业有专攻，人不能精通百业，样样在行，因此，社会需要分工协作，不同行业的人各有专长，各司其职。其三，社会关系中还包括了社会伦理关系，即"君君、臣臣、父父、子子、兄兄、弟弟"（《王制》）。这些社会伦理关系中的角色都按照伦理道德规范行事，社会可安定有序。

### （二）荀子人性论的不足之处

**1. 把人性等同于动物性，是荀子性恶论的重大缺陷**

荀子的人性思想在某种意义上继承了告子。告子主张人性无善恶论，他把仁义排斥在外，认为生之为性，"人性之无分与善不善也，犹水无分与东西也"（《孟子·告子上》）。也就是说人生来的性只是一种本能，没有善恶之分，善是教导积累而成的，而恶也是后天诱发养成的。虽然荀子主张的性恶论与告子主张的性无善恶论不同，但就其对性的解释中可以看出，"生之所以然者谓之性"实际上是对告子"生之谓性"思想的一种承继。这导致了荀子性恶论的一个重大缺陷。

虽然在人之所以为人的本质的说明中，荀子用"人之辨"和"人之义"区分了人与动物的区别，肯定了"人最为天下贵"的地位，但就他在性恶论中对性的解释来说，他仅仅把性界定为"生而有""天之就"的本能，在这里我们看不到人性与动物性的区别，如果人性仅仅只是荀子所说的自然本能的话，那么人恐怕永远也无法从动物界中分离出来，人就不能成为人了。

**2. 荀子对礼义来源和人之性恶的论证的矛盾**

在本文的第一部分中，笔者已经对荀子人之性恶的论证进行了阐述，其中一点就是荀子从礼义教化的起源出发，认为圣王制定礼义法度，就是为了整饬、矫正、约束、引导人的恶性，他说："今当试去君上之势，无礼义之化，去法正之治，无刑罚之禁，倚而观天下民人之相与也。若是，则夫强者害弱而夺之，众者暴寡而哗之，天下之悖乱而相亡不待顷矣。用此观之，然则人之性恶明矣，其善者伪也。"（《性恶》）他通过礼义教化存在的现实性来说明人之性恶，如果人之性善，则可以去除圣王之治和礼义教化了，但若去除后，就会出现天下人悖道作乱，各国相互灭亡的现象，由此他认为人之性恶已经很明显了。

但既然人之性恶，那么教化人们的礼义何来？他对礼义来源的解释是这样的："凡礼义者，是生于圣人之伪，非故生于人之性也""圣人积思虑，习伪故，以生礼义而起法度。"（《性恶》）既然礼义是由圣人制定的，那么荀子又是怎样解释圣人的呢？圣人和普通人又有何区别呢？《性恶》中说："故圣人者，人之所积而致矣""涂之人可以为禹。"在他的论述中可以看出，圣人是普通人积累善行而达到的，在本性上是没有本质不同的。既然圣人的本性也和普通人一样的恶，那么良善的礼义又怎么被制造的呢？虽然他在区分人和人的创造物上说明了圣人创造良善的礼义和人的本性无关，但这并不能解释礼义的起源。所以他用了一个心理论证，认为人都有追求自己匮乏东西的心理倾向。既然人人都有追求善的心理定势，则证明了人性之中有着向善的因素，这与他人之性恶的理论相互矛盾。

# 三、荀子人性论对当代社会治理的启示意义

"然则从人之性，顺人之情，必出于争夺，合于犯分乱理而归于暴。故必将有师法之化，礼义之道，然后出于辞让，合于文理，而归于治。""故古者圣人以人之性恶，以为偏险而不正，悖乱而不治，故为之立君上之势以临之，明礼义以化之，起法正以治之，重刑罚以禁之，使天下皆出于治，合于善也。"（《性恶》）由此可见，荀子人性论中蕴含了对当代社会治理的启示意义。

## 1. 加强礼义法度的作用

笔者从荀子思想中得到的第一点启示是：加强礼义法度的作用。荀子主张明礼义、起法正、重刑罚来治理天下。《礼论》中有言"礼者，养也""礼者，人道之极也"。《富国》中说："礼者，贵贱有等，长幼有差，贫富轻重皆有称者也。"礼就是分配物资财富的标准，是治国的最高原则，是使人们都按照各自的等级地位和社会分工行事的行为规范。礼可以满足人的欲望，建立并维持社会生活秩序。礼的功能是告诉人们欲望的满足应该是有限的。如此，便可以抑制人们的欲望膨胀，维护社会秩序。但在充分发挥礼义的控制功能的同时，也要运用法度对人们行为进行制约，"礼义生而制法度"，荀子往往把礼与法并提，即所谓"隆礼重法"，对不遵守礼义规范的行为要制定惩罚手段，以法律制度的强硬手段来维护礼义规范的实行，以实际的惩罚措施来治理人们欲望膨胀所引起的违反社会道德的行为。

## 2. 重视社会教化

笔者从荀子思想中得到的第二点启示是：重视社会教化。除了要运用礼义

法度来约束人们的行为外,还要注重社会教化在社会治理中的重要作用。荀子主张人之性恶,善来自后天人为,因此后天的社会教化很重要,必须通过后天的道德熏陶和师法教化来纠正人的恶性,引导人们向善。然而化性起伪不能一蹴而就,是一个长期积累的过程,需要外界营造良好的社会教化环境。人具有社会性,是一种社会动物,良好的社会风气和习俗可以对人的成长起到积极的教化作用,因此,应该注重社会宣传的作用,运用媒体进行道德宣传,营造良好的社会环境,并且在当代的教育事业中,培养专业人才,进行文化教育,在进行知识教育的同时,注重道德教育,学生的道德水准、知识才能都与教师有很大的关系,所以要用师法约束人们,这样才能加强积习的善化,形成一个道德的社会环境,使社会稳定有序。

### 3. 完善制度建设

笔者从荀子思想中得到的第三点启示是:完善制度建设。人性中天然存在着趋乐避苦、自私自利等弱点。在社会主义市场经济体制下,要加强社会主义精神文明建设,引导人们形成正确的义利观,形成健康有序的经济和社会生活规范。同时也要加强社会主义法治建设和社会主义道德建设,加强法治与德治相结合,加强对权力运行的制约和监督,建立结构合理和制约有效的权力运行机制。

# 结 论

通过对荀子人性论思想的深入研究,可以看到荀子人性思想的全部并不局限于人之性恶,性恶论只说明了人的动物性的一面,除此之外,人还具有社会性。荀子对人之性恶的论述中虽然存在内在矛盾,但这并不影响荀子性恶论的真正价值是维护礼义之道,改正性善说所存在的弊病,树立社会伦理道德的权威。

人性论是荀子社会管理思想的基础,在社会治理中,可以从荀子的人性论中得到启示规范和约束人天生的欲望,可以完善制度建设,加强对违反礼义法度的行为的惩罚,重视社会教化。在此基础上改善社会不良风气,维护社会道德,减少争夺,使社会安定有序。

# 参考文献

[1]荀子[M].方勇,李波,译注.北京:中华书局,2011.

[2]徐复观.中国人性论史[M].上海:华东师范大学出版社,2005.

[3]林宏星.《荀子》精读[M].上海:复旦大学出版社,2011.

[4]焦国成.中国伦理学通论:上册[M].太原:山西教育出版社,1997.

[5]李景林.荀子人性论新论[J].吉林大学社会科学学报.1986(4):42-48.

[6]丁成际.礼制的规范与人性的理解——荀子人性新论[J].中国哲学史,2012
    (2):25-31.

[7]郑杭生,郭星华.荀子社会治乱思想探析[J].中国人民大学学报,1994(5):
    57-62.

[8]李建华.论荀子性恶论的理论特色及其现代意义[J].湖南教育学院学报,
    1996(1):7-11.

[9]李春花.荀子人性论及其现代价值[D].重庆:西南大学,2007.

[10]杨波.荀子人性学说及其当代价值[D].合肥:安徽大学,2006.

# 从《申辩》篇看苏格拉底的美德论

郭冠宇

## 引言

"雅典公民们！我得到那个坏名声，只是由于我有某种智慧。你们要问，是哪一种呢？我说就是人所能得到的那一种。也可能我确实有那样一种智慧；至于我刚才提到的那几位所具有的，我想也许可以称为超人的智慧。"①根据《申辩》篇中的这段话，"自认其无知"的苏格拉底也是承认自己具有智慧的，这智慧"就是人所能得到的那一种"。而对于"超人的智慧"，苏格拉底接着谈道："因为我不懂这些，而谁说我懂，都是在说谎，制造对我的污蔑。"②对此，我们就有了一些疑问："超人的智慧"指什么？为什么苏格拉底说他不懂？而苏格拉底所拥有的究竟是哪一种智慧或知识呢？

要解答以上问题，并从中理解苏格拉底对智慧和美德的观点，我们首先要回到苏格拉底所开启的哲学转向。

通常认为，相对于希腊早期的自然哲学，苏格拉底使哲学从天上回到了人间，这是因为苏格拉底关心的是人事而不是自然，苏格拉底对自然不感兴趣，而呼唤人们去关注人本身的问题。笔者认为这一看法停留在问题表面，还没有深

---

① 北京大学哲学系外国哲学史教研室：《西方哲学原著选读》（上卷），商务印书馆 1981 年版，第 65 页。

② 柏拉图：《苏格拉底的申辩》，吴飞译，华夏出版社 2007 年版，第 76 页。

入把握问题的实质。

## （一）前苏格拉底哲学的思维

我们先来回顾前苏格拉底哲学的思维方式及其所考察的对象。伊奥尼亚自然哲学是古希腊哲学的开端，具有为意识到的一切寻求最高统一性的万物本源论式思维，但所认定的本源，考察到的对象还是生灭变化不已的感性性质，如水、气。在毕达哥拉斯学派中诞生了真正意义上的数学，他们对数、量概念有了自觉，但考察的对象仍是仅有量的规定性的对象，方式方法也仍处于康德意义上的感性直观。埃利亚学派后的诸家自然哲学的核心范畴，如种子、原子，虽经过存在概念或量的范畴的中介，但终究是假设的存在。总之，早期希腊哲学所考察、把握的对象基本还没有触及现实关系中的现实事物，而考察方式也基本上是感性直观的，即外在的、直接的方式。到了智者派，思想的主观能动性被自由发挥，但这种思想还没有取得客观的内容，因而他们互相争论，莫衷一是。

## （二）思维方式和对象的转变

苏格拉底哲学考察的对象和方式方法发生了重大变革。思维对象转向了现实感性事物，思维方式也从抽象的、孤立的感性直观转向了反思的思维。

早期的苏格拉底对自然哲学是感兴趣的，也曾经提出过一些问题。从《斐多》篇中可见一斑，"我年轻的时候，曾经热切地希望知道那门称为自然研究的哲学，希望知道事物的原因……最后才得出结论：我自己是完全没有能力作这种研究的，绝对不行。这一点，我将充分地向你证明。因为我已经被这些问题迷惑到两眼昏花的程度，有些东西我原来认为自己和别人都知道得很清楚，现在也看不清了"①。"我曾经认为自己很有把握，看到一个大个儿站在一个小个儿旁边，就说这一个比那一个高一头。"②在谁比谁高一头的问题上，苏格拉底企

① 北京大学哲学系外国哲学史教研室：《西方哲学原著选读》（上卷），商务印书馆 1981 年版，第61 页。

② 北京大学哲学系外国哲学史教研室：《西方哲学原著选读》（上卷），商务印书馆 1981 年版，第62 页。

图把握现实关系中的现实对象，结果把自己弄糊涂了。事实上，在苏格拉底之前，古希腊人的思维方式基本是直观的、外在的。而谁比谁高一头这个问题涉及了关系范畴，需要较发达的反思思维才能把握，由此可见，苏格拉底的反思意识已开始觉醒，但还无能力解决问题，所以"被这些问题迷惑到两眼昏花的程度"。苏格拉底提出的与此类似的问题的记载还有很多，反映的问题大体一致。

以上表明，苏格拉底思考过自然哲学问题，而且还是一种毫无功利的纯粹思维，而之所以转向寻求人间的智慧，很可能是因为在困惑中得出类似自然的奥秘只有神知道的结论，从而知难而退。所以，简单地认为苏格拉底对自然不感兴趣才去关心人事的想法是经不起反思的。事实上，苏格拉底与自然哲学家是有着某些共同点的，比如，追求统一性的思考路向，这一点较为明显，又如，为知识而知识的科学精神，这一点可以参见《申辩》篇，"这件工作使我非常忙碌，没有时间参加任何公务，连自己的私事也没工夫管。我一贫如洗，就是因为事神不懈的缘故"[1]。这里谈到苏格拉底因"事神不懈"而"没有时间参加任何公务"，甚至"一贫如洗"，而"事神不懈"就是去过一种爱智、求善的生活，这是毫无功利的求知精神，与自然哲学家的科学精神相一致。

综上，苏格拉底使哲学从天上重返人间，并不是简单地不关心自然而关心人事，而是在苏格拉底看来，自然的奥秘只有神才知道，"认识你自己"比认识自然要容易得多，因为认识人是认识自身，不需要任何认识工具和手段，认识的对象是自己。总之，苏格拉底完成从天上到人间，从自然到自我的转向，是有内在必然性的。

由此，我们也大致理解了苏格拉底在《申辩》篇中所说的"超人的智慧"。在理解现实关系中的现实事物时，需要发达的反思，以及用具体的范畴去规定现实事物，但这对当时的希腊人来说，是超出理性思维的发展水平的，是办不到的，因而是"超人的智慧"。

---

[1]　北京大学哲学系外国哲学史教研室：《西方哲学原著选读》(上卷)，商务印书馆 1981 年版，第68 页。

# 一、美德与智慧

接下来笔者将探讨苏格拉底拥有的"人所能得到的那一种"智慧。这种智慧在《申辩》篇的后文中以神谕的方式表述为:"人们哪! 象苏格拉底那样的人,发现自己的智慧真正说来毫无价值,那就是你们中间最智慧的了。"①很明显,这就是著名的"无知之知"。对于"无知之知"我们可以追问这样几个问题:第一,"无知"是对什么无知? 第二,想要知道什么? 第三,为什么说"无知之知"是最大的智慧?

## (一)"美德即知识"初探

首先来回答前两个问题。根据《申辩》篇,可以先排除一类"知",即苏格拉底所访问的政治家、诗人、工匠这一类人的知识。在苏格拉底看来,他们的知识,要么是一些经验智慧,要么是灵感。这不但不符合苏格拉底理性主义的认知方式,也明显不是苏格拉底所要追求的知识,而且这类人不但无知,还自以为智慧。那么,苏格拉底心目中的真知是什么呢?

由前文讨论的苏格拉底的哲学思考对象从自然转到自我,加之苏格拉底与人讨论问题又总是聚焦于"善本身""勇敢本身""正义本身"等一类关乎人的共相的问题可知,苏格拉底想要知道的、努力追求的应是以上的这一类知识,而他所说的"无知"的也正是这一类知识,因为对于这类知识才刚刚开始探索,还没有结出丰硕的果实,当然他"无知"的也应包括前面所说的那一类"超人的智慧"。

由此,我们得出结论,苏格拉底心目中真正的知识正是关于人的一些美德的一般定义,是比较狭义的,或者说要求比较严格的,也正是在这个意义上,知识和美德得以统一起来,因此,"美德即知识"。

---

① 北京大学哲学系外国哲学史教研室:《西方哲学原著选读》(上卷),商务印书馆 1981 年版,第68 页。

（二）"无知之知"

那么，为什么说"无知之知"是最大的智慧呢？难道无知就是智慧吗？有学者分析说"一个无知又自卑的奴隶，自然不会享受苏格拉底的境界"[①]，诚然，无知谈不上什么境界，有自知之明也只是比自以为是的人高那么一点儿，要以无知来求知才称得上是智慧。有了"无知之知"就具备了求知的根基和追求更高知识的动力。此外，邓晓芒先生认为："这样一个追求更高知识的过程，恰好就是人的理性无限超越的上升过程。在这个过程中，人的智慧虽然是在构成理性，但它和神的智慧相比算不了什么。人是有限的、无知的。"[②]可见，"无知之知"是超越之路的起点，也是不断超越自我、否定现存过程中所始终伴随的智慧。

在求善、求知的超越之途中，明确了所要追求的美德或真知，但只有"无知之知"的智慧仍是不够的，还必须具备恰当的认知方式和方法。

# 二、美德与理性

在探讨苏格拉底的认知方式、方法之前，须先对他的理性主义有所知，这对于理解、把握其美德论是必要的。

上面已经谈到，古希腊哲学到了苏格拉底这里，考察对象和认知方法都发生了重大转折，这一转折是根本性的。进一步分析，笔者认为，这个转折是理性主义的转折，是有内在必然性的自我意识的转折。

（一）对奴斯概念的发展

在苏格拉底之前，希腊哲学已经发生了一次重大转折，这次转折是由埃利

① 柏拉图：《苏格拉底的申辩》，吴飞译，华夏出版社 2007 年版，第 158 页。
② 邓晓芒：《古希腊罗马哲学讲演录（二）》，载《西南政法大学学报》2007 年第 2 期。

亚学派发起的，以巴门尼德为代表。这一转折否定了生灭变化不居的感性世界的真理性，达到了那超越于时空之上的独立自在的纯粹思想领域。

这之后，在阿那克萨哥拉的奴斯概念中，一方面，思想的主观能动性被意识到，另一方面，苏格拉底对奴斯概念的内涵还不够深入，就如他在《斐多》篇中所说的那样："我怀着多么大的希望，又遭到多么惨的失望啊！我往下看，发现这位哲学家完全不用心灵，也不用任何其他安排事物的原则，而是求助于气、清气、水以及其他稀奇古怪的东西。"①不过，也是由于思想的主观能动性已经被意识到了，之后才会出现智者派百家争鸣的局面。普罗塔哥拉的著名命题"人是万物的尺度"，是说每个人都有一个逻各斯作为规定万物的不同的主观倾向，这也正是那个时代智者派相对主义的写照。

到了苏格拉底这里，他努力摆脱智者派那种游离于客观性之外的主观性，深入挖掘奴斯概念的内涵。苏格拉底的神与阿那克萨哥拉的奴斯概念密切相关。苏格拉底对希腊城邦的旧神只是表面上的尊重，实际上他有自己的神，这个神是理性神，因为即便是在苏格拉底清醒的时候也能接到神的指示，而不是像希腊祭司那样与神交流。

阿那克萨哥拉认为，奴斯在宇宙万物之外独立存在，它使万物运动，并且具有一切事物的知识，能认识一切事物。由此可见，奴斯不仅是人的能动的理智，而且是客观自在的能动的理性思想，它是客观唯心论意义上的自在自为的客观思想。

而苏格拉底的理性神显然继承、发展了阿那克萨哥拉的奴斯概念。苏格拉底的理性神的首要内容是意识到自身的普遍思想，这种思想是无限内在的，这种内在性就在于它不断地否定自己、深入自己地运动着。这里，思想意识到自身的否定性，以自身为对象，意识自身的这种思想就成了自我意识。因此说，苏格拉底的转向是理性的转向，是自我意识的转向。

苏格拉底开启了自我意识的转向，也正是这一反思才摆脱了智者派造成的相对主义的局面。因为，相较于早期的希腊哲学以朴素、直接、外在的方式把握思想，反思的思想不再是直接的思想，也就是说，思想只有反思自身才能真正认

---

① 北京大学哲学系外国哲学史教研室：《西方哲学原著选读》（上卷），商务印书馆 1981 年版，第63 页。

识自身。反思意味着思想向自身"问问题",不断深入自身,这使理论理性、理性思维能力取得了重大的进步。一个人用理性的方式反省它的心灵本身,挖掘的东西不但是属于他自己的,而且是具有普遍性的。这就克服了智者的相对主义,达成了普遍性,意味着不但理性的思维能力是绝对的,而且它的内容也是客观的。黑格尔曾谈道:"这就是意识复归于自己,这种复归,在另一方面就是摆脱它的特殊主观性;这正意味着意识的偶然性、偶然事件、任意、特殊性被克服了,——亦即在内部去获得这种解脱,获得自在自为者。"①

## (二)认识论与方法论

### 1.理性主义认识论

苏格拉底的自我意识转折已经鲜明地体现了他的理性主义倾向。苏格拉底反对朴素反映论的认识论,主张理性主义的认识论或者说是目的论的认识论。

在《斐多》篇中,苏格拉底讲道:"他也可以用类似的方式来说明我同你谈话的原因,把它归之于声音、空气和听觉。他可以指出一万种诸如此类的原因,却忘了那真正的原因。"②"这样说是分不清什么是真正的原因,什么是使原因起作用的条件。"③在这里,苏格拉底明确反对朴素反映论的认识论,察觉到那只能获得表象的、有限的认识,意识到因果性、机械必然性是外在的条件,而事物是其所是的本质规定性,要靠理性主义的反思才能把握到。因为只有理性返回到自身,以自身为对象而不再外逐,以它自身作为万事万物的原因,才能给出目的因,给出绝对的答案。

苏格拉底在这里并没有对目的因详加阐释,但已初步察觉目的因是万事万物的最高原因,是安排一切事物的绝对原因。

与这种目的论的认识论结合在一起的认识方法就是黑格尔所说的"积极辩

---

① 黑格尔:《哲学史讲演录 第二卷》,贺麟、王太庆等译,商务印书馆 1960 年版,第 43 页。

② 北京大学哲学系外国哲学史教研室:《西方哲学原著选读》(上卷),商务印书馆 1981 年版,第 63 页。

③ 北京大学哲学系外国哲学史教研室:《西方哲学原著选读》(上卷),商务印书馆 1981 年版,第 64 页。

证法"。

**2."积极辩证法"**

苏格拉底的辩证法是在对话中进行的,概言之,是试图依据对象的种属加以辨析、考察对象。他与人对话不是随意的闲聊,而是努力遵循类、属、个别事物间的关系,是在力图把握思想本身的逻辑。这在本质上是纯粹理性的辩证方法,是在考察人的理性灵魂。当然灵魂并不是现成的,而只能在不断探索的过程中去把握。

苏格拉底的辩证法的目的是要认识事物"是什么",即认识事物"是其所是"的本质规定性,达到一般的定义,这就兼具了逻辑学、本体论、认识论、方法论的意义。具体说来,包括反讥、归纳、诱导、定义等环节,主要是通过启发、比喻等方式,循循善诱,帮助对方说出蕴藏在头脑中的思想,让对方自己去领会、体悟。

辩证法以对话的方式展开,以期达到一般定义,即一种普遍的逻各斯。在对话中,发现问题,解决矛盾,按思想本身的逻辑辨析、甄别,并注重达成统一的见解。的确,"他把逻各斯的这种矛盾纳入到了努斯精神的寻求过程之中,发现矛盾、解决矛盾,推进逻各斯本身,变成了这样一个过程"①。也正是在这样的过程中,表明逻各斯并不只是个人主观的准则,更是普遍的客观法则。

苏格拉底的辩证法之所以被黑格尔称为"积极的辩证法",正是因为其不断上升,不断超越,致力于寻求超越于相对的逻各斯之上的、具有统一性的逻各斯,其终极目的是善的逻各斯。

（三）"美德即知识"再探

从苏格拉底的认识论和辩证法的角度,再来看"美德即知识"这个命题,就会有新的收获。美德或善是神的目的性,它也同时内在于人的心灵之中,每个人都潜在地拥有美德。而人爱智、求善,就要关照自己的灵魂或"认识你自己",就要高扬奴斯的能动超越性,去探寻那超越于主观相对的逻各斯之上的、真正具有统一性的善的逻各斯,即运用理性的认识能力去把握善的概念,这才能拥

---

① 邓晓芒:《古希腊罗马哲学讲演录（二）》,载《西南政法大学学报》2007 年第 2 期。

有真正的美德,获得真正的知识。

在爱智、求知的道路上,有了目的、动力和方法,最终还要投入实践中。苏格拉底的美德论有着鲜明的实践色彩,对于美德一词,叶秀山先生分析说:"这个词的基本意义还是与'人'相关的,即主要是人的优良品质,这种品质有一种能动的作用,它不是单纯的理论性的、静观性的,而是实践性的。"①笔者认为苏格拉底的美德概念不但是理论的知识,而且是实践概念,美德不仅包含了人的全部优秀品质,还要将这些品质付诸实践,在现实中发挥其能动性。这种美德论的实践精神突出的体现就是苏格拉底之死这一事件,即给后人带来无尽思索的向死而生的超越。

# 三、美德与"神"

如上所言,苏格拉底的美德论有着强烈的实践性,这种实践性又与苏格拉底对神的信念密切相关。下面笔者将通过对苏格拉底的神的分析来进一步揭示其美德论的内涵。

前面已探讨过,苏格拉底的神的概念承接阿那克萨哥拉的奴斯概念而来,其首要内容是自我意识着的普遍理性,因而是理性神。除此之外,根据《申辩》篇,它还有一些重要特征,值得深入探讨。比如,苏格拉底曾说:"有一种神物或灵机来到我的身上,这就梅雷多诉状中讥笑的那个神。这是一种声音,我自幼就感到它的来临;它来的时候总是制止我去做打算要做的事情,但从来不命令我去干什么。就是这个灵机阻止了我从事政治活动。"②

这里是说,苏格拉底的神总是在阻止他,下达否定性的神谕。这显得很神秘,令人难以理解。但笔者认为,如果参照康德哲学中的一些内容,也许对理解此问题会有所帮助。

---

① 叶秀山:《苏格拉底及其哲学思想》,人民出版社1986年版,第129页。
② 北京大学哲学系外国哲学史教研室:《西方哲学原著选读》(上卷),商务印书馆1981年版,第70页。

（一）"神"与康德道德律的一些共性

康德在《道德形而上学基础》中总结道：所有的德性概念都完全先天地在理性中有自己的位置和起源，这无论在最普遍的人类理性中还是在最高程度的思辨理性中都同样是如此。[①] 康德哲学以自由作为道德法则的存在律，以道德作为自由的认识律，肯定道德律作为实践理性的先天形式直接对意志动机立法。道德法则时常以劝阻人不要做什么的形式，即否定性的形式出现，因而康德有时称之为"德性的诫命"。

由此看来，苏格拉底的神与康德哲学中的道德律无疑有某些相似之处。这里可能有一个矛盾，就是说道德律有时也要求人去做善事，而苏格拉底的神却是一味劝阻。其实，也不尽然。比如，在《申辩》篇后文，苏格拉底劝勉雅典人省察自己的灵魂时说道："你们要清楚，是神命令如此的。"[②]"像我这样，受命于神，献身城邦的一个，这城邦就如同一匹巨大而高贵的马，因为大，就很懒，需要一只牛虻来惊醒，在我看来，神就派我到城邦里来当这样的一个。"[③]显然，神也是有正面的旨意的，因而苏格拉底才会有这样的使命感。《申辩》篇中苏格拉底的说法之所以会出现前后"矛盾"的情况，从道德本身来讲，当人为恶时，道德律这种客观法则与感性欲望的主观准则的冲突尤为深切，道德律的否定性作用、警戒性的一面大为彰显，这容易使人在谈起否定性的一面时过于侧重，而对它的另一面容易忽视。

以上是试图从康德哲学的角度对苏格拉底的神做出一点理解。通过比较可以发现，康德哲学中的道德律与苏格拉底的神在某些功能上确有相近之处，主要表现在先天性、道德属性以及对意志动机的立法作用等方面。

（二）"神"与康德道德律的重要区别

康德哲学中的道德律与苏格拉底的神也有明显的不同，这是本质性的

---

① 参见伊曼努尔·康德：《道德形而上学基础》，孙少伟译，九州出版社 2007 年版。
② 柏拉图：《苏格拉底的申辩》，吴飞译，华夏出版社 2007 年版，第 109 页。
③ 柏拉图：《苏格拉底的申辩》，吴飞译，华夏出版社 2007 年版，第 111 页。

区别。

康德是先验主观主义者,在他的哲学中,道德律作为先天形式虽是对一切有理性者普遍有效的客观法则,但这是一种主观的普遍性,由于形式与质料的分离,它是不具有客观实在性的。而苏格拉底的神、灵魂是具有客观实在性的,是比感性事物、自然律更真实的实在,是能够永生不朽的。

这种差异根源于古希腊人的理性与近代人的理性的差异。近代自笛卡儿以来,主体性原则确立,主客二元分裂的观念逐渐深入人心。由此,理性仅被视为人主观的理性,被局限在主观范围之内。近代人心灵之内的一切对“我”都是透明的,思想都是“我”在思想,一切存在都是为意识的存在,心灵中的思想是本己的,都是透明着显现的,并无神秘感可言,自然就不会把纯粹理性、先天法则视为神。也是这个原因,近代以来,宗教开始普遍衰败,甚至得出“上帝死了”的结论。

而古希腊人的思想是朴素、直接的意识,没有达到近代人无限内在的主观性意识,没有近代人主客二元分裂的鸿沟,他们的思不是“我思”,因而常把意识的内容看成客观的,看作外在于我的客观实在。卿文光认为:“希腊人把纯粹理性视为神,原因是希腊理性未经自我意识的中介,或者说这种理性思维还不是自我意识着的思想。”①的确,苏格拉底虽开启了自我意识的转向,但首要的、根本上的还是把理性视为自在存在,理性的主体性还没有得到深入发展。这就是苏格拉底视理性为神和神、灵魂具有客观实在性的原因。

## (三)“神”、灵魂在美德论中的意义

康德从纯粹实践理性要求的角度提出了灵魂不朽和上帝存在的两个公设。他以自由意志为基础,假设灵魂不朽,从而给人建立起追求完善道德的目标。因为美德的实现只有在向着完善性的无限进步中才能达到,所以进步的主体只能是具有无限持续的实存和人格的不朽灵魂。这个公设一方面保证了美德的实现,另一方面也使人看到自己的有限性,从而能够进行不懈努力。而上帝存在的公设是至善实现的保障,也是确保动机、效果的协调一致。这是出于实践

---

① 卿文光:《论希腊理性与近代理性的若干差异及其缘由》,载《哲学研究》2004 年第 7 期。

意图的需要并具有可理解性，也是纯粹理性的信仰。

由此可见，康德灵魂不朽、上帝存在的两个公设在其道德哲学中有着相当重要的地位。而苏格拉底的神兼具了先天的主观普遍性和客观实在性，并无形式、质料的分离。此外，康德把知识限于现象界，而将信仰置于物自体的领域，知识与信仰分属两端。而苏格拉底认为"美德即知识"，知识是对灵魂最内在的认识，这意味着知识可以通达本体领域，知识与信仰相一致。因此，苏格拉底的美德论具有一种高度的内在统一性，形式与质料，知识与信仰间统一而无割裂。

在苏格拉底的美德论中，美德或善体现了神的目的性，由神分给每个人，因而每个人的灵魂深处都潜藏着美德，如果能够"认识你自己"，对自己的灵魂有真知，就可以领会人神合一的境界，超越有限而迈向无限。这就为追寻美德指出了一条理想性的超越之途。

总之，苏格拉底的神和灵魂具有实体性，也就意味着自我意识着的思想取得了客观实在的内容，而不再仅是观念性或主观的形式了，这就使应然的美德走向了实然。

# 四、美德、灵魂与幸福

在临刑前，苏格拉底道出了那段万古流传的震撼人心之语："不过，是该走的时候了，我去死，你们去生。我们所去做的哪个事更好，谁也不知道，除非是神。"[①]

苏格拉底对神的信仰、对灵魂不朽的信念使他能够在死亡面前坦然不惧。按上文分析，灵魂具有精神实体性，因而它能够超越自然，对抗自然的否定，乃至一切外在的否定，达到永生不死。因此苏格拉底虽说"谁也不知道，除非是神"，但他的大义凛然告诉我们，他深信，人的灵魂是和神同一的，人能把有限的自我解放出来，和普遍的我即神相同一，人的灵魂能够永生不朽，并不随肉体的腐烂而消失，死后仍能过着爱智、求善的生活。

的确，苏格拉底是为追求智慧、美德而活，亦是为了求善、求真而死，所以他

---

① 柏拉图：《苏格拉底的申辩》，吴飞译，华夏出版社 2007 年版，第 142 页。

毅然做出了向死而生的超越。由此可见,苏格拉底生的根据与死的理由是同一的。从生到死,苏格拉底以他的一生为其美德论做了最好的注释。

总之,苏格拉底的美德论旨在督促人们关心德性、改善灵魂。

# 参考文献

[1]黑格尔.哲学史讲演录:第二卷[M].贺麟,王太庆,译.北京:商务印书馆,1960.

[2]柏拉图.苏格拉底的申辩[M].吴飞,译.北京:华夏出版社,2007.

[3]北京大学哲学系外国哲学史教研室.西方哲学原著选读:上卷[M].北京:商务印书馆,1981.

[4]叶秀山.苏格拉底及其哲学思想[M].北京:人民出版社,1986.

[5]邓晓芒.古希腊罗马哲学讲演录(二)[J].西南政法大学学报,2007(2):3-18.

[6]邓晓芒.论古希腊精神哲学的矛盾进展[J].华中师范大学学报(人文社会科学版),2001(5):42-47.

[7]卿文光.论希腊理性与近代理性的若干差异及其缘由[J].哲学研究,2004(7):85-90.

# 古典功利主义的思想逻辑及对其的诘问

*伊宁*

## 前言

功利主义是西方伦理思想史上极具重要地位和影响力的思想流派,宣称道德的目的是使最大多数的人获得最大幸福,这无疑是伦理思想史上的一场革命。它将自己的体系根植于人性和人的需要之上,从人的自然本性来解释道德,试图建立一套基于人性的道德理论。除此之外,它还注重道德同社会的关系,试图通过理性促进人与人,人与社会的良性结合。古典功利主义正是功利主义整体中的源头部分,所以其重要地位不言而喻。本文立足于18世纪英国社会的大背景,首先对古典功利主义的产生进行社会历史背景的说明。其次,对于英国功利主义代表性人物边沁、密尔进行展开讨论。边沁的思路是以苦乐原理作为基础,通过确定一种法律来保障实现个人的幸福以及集体的最大幸福,他力图使二者达到平衡和一致;而密尔则是从个人幸福的角度来说明,最大多数人的最大幸福原则是个人自由的一种最终追求目标,这是他对自由和道德品质的深层挖掘,也是对于古典自由主义的一个超越。综合来看,功利主义是把知识和幸福整合到一起的理论,它把理性全部置于自然性的快乐之中,使抽象的幸福概念具体化、现实化。最后,按照这样的思路对两个人物的思想过程进行梳理,同时按照马克思主义原理的思维方式,对其进行分析讨论。

# 一、古典功利主义概述

这里的古典功利主义主要是指形成于 18 世纪下半叶,在英国社会改革运动中作为意识形态的强调功利的伦理思想。

## (一)古典功利主义产生的背景

关于古典功利主义产生的背景,本文将主要从英国近代社会及其历史渊源两个方面来论述。

### 1. 英国近代社会的背景

古典功利主义产生的背景要追溯到十七、十八世纪的英国社会。

英国资本主义经济的迅速兴起,以及对中世纪不完善制度的彻底改革,为英国即将到来的社会革命、产业革命、土地革命等提供了前提条件。原有的农业经营方式的改变,以及工厂手工业向大工业的转变,都对传统的道德观念产生了历史性的影响,社会的阶级发生变化,比如自耕农消失,中产阶级觉醒,出现了大量的雇佣劳动等,相应地,人们的社会生活方式也发生了转变,这逐渐使金钱成为人们进行道德评判时所要考虑的重要因素。因此,道德的本质问题,以及个人利益与公共利益的关系问题不得不被纳入伦理学体系思考的范畴。

### 2. 功利主义的历史传统

古典功利主义的渊源可以追溯到古希腊时期。前苏格拉底时期研究的一般是自然哲学的问题,但是到了苏格拉底时便转向了人与社会的问题,尤其是伦理问题,它是苏格拉底哲学活动中的核心问题。纵观整个古希腊伦理学,除了柏拉图对宏观的国家和社会伦理进行了研究之外,其余主要集中在个人伦理学方面,尤其是个人的幸福问题(包括快乐与痛苦问题)。这就出现了两种基本观点,"一是把感性快乐从属于理性支配,或从属于德性的支配。二是把感性快乐看做是一种基本的人生幸福。从前一种基本观点出发的伦理学就是我们称为'理性主义伦理学'或德性论的伦理学;从后一种基本观点出发的伦理学则是感性幸福论的伦理学"①。这两种冲突的主题最终以后者压制前者而告终。

文艺复兴以来,感性幸福论首先通过人道主义的形式再次颠覆了基督教神学所确立的禁欲主义,这也为功利主义的产生奠定了一定的基础。继而,功利主义伦理学作为一种新兴伦理学理论在文艺复兴和启蒙运动中产生。可以说,18世纪出现的以边沁为代表的功利主义学说不是无根的偶然事件,而是一个富有人文情怀的、历史性的思想发展成果。它直接受霍布斯、洛克以来的感性经验论影响,尤其受休谟在《人性论》中所阐述的德性具有功利性和愉悦性的观点影响。

### (二)古典功利主义的思想概述

古典功利主义的核心是考察行为,以及与行为有关的(包括行为本身和行为的后果)快乐与痛苦,以此作为其伦理学思考的出发点。古典功利主义对行为的合理性做出了规定,一个人的行为正当与否在于它的影响力是否能够带来相比较而言的最大幸福或快乐,可以说,这同时指明了行为目的和行为的对象,即前者是幸福,后者是追求利益。功利主义认为人的本性是自私的,认为人的本性是趋乐避苦的,因而提倡通过理性使人与人、人与社会结合,实现个人的幸福,并通过法律保障社会秩序来实现社会幸福,即最大多数人的最大幸福。从本质上来看,无论是快乐论还是幸福论,古典功利主义都是从人的自然本性来解释道德的,它寻求一种建立在人性基础上的道德发展的规律和原则,或者说,它所倡导的是一种感性幸福论。

# 二、古典功利主义的创立时期
## ——边沁功利伦理思想体系

伦理学家一般认为功利主义伦理学的创始者是边沁,因为他首次把功利主义伦理学的完备成熟的理论形态阐发出来。

---

① 龚群:《当代西方道义论与功利主义研究》,中国人民大学出版社2002年版,第270页。

### （一）边沁理论产生的理论传统和理论氛围

边沁思想的背后其实是整个文艺复兴以来的传统，他既受到哈奇生理论的影响，也受到法国启蒙运动中功利主义因素的影响。边沁所创造的功利主义的时代便由此开始。

**1.英国经验情感伦理学**

边沁理论直接继承了英国经验主义的观点，即运用自然科学的方法，重视经验和观察，寻求一种结果的原因和原因的结果。其实，这种经验主义是社会性的一种经验主义，因为它并不认为自己能够完全听从于经验。从另一个角度来看，这种社会性的经验主义也是一种情感论伦理学，因为其往往着眼于人的道德情感，不相信普遍利益而极其重视个人利益。比如从霍布斯的伦理学中可以看到利己主义的影子；休谟在《人性论》中也明确地提出了德性的两个并列的本质，即功利性和愉悦性，而德性的价值在于它的有用性，这是人们对于高尚品质产生敬意的依据。

**2.哈奇生的理论奠基**

18世纪的英国哲学家哈奇生在功利主义思想整个发展史上具有重要的意义，因为他第一个明确提出了功利原则。"在这个意义上，哈奇逊可说是现代功利主义之父。"[①]他强调了道德情感的社会性，并以功利计算的方法提出了功利主义的原则。这种计算方法其实也就是行为的判断标准——最大多数人的最大幸福原则。另外，他也以联想的方式说明了心理的苦乐同道德的善恶是如何联系到一起的，这些都是功利主义思想的先声。

**3.法国启蒙运动的功利主义思想**

作为欧洲最大的一场思想解放运动之一，18世纪法国启蒙运动在本国也同样掀起了以感性幸福论为特征的功利主义思想。爱尔维修、霍尔巴赫、贝卡里亚等人思想中就有明显的功利主义倾向。比如爱尔维修主张一种合理利己主义和公益论相混合的观点，要求将个人利益与公共利益紧密地结合到一起。贝

---

① 龚群：《当代西方道义论与功利主义研究》，中国人民大学出版社2002年版，第284页。

卡里亚在他的《论犯罪与刑罚》一书导言中提到："如果我们看一看历史，就会发现法律是，或者应当是人们在自由形态下彼此之间的契约，然而它们绝大部分已经成为根据少数人的情感，或者偶然的原因，或者临时的需要而制定的。它们不是由那些对于人性做过冷静考察的人制定的，这些人知道怎样把众人的行为归结为一点，他们只考虑一个目的，即最大多数人的最大幸福。"①然而，他所提出的这些只是原则性的观点并没有展开论述，边沁正是在此基础上，综合内容，厘清思路，并进行了阐述。

## （二）边沁的功利主义思想

"在古典功利主义者看来，自然的事实与道德和政治理论之间存在着密切的关联。他们将某些自然事实直接地视作道德和政治理论的基础，试图将道德和政治理论建于经验的基础上，而不是建基于独断和迷信之上。在他们看来，既然人类追求快乐、利益和幸福是一个普遍的主导性的动机，那么，任何道德和政治理论就必须认可这一事实，并以这一事实为出发点去建构理论。"②边沁把这种功利原理以苦乐出发，从个人扩展到社会大众，同时作为衡量个人行为和政府措施的基本原则。边沁的思想体系主要包括四个部分。

### 1. 苦乐感觉论

边沁的苦乐原理是他理论大厦的基石部分。他的个体道德理论是以经验论为基础，对德性观的一种考量。他结合自然科学，并按照贝卡里亚的计算思路来对苦乐进行计算。他对于痛苦和快乐进行了详细的划分。苦乐可以分为简单的和复杂的，并可依赖心理联想进行合成与分解。然而他认为快乐在质的方面是没有差异的，区别只在于量，这样就避免了人们因为快乐质的不同而可能产生的矛盾。

"马克思主义伦理学把道德定义为：由一定的社会经济关系决定的，依靠社会舆论、传统习俗和人们的内心信念来维系的，表现为善恶对立的心理意识、原

---

① 边沁：《政府片论》，沈叔平等译，商务印书馆1995年版，第29页。
② 杨伟清：《古典功利主义与道德理论的建构》，载《道德与文明》2007年第3期。

则规范和行为活动的总和。"①不同于马克思主义的概念,边沁把道德观念、原则都建立在感觉经验基础上,而不是来自理性,他认为首先要考虑的是个人的感觉体验,而不是天赋和先验。人最基本的两种感觉就是苦与乐,这便是经验中一个不可争的事实。使用道德规范来对人的行为进行约束,实际上是通过人们对于苦与乐的感觉而产生的,只有这样才能了解到从什么样的行为方式中能够得到好处。边沁正是把人性的这种感性特征作为出发点,以快乐为轴心,并以因果论作为其理论的内在链条,他认为我们的所有行为都受它们支配,简言之,人的本性是趋乐避苦。事实上,这种思想是把快乐放大了,如果抛除苦乐之后,所有的美德也将变得没有意义。

### 2. 行为后果论

对于苦乐原理的阐述决定了边沁必然走向行为后果论的道路,即将行为的道德评价建立在行为的后果之上,而不是行为者的动机。正当的行为是能够最大限度地增加人们快乐的行为,反之则是道德上不正当的行为。

边沁认为,动机论只强调道德的动机性,而这动机也是取决于人的"内心"的。对于动机论的驳斥,他结合了经验的因素从正反两方面进行了说明,他指出,好的动机在现实经验中都可以走向相反的一面,而一些人起初认为是坏的动机,也可以被看成是善的。人的动机是没有绝对性的,好与坏是相对而言的。因此,他认为这种仅凭动机说话的倾向是阐明不了行为的善恶的,因为每个人都是厌弃痛苦的,人的内心是追寻着幸福的,而这些只能从其效果中体现出来。

这种行为后果论渗透了古典功利主义者对于行为的规定,主要包含两个部分:其一是对行为目的的规定,认为一切行为都是为了追寻幸福的,虽然这种幸福只是处于快乐之中的那种状态;其二是对行为对象的规定,功利主义者是要追寻那种能够产生幸福的东西,是要追寻自身利益的。

### 3. 最大幸福原则

不了解功利主义的人都把它直接划归为利己主义,事实上单就目的论来讲,功利主义确实提倡利己主义,因为它所追寻的是人内心中快乐的感受,但是,行为的目的和方式其实并不是绝对等同的,这一点通过最大幸福原则可以

---

① 陈伦华:《论道德本质的功利和非功利二重性》,载《前沿》2005 年第 10 期。

很好地体现出来。对此,古典功利主义者提出了一个内涵十分丰富的原则,即最大多数人的最大幸福原则,通过此原则的阐述可以更好地体现功利原则的实质。

这种最大幸福是一种广泛意义上的社会公益论,即每个人都不应该损害社会的公共利益,因为社会公益包含自己的一部分利益,人们应该首先实现自身的利益,这样社会利益才能增加,才能实现最大幸福。从大众角度讲,即最大多数人的最大幸福原则,这是一种对社会整体性的构想和思路,他认为最大的幸福只能属于多数人而非少数人,社会利益是始终高于个人利益的。之所以提出这个原则,是因为"在他看来,最大幸福原则能够清楚地指明'苦'与'乐'的观念,同时又会使人们想到所涉及的利益攸关的人,因而更能简单有效的说明功利原则的实质"①。

### 4. 法律调节思想

边沁的法律调节的伦理思想是其整个思想体系中的一个重要组成部分。他之所以提出功利原则的新道德标准,主要是为了促进法律调节及社会改革的实现。好的立法可以保证个人幸福快乐以及社会中大多数人的幸福的实现,因为法律可以预防犯罪的发生,阻止人与人之间可能发生的冲突、伤害,甚至战争。可以说,法律调节思想是苦乐原理、行为后果论原理以及最大幸福原则的一种合理体现,对社会有一定的积极作用。

边沁的这一系列思想被人们概括为"边沁主义"。由于他的改革主张蕴含着法律、政治,以及一些社会观念方面的激进要求,所以在当时的社会上唤起了一大批有志之士的共鸣,他们形成了社会团体,并传播边沁的思想,使其更加通俗易懂,这群人就被称为"功利主义者"。

# 三、古典功利主义的繁荣时期——密尔的修正和发展

密尔对边沁思想进行修正的同时,也提出了相对来讲更加完善的理论,比如幸福主义、个体自由理论,以及良心制裁理论等等。功利主义在密尔时代达

---

① 张黎:《论边沁的功利主义》,西南大学硕士学位论文,2009。

到了最繁盛的时期。

## (一)密尔对边沁思想的修正

边沁的功利主义思想是时代的产物,随着时代的变化逐渐显示出其体系的不成熟。密尔摆脱了边沁功利三义狭隘、僵化的一面,他在对边沁理论进行有力辩护的同时,对古典功利主义的主要思想做了某些修正和发展。"边沁的功利主义体系,在快乐论和最大幸福原则之间,留着一段理论上的空白。密尔担起了填补这段空白的工作。他是用心理学上的联想主义理论和社会感情论来作为快乐论向利他主义过渡的理论中介的。"①

边沁只关注了生活中能使人产生快乐的事情而忽略了个人的其他方面,密尔站在经验主义的立场,通过联想原理,对人的本性和道德的本性做了更加全面的理解。

就伦理思想体系而言,密尔对快乐主义的修正作用主要体现在两个方面:一方面解决了边沁理论无法将人的快乐与动物的快乐相区分的问题,另一方面提出人在享受生活的同时要满足质和量两个方面的要求。对于人的本性而言,存在着两种不同的快乐状态,一种是物质的快乐,另一种是精神的快乐,后者较之于前者更为高尚。这种区分其实是对快乐更高层次的要求,也是边沁的苦乐原理所不能解决的。

## (二)密尔功利主义的思想要点

密尔既是功利主义极其忠实的拥护者和捍卫者,也是边沁思想的修正者。他的功利主义思想主要包括如下几个方面。

### 1.从快乐主义到幸福主义

密尔的思想转折核心主要体现在他对于幸福的理解。幸福是密尔的核心概念,尤其是他详细分析了幸福的存在状态。这是帮助深入理解快乐的质量的不同、个人实现自我价值的关键因素。密尔对幸福的理解更趋向于伊壁鸠鲁主

---

① 王润生:《西方功利主义伦理学》,中国社会科学出版社 1986 年版,第 69-70 页。

义,都企图通过对快乐做出一种广泛意义上的解释来减弱快乐对于享乐的依附。但是他却不仅仅将幸福等同于快乐,而是意识到了苦乐原理的局限性,他试图把人的内心修养当作人类幸福的首要条件之一,这便是把幸福的来源从外部索求转向内在萌生的过程。

首先,幸福被密尔具体化了,它被等同于德性,德性是达到幸福的途径。但是密尔的观点仍旧没有脱离人具有趋利避苦的本性,正是这种与苦乐相联系的特点,人才会趋向于追寻幸福,并最大限度地远离痛苦。其次,当个人作为社会成员中的一员时,便会达到一种对共同体的共同善的追求,即普遍幸福。从这一点讲,密尔的幸福主义也是一种公共幸福主义。最后,幸福本身也是一种功利的目的,它是对快乐的修正。功利主义追寻一切可以达到幸福的元素,以满足自身欲望。

### 2. 个体自由思想

密尔认为的个人的自由和发展主要通过其幸福理论发展而来。他认为一个人如果想拥有全面的幸福,是不能脱离集体对个体的培养,因此要尊重个体的多样性,从而使社会中的个体得到自由的发展。

个体的自由主要是指,每个公民在不危害他人人身利益的情况下,都拥有自由的权益。然而当个人危害到他人权益时,就理应受到社会法律的惩罚。在一定程度上讲,这是以个人利益作为衡量能否达到自由的标准,具有一种古典功利主义的倾向,即个体在不妨碍他人的情况下就可以绝对的自由。自由在这里不是他唯一的目的,而是一个有利武器,这样密尔就可以试图在个人权益与社会干涉之间找到一个界限,以划定个人自由的领域来促使个人实现幸福。

### 3. 良心的裁制

边沁的思想主要是把社会的整体力量当作道德的一种约束力,这种约束力的形成主要是依靠人们趋乐避苦的本性,但是密尔在边沁的基础上还加入了自己的见解,他按照经验主义的原则,在人的道德性中发现了社会性的因素,认为道德情感也可以作为社会的一种约束力。密尔依据这样的思路建立了自己独有的良心论,弥补了边沁思想的不足之处。

良心的制裁是一种内部的制裁。密尔"一反传统的见解,把良心看作是后天的,由环境和教育培养而成的,可谓独树一帜"①。因此可以说良心是一种道德意识的内在化而生的道德习惯。他的主要思路是这样的:首先通过边沁的外部制裁理论形成一种道德与苦乐之间的心理联想,其次当形成一种道德性习惯后,就会因共同的利益使人们联系在一起,这样便可以培养出一种社会情感,以形成内在约束。从本质上看,这种情感即是个人的良心。

# 四、密尔之后功利主义伦理学的发展

密尔的功利主义理论在很长一段时间内都是英国社会主要的伦理学理论。然而无论是边沁的思想,还是密尔的修正完善,甚至密尔之后捍卫者的论断,基本均采用过于通俗单一的标准来作为衡量尺度,一些理论论证也还不够完善,因此遭到不同批评者的驳议和质疑。比如,"功用主义的批评者对密尔的理论提出了不同的观点,密尔的捍卫者和试图合理解释密尔思想的人对功用原理的诠释也不尽相同。对密尔的功用主义伦理思想的驳论、质疑或是发挥往往超出了密尔的证明本身,体现出对伦理学的基本结构、伦理原理、道德义务的来源和本质等伦理理论问题的广泛关注和探讨"②。

总结地讲,对古典功利主义具有致命性批判的主要是西季威克和摩尔。

西季威克批评功利主义是建立在直觉论上的理论,尤其是经过密尔修正过的功利主义与直觉主义在结果方面并无差异。它虽然可以为人们提供道德思路,但是却已偏离了功利主义本身的基本方向。被称为"元伦理学之父"的摩尔在1903年发表的《伦理学原理》中系统地抨击了古典功利主义。他受休谟的影响仔细区分了事实判断与价值判断,对"善""行为的目标"等概念重新加以定义,认为任何行为法则在直觉上都不是自明的,可以说他创立了一种"理想的功利主义"。这使得古典功利主义的根基遭到了质疑并逐渐式微。

然而古典功利主义在英国本土的式微并不意味着它在世界范围内的彻底消失,因为它仍为人们提供一种从后果判断行为的道德意义的思路。很多流派

① 王润生:《西方功利主义伦理学》,中国社会科学出版社1986年版,第117页。
② 宋希仁主编:《西方伦理学思想史》,湖南教育出版社2006年版,第443页。

都有它的影子，比如美国本土兴起的实用主义伦理学便可以被看作是功利主义的继承者。

所以古典功利主义的衰落并不是完全取决于学术上的论证不足，而是也取决于一些社会历史原因，即它本身不能够适应英国资本主义经济和社会发展中所出现的新的情况和要求。英国古典功利主义的总体发展历程表明，一种理论如果想要走得更远，不仅仅取决于学术上的完善，还要能够适应社会整体意识形态的新要求。

# 五、古典功利主义的内在思想逻辑

作为一个能够在西方思想史上影响至今的流派，按照理论体系来讲，功利主义其实是一个结构比较完整的体系。在当时所处的时代背景下，边沁和密尔的这种新型思路向人们阐明了道德抉择的依据。按照思维模式来讲，尽管人是一种理性动物，但是人们始终无法脱离经验的指导和对利益的追求，"毕竟功利主义契合人们体现在追求整体和长远的益处最大化的常识性的道德直觉，这正是功利主义能够保持其勃勃生机的奥秘之所在"[1]。从这个角度来看待古典功利主义便会不失偏颇。

## （一）情感主义的思想基础

英国经验论情感伦理学以对人情感要素的分析而入手，由人的情感来诉说人的心理倾向，表达人的动机，这就在一定程度上把道德确立在心理学的基础上了。可以说英国经验论情感伦理学的一个根本特点就是把人的情感与人们所感受到的苦乐联系到一起，这其实是一种想象或者说是一种联想的心理。古典功利主义把它当作行为正当与否的评判标准。

---

[1] 甘绍平：《功利主义的当代价值》，载《中国社会科学院研究生院学报》2010年第3期。

## （二）效用原则

从功利主义理论本身的获利最大化的基本主张来看，以快乐或是幸福作为基础的古典理论，是一种重视分析、后果的理论形式。因此从其发展到衰落，主要是以功利主义式的幸福原则和行为后果原则为主线。但是这种内在线索也是随着两个代表人物的思想侧重而有所不同，具体表现为个人苦乐、社会群体幸福、个人内在自由。边沁关注行为利益最大化，密尔更注重内心的道德、人性的规律。

## （三）个人与社会关系

对于个人与社会的关系，二人主要围绕两个方面进行论述。其一是幸福问题，即个人幸福与社会最大多数人的最大幸福的关系，这是一种对社会整体性的构想和思路，最大的幸福只能属于多数人而非少数人。其二是利益问题，即个人利益与社会利益的关系，这是社会公益论的一种表现形式，因为社会的总体利益总是包括个人利益的，所以人们首先应该实现自身利益，继而努力增加社会的利益。

总结来讲，无论是边沁主张的自我牺牲精神，还是密尔主张的利他主义精神，对个人与社会关系的论述都是核心的一个环节。从本质上讲，二人是前后相继的关系，均主张一种"合成"的思想，这一点同时也是边沁的独创思想。

# 六、对古典功利主义的总结

古典功利主义的主张一直遭受外界的争议，其中包括与反功利主义、义务论、直觉论和正义论的论争等。通过对这几个论争的列举，可以总结出对古典功利主义几方面的诘问。

（一）围绕功利主义的论争

自古典功利主义产生之日起,各种派别都对古典功利主义进行批判,与古典功利主义的论争也一直不断。事实上,这种论争也是其原则进行论证的另一种方式。

**1. 功利主义与反功利主义的论争**

在边沁创立功利主义之时就出现了对功利主义的诘难,反对者坚持直觉主义、禁欲主义等等。边沁对此做出了一些回复,认为他们或把个人的情感作为一种原则,而否定了去寻求外在原则的必要,也否定了那些对功利主义的原则的曲解。比如禁欲主义从趋乐避苦的原则推导出苦行主义的结果,这是一种矛盾的推导过程。因此他认为这些反对者所提出的道德理论无法成为真正的伦理原则。密尔在边沁的基础上更强调了以分析的方式来对待,并尤其强调了直觉主义和义务论在阐述中所显示的理论方式的不同。

**2. 功利主义与义务论的论争**

古典功利主义与义务论在很多方面都存在着明显的分歧。如针对康德"善良意志"等一类道德原理的论争,密尔采取了温和的调和方式。两派论争的主要问题便是道德义务。边沁激烈地反对责任与义务,认为它是与功利主义目的论冲突的,行为的善恶应该完全取决于后果。密尔对此列举了一个十分有力的例子:他说无论一个人是为了道德还是为了报酬而去救一个溺水者,他的行为效果都是好的。所以密尔的辩驳不否定良好品性的重要,同时认为品性对于道德评价并没有过多意义,如果在功利论中加入义务论的因素,那么功利论的体系便会不完整。

**3. 功利主义与直觉论的论争**

直觉论主义者主要反对边沁的道德裁制理论,认为要从人的理性或者善良的天性中去寻找一种能够推动道德进步的动力。从外在的形式上看,他们更加注重并善于反省、思考个人的内在的道德生活。所以他们认为边沁的理论过于狭隘,认为边沁只考察了道德约束力的一种,即违反道德的人在渴望得到帮助的时候无法得到帮助,但是事实上道德约束力的内容要广泛得多。对此,密尔给出了解释和回应,他纠正了边沁的这种片面性,同时提出了自己的内在制裁理论,以此来解决这一问题。

### 4. 功利主义关于正义的争论

密尔明确地认识到了正义问题是古典功利主义的最大的理论难题。从他的著作中可以看出他的这一担忧。密尔曾在书中用很大的篇幅来分析正义和功利的关系。概括地讲,他主要通过正反两方面的例证来说明正义论是一种被强加的义务论,而被认定为公正或正义的行为则是保护了人们所拥有的既得利益。因此,这种认定也是依据具体情形而转变的。相比较而言,功利其实是一种便利,这种便利主要在于合适,合适是需要进行权衡的。所以,古典功利主义正是通过经验来权衡苦与乐、幸福与不幸福,并最终通过行为的后果进行判断。

## (二)对功利思想的诘问

古典功利主义的方法论是以经验为基础的,它首先从大量的事实中分析共性因素,再从行为的动机中进行推断。龚群在他的文章摘要中做了一种直观的表述:"边沁的功利主义为苦乐原理、效果论和功利原则这样三个理论基点所构成。这是一个有着内在逻辑困境的三原理。苦乐原理由于没有进行内在的质的区分,为密尔所修正,但密尔的修正突出了苦乐原理与效果论的内在不一致;同时,密尔以自我牺牲来补充功利主义,又暴露了功利主义原则的内在矛盾。还有,密尔以平等权利来为功利主义的最大幸福原理辩护,恰恰表明功利原则并非是可以成为一个理论的基础性原则或终极原则。"[①]通过以上的分析,笔者对功利主义的保留意见可以具体分为以下几点。

### 1. 对苦乐原理的诘问

《伦理学导论》一书中通过列举例子而提出一些对古典功利主义的保留意见,主要包括三个方面:强行伤害人以使他人得利、强行伤害人以终止他们的痛苦、要求严格的公正无私。从这里可以看出,功利主义理论是一种将个人或者社会问题都趋于简单化的理论,其最直接的原理就是趋乐避苦。这种苦乐原理

---

① 龚群:《对以边沁、密尔为代表的功利主义的分析批判》,载《伦理学研究》2003 年第 4 期。

就是预先把苦乐赋予了善和恶的意义,把快乐和痛苦的免除作为唯一具有内在价值的东西。虽然密尔对此做了修正和完善,主张一种具有广泛内涵的幸福概念,但他对快乐的质和量的修正既具有破坏性又使自己陷入了一种窘境,因为快乐已经是衡量行为正当与否的标准,如果还要对其加以质的规定的话,就等于在快乐之上再确立一个更高的标准,这本身是无法实现的。密尔的幸福主义也一定程度上使得幸福与金钱名利无差别,善恶只不过是让人感到快乐或痛苦的性质而已。

**2. 对最大幸福原则的诘问**

最大多数人的最大幸福原则可以被看作公共意义上的幸福。功利主义者们把这种公共幸福等同于个人幸福的简单相加,这就缺少了一种德性与幸福的逻辑蕴含关系,所以边沁主张的最大多数人的最大幸福原则虽然从对个人的关注延伸到对社会群体的关注,但没有关注到个人利益与社会利益之间的矛盾与冲突,而只是对二者关系进行了单纯的统一。

**3. 对后果论的诘问**

后果主义所提供的道德推理方式,对人们进行道德思考有一定影响。这种思想看似简单,但根植于每个人的思维中。这种思维方式的弊端在于忽略了个人所做出的自我牺牲以及个人价值。

通过前文对后果论与直觉论的论证可以发现,行为者本身也是一个不可或缺的概念,那些为了达到整体最优后果而牺牲个人利益的方式也并非最佳选择。这种抛弃常识道德而维护功利的做法值得仔细思考。

# 结论

本文的目的是使读者对于英国古典功利主义有一个完整的理解,因为一种学派的解体并不意味着这种思想的解体,所以对其理解不应该仅停留于"功利""利益"之类的字眼,而应该以一个整体的视角来看待功利主义的兴起、繁盛和衰落。

古典功利主义并没有仅仅局限于个体价值,反而,边沁和密尔都提供了一种社会性价值心理趋向。这种趋向也是对现实利益与道义责任之间的探讨。它具有正反两方面影响，一方面它按照经验要素肯定了幸福快乐的价值和注重行为结果的重要性，另一方面也使人们的心理倾向于自我利益的收缩。

本文按照马克思辩证唯物主义和历史唯物主义的思路来看待古典功利主义的发展历程。通过对边沁和密尔二人功利思想的正面阐述和脉络梳理，以及列举和分析各学派对功利主义的诘问，厘清古典功利主义的思想逻辑。由于学识有限，一些需要深度追问的理论将在未来的研究中去弥补。

# 参考文献

[1] 龚群. 当代西方道义论与功利主义研究[M]. 北京：中国人民大学出版社，2002.

[2] 边沁. 政府片论[M]. 沈叔平，等，译. 北京：商务印书馆，1995.

[3] 牛京辉. 英国功用主义伦理思想研究[M]. 北京：人民出版社，2002.

[4] 王润生. 西方功利主义伦理学[M]. 北京：中国社会科学出版社，1986.

[5] 史蒂文·卢坡尔. 伦理学导论[M]. 陈燕，译. 北京：中国人民大学出版社，2008.

[6] J. J. C. 斯马特，B. 威廉斯. 功利主义：赞成与反对[M]. 北京：中国社会科学出版社，1992.

[7] 龚群. 现代伦理学[M]. 北京：中国人民大学出版社，2010.

[8] 陈伦华. 论道德本质的功利和非功利二重性[J]. 前沿，2005(10)：195-197.

[9] 杨伟清. 古典功利主义与道德理论的建构[J]. 道德与文明，2007(3)：50-53.

[10] 张国友. 试论密尔功利主义的内在张力[J]. 社科纵横（新理论版），2011(3)：203-204.

[11] 钟明华. 西方功利主义伦理学的现代反省[J]. 学术研究，1998(6)：28-32.

[12] 龚群. 对以边沁、密尔为代表的功利主义的分析批判[J]. 伦理学研究，2003(4)：58-66.

[13] 甘绍平. 功利主义的当代价值[J]. 中国社会科学院研究生院学报，2010

（3）:38-44.

[14]张黎.论边沁的功利主义[D].重庆:西南大学,2009.

# 从他律和自律角度看人为什么要有道德

车孟欣

## 前言

作为研究社会道德现象的学问,伦理学意在揭示社会道德现象最一般本质,以及其发展的最一般规律,但是社会道德现象是复杂的、多样的,尤其在当前社会进步、科技发展给人们的物质生活带来了空前的满足的情况下,价值多元给人们带来了新的挑战,传统的伦理观念受到冲击。我们为什么要有道德?道德究竟要求我们做什么样的事情?什么样的生活对我们来说是好的生活?这些看似老生常谈的问题,都在引发新的追问和思考。现实生活中,有时为了自我利益而打破某个道德规则,虽然没有被别人发现,但是仍然会良心不安,在每一个反思的时刻,我们都会为自己的行为寻找约定俗成的道德要求的合理性。本文借助哲学价值论,从他律和自律的角度对伦理道德本身进行一次反思和考察,具有理论意义与实践意义。

## 一、道德起源理论的历史回溯

人为什么要有道德,即人为什么需要道德?道德需要专属于人,黑格尔曾谈道:"动物用一套局限的手段和方法来满足它的同样局限的需要。人虽然也受到这种限制,但同时证实他能越出这种限制并证实他的普遍性,借以证实的首先是需要和满足手段的殊多性,其次是具体的需要分解和区分为个别的部分和方面,后者又转而成为特殊化了的,从而更抽象的各种不同需要。"①在这里就把人的需要与动物的需要相区别,尽管自然界万物都受到一定局限,但是人具有超越性,从而使人的需要不同于动物的需要,二者本质的区别就是动物的需要是本能的、消极被动的,而人的需要则是自觉的、主动的。关于道德产生理论,笔者主要就先验道德论和契约论展开阐述。

## (一)先验道德论

### 1. 孟子的先验论

中国先秦时期就出现了探讨人的本性的哲学命题,其中孟子的"性善"与"良知"说对当时及后世具有深远影响。孟子从先验良知的角度,对人为什么要有道德进行辩护,从而为人的道德性寻求了一个形而上的依据。

在孟子看来,人天生具备行仁的可能性,道德属性是人的先验属性,人性善是德性发生发展的基础,并且善是人的内在本质的必然。"恻隐之心,人皆有之;羞恶之心,人皆有之;恭敬之心,人皆有之;是非之心,人皆有之。"(《孟子·告子上》)这"四心"可以外发为具体的道德行为,从人性的形而上角度为人能够为善行仁提供了保障,并且这"四心"是上天给予人之为人的资质,也是人的"良知良能"。为善的基础是良知,良知是人与生俱来的,因此,人人都能够为善,具有为善的可能性。良知是人的本性,只有它才能体现人之为人的特性。"人之所以异于禽兽者几希,庶民去之,君子存之。"(《孟子·离娄下》)道德良知的必然存在性是人区别于动物的标准,道德良知必然内在于每个人的品性之中,同时这也预设了作为人的道德责任,并且使儒家伦理规范具有合理性。

### 2. 康德的先验论

康德从先验的普遍理性入手来证明现代道德的合法性,他在《道德形而上学》中指出,人具有实践理性,是认识和实践的主体,并且是作为目的本身而存

① 黑格尔:《法哲学原理》,范扬、张企泰译,商务印书馆1961年版,第205页。

在,在认识和实践领域都是"立法者",通过普遍意志而产生的普遍规律和法则确立人们行为的道德标准,实践理性的自我立法意味着把道德律令作为自己内心的法则和实践的行为规范,道德律令是实践理性本身的无条件的绝对命令,康德在自由和理性的基础之上,在实践领域建构了人类的道德王国。每个有理性的人都应当追求至善的道德,并且为了共同的善而不懈追求。人们所说的道德不应该建立在个人权利上,而应建立在人与人之间的社会关系之中,个体对善的选择实则依赖于在社会、文化和历史的背景中共同营造的善良意志的体系对善的整合。实践理性追求德性与幸福、理想与现实的统一。

康德对自律和他律概念界定之中的理性是"纯粹理性",即不含任何经验内容,不指任何有限事务,是纯粹形式、无条件的原理,所以也可被称为"绝对命令"。

## (二)社会契约论

### 1. 共同体

亚里士多德在《政治学》中指出,人天生就是政治动物,在政治共同体,即有社会制度的国家之中(即当时的城邦),存在着广泛的利益关系和矛盾,在对人与人、人与社会之间的利益冲突进行调节的过程中,形成了一些最简单的行为规范和准则。

道德的社会基础和决定因素是生产劳动。在生产和交换过程中,人们的经济关系逐渐形成,社会关系逐渐加深,人们开始对道德有了要求,伦理观念就此产生。当代人的共同的道德规范来自道德主体对它们所处的道德情境的理解。在新的社会关系中道德主体整合出新的伦理观念,这是一个对传统伦理观念扬弃的过程。

### 2. 契约精神

契约,在英文中为"contract"或"compact",源于拉丁文"contractus","contractus"由"con"和"tractus"二词组成,"con"乃共同之意,"tractus"是交易的意思,"contractus"的本意为共同交易。古典社会契约理论家认为,人生而平等,每个人都享有自由平等的权利,并且一个人只有在自己的自由选择下,按照自己意愿行事，才能受到约束，才是符合伦理要求的，在其过程中要想达到一种自愿互利的状态，就要求人们在一定程度上让渡自己对于自由的自然权利。契约代表着正义，契约精神本位就是一种理性、自由、平等、互利的精神品格。有序的社会离不开社会主体间形成共同的道德规范，这就涉及社会秩序的公共善问题。

政治共同体的主要目的是维护和保障人的自然权利和道德权利，在"自由"和"同意"中，就指向了对公共善的问题的思考。

社会契约理论之所以具有吸引力，是因为它并不把一个规范的道德或政治理论建立在某种形式的形而上学的基础上，而是建立在对人性的某种分析和考察的基础上。把道德规则设想成每个人为了理性地追求自我利益而必须遵守的规则。避开"什么样的生活对我们来说是好的生活"这个问题，以共同体的集体理性精神制定维护社会生活可能的必需的规则。

# 二、道德自律和他律

一般来说，我们所讨论的自律和他律都是在个人道德领域的自律和他律，也就是道德自律和道德他律。

## （一）释义

道德他律的直接含义是人或道德主体赖以行动的标准或动机，受制于外力，受外在的根据支配和节制。实质上表明在道德领域人没有绝对的自由，要受超出道德自身和道德主体自身的道德规范，即道德他律的外在约束。道德他律对个体具有外部约束力，社会通过教育、宣传、习俗等形式使道德对个体进行影响和规范，促进个体行为社会化。道德他律的内容有科学和非科学之分。

与道德他律相对的道德自律，可以概括为：人作为主体自主地约束自己，限制自己。只是在主体如何实现这种自我约束、自我限制，人的自律是否与外在因素有一定关系等问题上，却产生了分歧。康德认为：一件出于义务的行动之所以有道德价值，并不在于它所要达到的目的，而在于它所依据的准则，因此，并不取决于行动对象的实现,只是取决于行动所依据的准则,与欲望的对象完全无关。摆脱外在功利因素,服从绝对命令这一最高法则的情况才是自律。在中国古代,传统伦理强调"修己以安人""为人由己""无时不省察""内省""内讼""省察克治""养心""在事上磨炼"等,认为如果不在省察上下功夫,那么便会陷入罪恶的泥沼而不自知。

### (二)道德他律与道德自律的辩证关系

个体道德自律转化为社会道德他律。道德自律在"自在"阶段并不成熟,不能达到个体道德完善的境界。在长期的社会交往中,总是会出现一些人先意识到哪些"该做",哪些"不该做",这些意识在个别人身上展现出的良好效应使之逐步成为共同体所有成员的共识,在此种意义上,可视为个体道德自律由"自在"开始转化为社会道德他律的某些内容。道德自律在内容上受到道德他律的制约。康德的自律论认为道德价值的根据只在人自身,个人自觉地去认识外部世界的规律性和必然性,把自己的行为限制在规律性、必然性和必要性所允许的范围之内。因此,道德的自律,就其本质意义来说,应当是指道德主体在必然性的基础上,为自己立法,自觉地按照道德规范的要求指导和约束自己。

道德他律向道德自律转化。自律是与他律紧密相连的。自律,特别是道德自律是与"义务"相关的,即一种高度的道德责任感,是将道德责任、义务这种外在的客观要求,内化为主体的主观道德自觉意识。道德品行的形成过程是一个从他律走向自律的过程。道德归根结底是人的道德,道德自律关乎人对自身规定性的认识,关乎对"人究竟是怎样的存在"这个问题的形而上思考,关乎对人的存在的意义追寻,也正是在这个意义上,经典作家做出了关于如下近乎"严苛"的论断:道德的基础是人类精神的自律。自律并不仅仅是为了约束和限制自己,而是为了确证、肯定和发展自己。人们需要道德,本质上与人的创造精神、自我实现、自我发展的内在需要是一致的。

# 三、道德的必要性

人们生活在一个道德约束和道德要求无所不在的世界中，如果没有了这些道德约束，则不可能顺利地追求和实现自己的生活理想。在社会生活中，作为个体的人并不是完全"自由"的，需要与他人合作，这样的生存条件使人们在追求自我利益时必然会发生冲突。所以为了能够顺利地追求自己的幸福和生活理想，就必须遵守和服从某些共同认识到的规则，按照这些规则来引导自己的行动，这些规则，既包括法律，也包括道德。

## （一）社会生活的道德之需

"人们在生产中不仅仅影响自然界，而且也互相影响。他们只有以一定的方式共同活动和互相交换其活动，才能进行生产。为了进行生产，人们相互之间便发生一定的联系和关系；只有在这些社会联系和社会关系的范围内，才会有他们对自然界的影响，才会有生产。"①也就是说，人不可能孤立地生活在自然环境中，必然是在一定的社会环境中相互影响，相互联系，相互作用，是社会存在物。随着劳动的社会化，社会交往日益普遍，人们逐渐形成自我意识，意识到自己的利益和需求，也意识到他人和群体的利益和需求。随着社会交往的加深，任何一种连贯的、复杂的、有着社会稳定性的人类协作活动方式，都力图达到一些卓越的标准。人在实现自身利益的同时，还要顾及别人的利益和需要，也就是在个人的利益和需要之外的社会共同的需要，道德需要是适应、调节个人利益与社会共同需要关系的必然产物。

我国著名学者曾指出道德需要发生的自然前提是动物合群性本能，道德需要发生的观念前提是原始类化意象，社会需要发生的社会前提是生产劳动。②作为调节社会利益关系的产物，道德的产生具有必然性，道德所具有的实践属

---

① 《马克思恩格斯选集》（第一卷），第 2 版，人民出版社 1995 年版，第 344 页。
② 参见曾钊新、涂争鸣：《心灵的碰撞——伦理社会学的虚与实》，湖南出版社 1993 年版。

性,使其对人的实现以及社会有序运行有着独特的价值和意义。我国先秦思想家荀子在《荀子·礼论》中指出:"人生而有欲,欲而不得,则不能无求;求而无度量分界,则不能不争;争则乱,乱则穷。……使欲必不穷于物,物必不屈于欲,两者相持而长,是礼之所起也。"由于人生而有欲,使其产生争乱,所以要制定礼仪,礼仪有调节人的欲望维持社会活动秩序的作用,是社会秩序控制系统中必不可少的组成部分。

道德不仅是机械地遵守的规则,还是主体面临各种各样的生活困境时做出选择和决定的依据。

### (二)个体存在的道德之维

个体的道德是建立在对外在道德的认识和把握的基础上的,是对道德必然性的自觉。人性首先表现出来的是自然属性,人与动物有着共同的"本能"欲望。

对于个人来说,道德的目的就是使人成为人,并形成人之为人所特有的品格,道德是主体本质力量的重要表现。

道德本身不仅维持着实践,使人获得内在利益,而且使人能够克服在对善的探寻的人生中所遇到的困难和伤害,维持人们的共同生活,支持着人们的追求,并使人们对自身有了更深刻的认识,和更加丰富的关于善的知识。在道德他律转换成道德自律的过程中,道德主体内心是矛盾的。对善的知识,即道德价值的知识的学习,是一个不断由外向内的过程,人们要了解"应当如何",培养对道德他律的认知,在对道德他律进行深刻反思的基础上,由内心涌动出对这种他律性的真挚敬仰。

在发扬自身道德的同时,实现共同的道德是符合现代人的精神诉求的,能够使道德更加合乎人性。

## 四、道德重建:他律与自律的结合

作为一种意志,自律应成为以追求道德本身为目的的行动的伦理原则。人们应按照自己的道德目的行事，而不把别人当作利用的手段，然而，人都是有弱点和局限性的，因此，要想克服现代道德中抽象的个人主义和主观主义局限，就要在他律与自律结合之中进行道德重建。

### （一）道德重建之自律

随着人类社会的进步，市场经济的完善，以往强加在道德身上的强制性的作用将会越来越弱，道德自律就显得尤为重要。道德自律是道德主体在社会实践中自觉地内化并遵守社会道德规范而形成的内在约束。道德原则是经过自我反思后自觉自愿的结果，因而更多地用于个人，而非外在强制。只有在人格自律的基础上，才能保证法律规范和道德规范的实现，才能对人的行为进行约束，从而调节由于利益冲突产生的矛盾，才能真正维系社会秩序。

实现道德自律是道德教育的理想状态，现实生活中，道德主体价值取向多元化，人们自觉地选择某种道德观念。道德规范不仅要求人们遵守，还要内化到人的人格结构中，从他律走向自律，成为一种理性的自觉行为。

### （二）道德重建之他律

在道德重建中，不能将道德置于社会历史条件之上，这样就会滑入道德理想主义。当前社会主义市场经济条件下，同样依赖于一定的道德基础、道德保障、道德惩戒等，这些道德要求是传统道德价值的延伸，民族精神的体现。

仅有道德的自律作用不足以防范和阻止某些个人的私利凌驾于其他人及社会公共利益之上。当然，仅有制度与法治的外在强制规范也不够，因为没有相应的道德信念作为心理和文化支撑，任何制度和法律都将得不到真正的遵守和执行。因此，道德自律与道德他律是相互影响、相互促进的。

# 参考文献

[1] 马克思恩格斯全集：第 1 卷 [M]. 北京：人民出版社，1956.

［2］黑格尔.法哲学原理［M］.范扬,张企泰,译.北京:商务印书馆,1961.

［3］康德.道德形而上学原理［M］.苗力田,译.上海:上海人民出版社,1986.

［4］麦金太尔.德性之后［M］.龚群,等,译.北京:中国社会科学出版社,1995.

［5］卢梭.社会契约论［M］.杨国政,译.西安:陕西人民出版社,2004.

［6］康德.实践理性批判［M］.韩水法,译.北京:商务印书馆,1999.

［7］柏拉图.理想国［M］.郭斌和,张竹明,译.北京:商务印书馆,2002.

［8］伊曼努尔·康德.康德论上帝与宗教［M］.李秋零,编译.北京:中国人民大学出版社,2004.

［9］弗兰克尔.道德的基础［M］.王雪梅,译.北京:国际文化出版公司,2007.

［10］朱熹.四书章句集注［M］.北京:中华书局,1983.

［11］陈独秀文章选编［M］.北京:生活·读书·新知三联书店,1984.

［12］夏伟东.道德本质论［M］.北京:中国人民大学出版社,1991.

［13］曾钊新,涂争鸣,等.心灵的碰撞:伦理社会学的虚与实［M］.长沙:湖南出版社,1993.

［14］徐向东.自我、他人与道德:道德哲学导论［M］.北京:商务印书馆,2007.

［15］彭柏林.道德需要论［M］.上海:上海三联书店,2007.

［16］张庆林.论当前道德价值导向的合理定位［J］.求实,2004(S4):230-232.

［17］万俊人.制度的美德及其局限［J］.中国人民大学学报,2005(3):76-82.

［18］阎孟伟.“道德危机”及其社会根源［J］.道德与文明,2006(2):45-48.

［19］李彩晶.论道德教育与道德修养的辩证关系［J］.惠州学院学报(社会科学版),2006(4):50-53.

［20］李志强.再谈道德的自律与他律:兼论伦理学理论和道德建设中的若干认识误区［J］.湖南科技大学学报(社会科学版),2011(5):38-42.

［21］李亚美.伦理共同体的构建及其维系［D］.重庆:西南大学,2011.

# "重义轻利"与"贵义尚利"

## ——孟子墨子义利观比论

张桐硕

# 前言

孟子和墨子都是先秦时期重要的思想家,他们分别是先秦诸子百家中儒家和墨家的代表人物,其主要思想对后世产生了深远的影响。

义利观是孟子和墨子的思想体系中的重要组成部分。孟子义利观的思想贯穿在他的仁政学说和道德修养学说中。在先秦诸子中,墨子公开以"利"为学派纲领,在他的整个"义"的思想中都贯穿了"利"。

"义利之辨"是中国传统文化中的重要议题,今天仍然有重要的意义。研究孟子和墨子的"义利之辨",可以更好地理解他们的思想,通过对先人思想的研究,可以获得一些启示,以引导社会和谐有序发展。

# 一、孟子和墨子的义利观

孟子和墨子二人都是出色的哲学家,研究他们的义利观先要了解他们对于义与利的理解。

（一）孟子对义利的理解

孟子的义利观可以表述为"重义轻利"。在《孟子》一书中，他曾多次提到义。

孟子曰："仁，人心也；义，人路也。舍其路而弗由，放其心而不知求，哀哉！"①"仁，人之安宅也；义，人之正路也。旷安宅而弗居，舍正路而不由，哀哉！"②"夫义，路也；礼，门也。惟君子能由是路，出入是门也。"③

孟子认为义才是人的正路。在《孟子·滕文公下》中，他又对人的正路做了解释。在景春问他什么是真正的大丈夫的时候，孟子回答说住在天下最宽广的住宅，站在天下最中正的位置，走在天下最开阔的大路上，得志的时候，与百姓一起走，不得志的时候，就自己走自己的路。富贵不能使他骄狂，贫贱不能改变他的心态，威武不能使他屈服，这才称得上是大丈夫。走在正确的道路上，对孟子来说，就是以义为正路。

孟子曰："人皆有所不忍，达之于其所忍，仁也；人皆有所不为，达之于其所为，义也。"④人都有他不忍心做的事情，把这种心推及他所忍心做的事上，这就是仁；人人都有不愿做的事，把这种心推及他想做的事上，这就是义。孟子将义当作人间正路，并对这条路下了一个定义，即做事要有自己的度，如何把握这个度，就要靠对义之端——羞恶之心的把握。

《孟子》开篇就说："王！何必曰利？亦有仁义而已矣。"这给了很多人一种错觉，即孟子在义利关系上只讲义不讲利，这是一种误读。纵观孟子的思想，可以发现，孟子并不绝对反对求利，尤其对百姓的利益，孟子给予了充分的肯定，这反映了他思想中的民本特色。孟子认为，对于王来说，在义利关系上，可以"何必曰利"，目的是通过推行他的仁义政治来获得利。所以，孟子自身对利并非是完全排斥的。他只是根据对象的不同，侧重点也有所不同。在孟子所处的战国时代，天下熙熙皆为利来，天下攘攘皆为利往。对于君主而言，主要目的是

① 《孟子》，万丽华、蓝旭译注，中华书局 2006 年版，第 254 页。
② 《孟子》，万丽华、蓝旭译注，中华书局 2006 年版，第 156 页。
③ 《孟子》，万丽华、蓝旭译注，中华书局 2006 年版，第 234 页。
④ 《孟子》，万丽华、蓝旭译注，中华书局 2006 年版，第 335 页。

富国强兵以获得更大的利，所以孟子才会说"何必曰利"，因为如果一个国家的君主都言必称利，上至朝臣下及百姓必定会以此为鉴纷纷效仿，这样会"上下交征利而国危矣"①。而孟子此时推出自己的仁义学说，称实行仁政推行道义可以巩固统治教化子民，就显得尤为可信了。对待君主，他强调先义后利，对待百姓，他又不反对谈利。在与齐宣王的对话中，他说："无恒产而有恒心者，惟士为能。若民，则无恒产，因无恒心。苟无恒心，放辟邪侈，无不为已。及陷于罪，然后从而刑之，是罔民也。"②这里说的是没有固定的产业而不改变志向，只有士能做到。对百姓而言，没有固定的产业，就没有坚定的志向，那么就会胡作非为。所以他还是强调百姓可以有自己的私利，对于士，应该用义来约束自己，对于民，一定要"制民之产"，解决其生活物质问题，才能有利于君主管理。

另外孟子在"何必曰利"之后，还说："苟为后义而先利，不夺不厌。"③由此可见，孟子反对的只是后义先利，在义利的选择上，主张要先义后利。

## （二）墨子对义利的理解

墨子曾授业于儒家，后转而反对儒学，自立门派，但其思想仍有与儒家相似的地方，却也不乏一些自己的创新，比如墨子的义利观就是"贵义尚利"。

墨子看中义，在《墨子》一书中，"义"也多次出现，在《墨子》中也有名为《贵义》的章节出现，所以，只是因为墨子尚利，就将他的义利观表述为"贵义尚利"是不合理的。

墨子贵义，也勉力行义，这与孟子无异，但除了义之外，他还提出了重利的观念，这二者的关系就是与孟子的不同之处。墨家的核心概念是利，而墨子分辨了义与不义，这都是为了劝谏统治者追求合乎义的利也就是公利。

墨子言义，主要表现在《贵义》中。在这里，他提出："万事莫贵于义。"没有什么比义更重要了。他又在《天志上》中提出了"天志"这一概念，"天志"就是墨子提倡的义所遵循的准则。"然则天亦何欲何恶？天欲义而恶不义……我为

---

① 《孟子》，万丽华、蓝旭译注，中华书局2006年版，第2页。
② 《孟子》，万丽华、蓝旭译注，中华书局2006年版，第15页。
③ 《孟子》，万丽华、蓝旭译注，中华书局2006年版，第2页。

天之所欲,天亦为我所欲。"①上天喜欢什么厌恶什么？上天爱好义憎恶不义……如果我们做了上天喜爱的事,上天就会做我们喜爱的事。接着墨子就指出我们本性是喜爱福禄厌恶祸患,所以行义也是一种趋利避害的手段,通过行义,可以获得利。

墨子曰:"且夫义者政也。"②义才是正道,这与孟子的思想不谋而合,但墨子也把利看作是所行之事的行为尺度,墨子的终极追求还是利,所以他需要义来判断自己所做的利人或者利己的事是否是有违道义的,这就是他贵义的原因。

在《耕柱》中,墨子说:"所为贵良宝者,可以利民也,而义可以利人,故曰,义天下之良宝也。"③义的宝贵之处就是可以利人,墨子已经说得很明白了,义就是为人谋利的手段。由此可见,墨子认为义的珍贵之处,还是在于对人有利上,所以他行义必以利为目的。

在上述谈论墨子的义的论述中,不难发现其中有许多与利有关的地方。利是墨子思想的核心,利也就是施利于人事,这就解释了利与义的关系——义就是有利于人的事。

墨子的另一个重要思想就是:"兼相爱,交相利。"他的最终目的就是"兴天下之利"。兼爱就是指普遍互爱,而利人是相互的。所以"夫爱人者,人亦从而爱之;利人者,人亦从而利之"④。墨子这种思想表面看是互爱互利,实际仍是爱己利己,和别人利是前提,利己才是最后的回应。

在《墨子》一书中,多次提到了"利",足以见"利"在其思想中的重要性,通过这么多次的提及,墨子也对利做了充分的诠释,他将利分为三种,即公利、他利、私利。

公利,天下之利。这是墨子利的思想中的核心,墨子言利最重要的就是推行公利,这是他利和私利的前提,一个人如果做事只为他利和私利,不讲甚至损害公利,这种行为都是不道德的。在《兼爱下》的开头,墨子号召仁人应该努力追求兴天下之利,这是他对士子的呼唤,也就代表了他的目的,体现了他重公利

---

① 《墨子》,李小龙译注,中华书局 2007 年版,第 104 页。
② 《墨子》,李小龙译注,中华书局 2007 年版,第 105 页。
③ 《墨子》,李小龙译注,中华书局 2007 年版,第 191 页。
④ 《墨子》,李小龙译注,中华书局 2007 年版,第 66 页。

的思想。为了让普天下的人都追求公利，他提出了兼爱这一概念。他认为儒家宣传的有差别的爱是造成社会混乱的原因，因为人们如果对没有血缘或者不同等级的人有不同程度的爱，这就会导致人竞相追求满足自己所在一方的利益，而墨子所说的爱，是兼爱，本质是爱人爱己，不仅要求人们爱护自己的亲人，还要爱护其他人，再配合墨子认为的利可以对等互换的观点，说明即使追求公利，通过兼相爱交相利，还是可以受利于自己。

他利，相交之利。墨子主张："兼相爱，交相利。"兼爱已经在上文中提过了，是追求功利的手段，而它也是交利的出发点和基础。通过兼爱，可以实现天下之利，同时通过交利还可以构建与他人的和谐关系，因为每个人都是利己的，通过互相交利而使每个人都达到了利己的目的，这种关系就得以维持稳定。

私利，也是一个经常让人误会的问题。墨子并不反对私利，他反对的是因为追求私利而损害公利的那种私利。墨子本身出身于社会底层，所以他自身也会站在百姓角度，而百姓不是士子，并不能做到追逐公利这一目标，他们会追求私利，墨子认为如果百姓所追求的私利是并不损害公利的，那就是无可非议的。

所以，关于义利，墨子持有的是"贵义尚利"的观点，而且他在追求公利的同时也并没有反对所有私利。

# 二、孟子墨子义利观对比

孟子与墨子的观点有一些相似之处，但也有些许不同，接下来笔者将对这二人的观点进行对比。

## （一）孟子与墨子义利观的相同点

由于墨子早年师从儒家，所以其思想中存在一些儒家的观点，这也就导致了他的思想和孟子有一定的相似之处。下面笔者来介绍一些二者的相似之处。

### 1. 均提倡一定程度的物质利益

孟子和墨子都认为个人可以享有一定程度的物质利益。

孟子从民本主义立场出发,认为民之欲利具有正当性,他认为,首先要保证百姓基本物质利益得到满足,否则不能使人讲道义。他提出:"有恒产者有恒心,无恒产者无恒心。"①说明要使人有基本的操守,就必须有基本的物质保证。这一定程度上就是经济基础决定道德,抛弃物质空谈道德,任何人都做不到。为此,他要求君主做到"明君制民之产,必使仰足以事父母,俯足以畜妻子,乐岁终身饱,凶年免于死亡。然后驱而之善,故民之从之也轻"②。由此可见,这是一种使人从义的前提,也是一种让君主更好地教化百姓的手段。

墨子也重视人欲,他认为要满足人的欲望,就要满足人的物质利益需求。在《七患》中,他把家畜和粮食不够吃当作一种祸患,"民无食,则不可事"③,将五谷当作国君养活自己和百姓的东西,并运用了很长的篇幅说明国君应该如何管理粮食,如何满足人的基本物质欲望。在《非命下》中,墨子举了故事禹汤文武的例子,讲他们刚执政时通过使饥饿的人吃上饭,寒冷的人穿上衣服,劳作的人得到休息,作乱的人得到治理来收获人心,来论证满足人民基本人欲的重要性。墨子出身于社会底层,因此可以从人民的角度,对统治者献言献策。

**2. 都反对追逐不合乎道义的私利**

孟子的重义轻利,轻的就是这种私利。孟子所倡导的利,应该是有义的限定,讲道义的利。司马迁在《史记·孟子荀卿列传》中说:"余读孟子书,至梁惠王问'何以利吾国',未尝不废书而叹也。曰:嗟乎,利诚乱之始也!"④司马迁认为利是祸乱的开始,所以孔子才不讲利,孟子在与梁惠王的交谈中也避而不谈,虽然有其他的原因,但他其实是怕无规则无秩序的逐利引发霍乱,这种不合乎道义的私利才是他真正反对的。

墨子虽然认为合乎人的需要就是利,但他也明确表态有一种利是不可取的,这就是为了个人私利而损害了公利的利。墨子是很重视公利的,他把公利当作私利的前提,反对损害公利的事,而私利很容易"失控"而损害公利,所以他反对不顾道义只追求自己的利益的私利。

---

① 《孟子》,万丽华、蓝旭译注,中华书局 2006 年版,第 104 页。
② 《孟子》,万丽华、蓝旭译注,中华书局 2006 年版,第 15—16 页。
③ 《墨子》,李小龙译注,中华书局 2007 年版,第 29 页。
④ 张洪山主编:《〈史记〉精选》,内蒙古人民出版社 2007 年版,第 375 页。

### 3. 都保护百姓利益

孟子认为"民为贵,社稷次之,君为轻。"①孟子的仁政思想体现在保护百姓利益。他强调仁政要"省刑罚,薄税敛,深耕易耨"②,要让百姓有"五亩之宅""百亩之田",还要让百姓能得到教化,并且要求国君能与民同乐,除此之外他还抨击了统治者只顾自己利益,肆意发动战争,损害百姓利益的行为,足以见得他真的很在乎百姓利益。

墨子出身于社会底层,他的思想代表了下层小生产者的利益。利是他思想的核心,他认为利不仅是天下之利,也是人民之利。墨子的"节用""节葬""非乐"都是站在人民的角度论述统治者思想行为的不合理之处。墨子以民众立场要求统治者节用,而不是站在统治者立场,要求民众节用。他的节用思想,要求统治者不损伤百姓利益。节葬是节用原则在对待死亡问题上的延续。它的内涵是反对厚葬靡财而贫民,服伤生而害事。而当时的老百姓是无所谓厚葬的,所以墨子反对厚葬,主要是反对王公大人的厚葬。当时的厚葬之风,十分夸张,甚至出现为了厚葬而敛财伤害百姓的行为,所以墨子反对厚葬。非乐的思想,也是墨子出自对民间疾苦的关心。他从老百姓的物质利益出发,指出:"民有三患:饥者不得食,寒者不得衣,劳者不得息。三者,民之巨患也。"③进而谴责统治者不关心民间疾苦只关心自己享乐的奢侈行为。

## （二）孟子与墨子义利观的不同点

墨子吸收借鉴儒家思想的基础上又从不同角度提出了自己的义利观,这就导致了他和孟子观点上的不同。

### 1. 孟子主张爱有差等,墨子主张兼相爱

"兼相爱,交相利"是墨子的义利观的基础。墨子认为人应该要兼爱,即同等程度的爱人,互相有爱,要主动向对方表达爱意,这是一种伦理上的友爱。他在《兼爱》中列举了许多不相爱,最后导致战争的例子,从反面论证了兼爱的重

---

① 《孟子》,万丽华、蓝旭译注,中华书局2006年版,第324页。
② 《孟子》,万丽华、蓝旭译注,中华书局2006年版,第9页。
③ 《墨子》,李小龙译注,中华书局2007年版,第140页。

要性。而墨子的交相利,要求人要优先考虑他利,同时他也不反对追求个人利益,只是认为这种追求,应该在义的限定下进行。墨子出身于底层又师承于儒家,但他看清了人与人的矛盾根源,并不是因为人与人之间没有爱了,而是因为利益的矛盾,因此,他提出兼爱交利,而兼爱是本,交利是方法,所以兼爱才是他义利观的基础。

孟子是儒家的代表人物,儒家关于仁的思想概述就是仁者爱人。孟子说:"君子之于物也,爱之而弗仁;于民也,仁之而弗亲。亲亲而仁民,仁民而爱物。"[①]孟子作为儒家的亚圣,继承了孔子的思想,把义建立在仁的基础上,并有所发展和推进。孟子认为爱有差等,所以导致了对待别人有亲疏远近的不同,而针对不同的人,要用仁义来限定自己的活动,即要让人们以义待人,必要时可以舍生取义。

### 2. 孟子主张轻利,墨子主张利人

孟子继承了孔子的重义轻利的义利观,他虽然轻利,却不反对所有人的物质追求,而只是反对统治者追求个人利益。孟子在周游列国时,多是对一国之君的游说,统治者所追寻的利益多是扩张土地,富国强兵,公开言利不仅会使臣子百姓争相逐利引发祸患,还会引发国与国之间的战争,伤害的是百姓的利益,所以孟子极力反对统治者追逐个人利益,这不仅可以避免霍乱给百姓带来物质和精神伤害,还可以引领良好的社会风气。

墨子则不同,即使是面对统治者,他也劝其逐利。在《法仪》中,墨子列举了古代圣王和暴君的例子,劝君主治理国家要"以天为法",天想让人干什么呢?"天必欲人之相爱相利,而不欲人之相恶相贼也。"所以他通过劝统治者遵守天法,来使他们兼爱交利,使他们做利于国家的事。并且,墨子还提出了非攻的主张,可见他虽然同意逐利,却不认同统治者因为逐利而引发战争。他提出节用、节葬等主张也是劝统治者不要把逐来的利用在奢侈享受上,这对统治者的利来说也是一种限定。

笔者认为,孟子和墨子的观点都有一定可行性,但也有一定的弊端。孟子的弊端是太过于理想化,一个国家只依靠义是不行的,还需要百姓来谋求发展,而国君需要做的,正是营造适合发展的社会环境。如果国君像梁惠王那样只讲

---

① 《孟子》,万丽华、蓝旭译注,中华书局 2006 年版,第 315 页。

利不讲义，那臣子和百姓也会像他那样，这样国家就会陷入恶性的发展，也就无法富国了。如果有一个只讲义的国家存在，其他国家都是逐利的话，对这个国家就是一种隐患。所以笔者认为孟子的思想太过于理想化，与当时的社会状况不符，但确实是很美好的。

而墨子的弊端，就在于他并没有意识到统治者和百姓的阶级对立才是社会动乱的根源，墨子的主张多是代表底层小生产者的利益，只要求统治者维护别人的利益是不现实的，所以他的学说并没有被君主采纳，只能成为一种空想。虽然如此，他的思想也有积极的一面，比如他肯定了追求利益是人的本性，君主也不能例外，同时他为了防止君主作恶，也提出了限定的方法，说明他还是试图寻找二者的平衡点的。

### 3. 孟子认为义源于本心，墨子认为义源于天志

孟子在《尽心上》中说："尽其心者，知其性也。"他在《公孙丑上》中提出了四端说，认为人具有恻隐、羞恶、辞让、是非四心，这四种心有走向仁义礼智的可能，而这种可能也不是后天习得的，而是根植于我们的本心之中，是天赐予我们的，后天只会发展这种可能而不会让人产生它。他又将天道与心性串联起来，即上天将仁义礼智等心性给予了本心，人生就有了向善的可能，但不是所有人都能向善，由于是可能性，他又强调对心性的把握，根据心性去发展，通过"反求诸己"来自省，如果失去了本心，就可能会走上不义之路，这就需要"求其放心"，将失去的本心召回来。

墨子认为义的根源是"天志"。他在《天志中》中明确提到义是从聪明尊贵的上天中产生的，并且，上天是比天子还尊贵的存在，上天可以赐给天子善，并且可以在其不为善的时候惩罚他，可见天是比天子还尊贵的并且是最尊贵的。所以墨子号召君主如果想遵行圣王之道以利于民，就一定要顺应天意。墨子在《法仪》中说："天必欲人之相爱相利，而不欲人之相恶相贼也。"他试图借助天的意志来推广自己交相利的学说。

# 三、孟子墨子义利观对现代社会的影响

## （一）孟子的义利观对现代社会的影响

孟子的义利观，就是教导人们重义轻利，但他又不完全排斥利，反而是一种先义后利。孟子的重义轻利理论教导人们不要过于看重金钱，更不要损害他人的利益。追求正当利益是个人的权利，具有充分的道德理由。笔者谈儒家重义轻利的义利观，并不是要人们拒斥正当的个人利益，不是要人们去做苦行僧，而是要思考在义与利发生矛盾冲突的时候，人究竟应该怎样选择。物质利益固然重要，但对人而言，仅仅停留在物质满足的层面，忽视精神需求，那么，这样的人是单面的，这样的社会生活也注定是贫瘠的。笔者认为应该弘扬孟子的义利观，不仅要对自己负责，也要对社会负责。

## （二）墨子的义利观对现代社会的影响

相比于孟子，墨子的思想反而更有利于现代社会。

首先，墨子的"兼相爱，交相利"理论教导人们，尤其是商人，在市场交易中应该平等，因为利益交易是相互的，只有抛弃唯利是图、拜金主义等狭隘的思想，才能在交易中实现双赢。

其次，墨子对待公利、他利、私利的态度也给了我们很多启示。

墨子非常强调公利，这种公利，就是对社会有利的利，在社会主义市场经济条件下，不仅要求政府积极引导商人的价值走向，防止他们因追求私利损害公利，还要求商人做到自律，不能因金钱诱惑而损害公众利益。

在他利方面，除了交易互等之外，人们还要学会换位思考，现在社会许多问题正是由于人们不能换位思考，导致双方关系很紧张，甚至产生矛盾。人们应学会站在他人的角度思考问题，不仅要维护自己的利益，也要适当照顾别人的利益，这样才会有利于社会和谐稳定。

墨子也不反对私利，它支持人追求正当合法而不损害公利的私利。追求利益无可厚非，人如果不追求利益也不会促进社会的进步，所以人更应当以一种合理合法的方式来追求利益，比如工作所得的工资，这样既可以奉献自己的价值，也可以促进社会发展。墨子反对人们因追求私利做出损害公利的事，要求人们面对利益不要迷失本心，放弃心中的道义。

在社会主义市场经济下，要求我们更注重义。市场经济是以市场为主导，政府不过多干预，市场主导必然导致产生竞争，也会优胜劣汰，这更要求人们抱有本心，坚守心中真正的道义。人们应在社会主义核心价值观的引领下，合理利用孟子墨子的义利观思想，改变不良社会风气，引导大众树立正确的人生观、价值观。

# 结论

由上文的论述可以看出孟子和墨子都是提倡一定的利益的，而且这种利益必须符合义的限定，超过了这个限定，他们也不提倡，这种利益主要体现在百姓的物质利益上。孟子和墨子的出身决定了他们关于义的思想有所不同，二人对于逐利程度的看法也有一定的差别。孟子和墨子的思想，对现代社会仍有一定的示范作用，所以是值得我们重视和挖掘的。

# 参考文献

[1]《十三经注疏》整理委员会. 十三经注疏·孟子注疏[M]. 北京：北京大学出版社，1999.

[2]孙诒让. 墨子间诂[M]. 孙启治，点校，北京：中华书局，2001.

[3]傅永聚. 中华伦理范畴丛书·第1函[M]. 北京：中国社会科学出版社，2006.

[4]梁涛. 孟子解读[M]. 北京：中国人民大学出版社，2010.

[5]王桐龄. 儒墨之异同[M]. 上海：上海书店出版，1992.

[6]张岱年. 中国伦理思想研究[M]. 北京:中国人民大学出版社, 2011.

[7]罗炳良,胡喜云. 墨子解说[M]. 北京:华夏出版社, 2007.

[8]温克勤. 中国伦理思想简史[M]. 北京:社会科学文献出版社, 2013.

[9]徐照伟. 墨子义利观研究[D]. 济南:山东师范大学, 2012.

[10]黄宁宁. 墨子与孟子义利观的比较研究[D]. 西安:陕西师范大学, 2013.

[11]桂芳. 孟子和墨子"义"思想比较研究[D]. 武汉:湖北大学, 2012.

[12]胡子宗,李权兴,李今山,等.墨子思想研究[M].北京:人民出版社,2007.

[13]任继愈.中国哲学发展史:先秦[M].北京:人民出版社,1983.

[14]张永义.墨子与中国文化[M].贵阳:贵州人民出版社,2001.

[15]冯友兰.中国哲学史新编:上卷[M].北京:人民出版社,2007.

[16] 徐复观.中国思想史论集[M].上海:上海书店出版社,2004.

# 从《指物论》看公孙龙的名实观

詹莹

# 绪论

## （一）公孙龙其人其书

现在提到公孙龙，一般将其归为名家，然而关于先秦是否有名家、名家的起源是否如《汉书·艺文志》所记载，以及名家与形名家的区分，其实亦有不同看法，不过因为与本文主旨关系不大，所以略过不论，本文只按照学界主流观点讨论。关于公孙龙的生卒，胡适推测其生年为公元前325年至前315年，卒于公元前250年左右[①]，基本为学术界认可，在此不赘述。至于公孙龙的籍贯，有"赵""魏"两说，唯一可以确定的就是《公孙龙子迹府》所记载的"公孙龙，六国时辩士也"，非秦之人而已。公孙龙的著作《汉书·艺文志》著录有十四篇，但是现存只见六篇，保存在明代《道藏》中。在《隋书·经籍志》中，只在"道家"下列《守白论》，但是也有人认为《隋书·经籍志》著录的《守白论》就是《公孙龙子》。虽然道藏本的真实性存在争议，不过目前道藏本仍是研究公孙龙思想的重要依据。其中《公孙龙子·迹府》为后人汇集整理的公孙龙言行事迹，剩余的《白马

---

① 参见胡适：《中国哲学史大纲》，耿云志等导读，上海古籍出版社1997年版。

论》《指物论》《通变论》《坚白论》和《名实论》基本可以确定是公孙龙为其门人所授。本文后面凡引用《公孙龙子》，如不特殊注明，皆以道藏本为底，所以只写篇目而不注明版本等信息。

## （二）研究现状与文献综述

公孙龙生前声名远扬，但是身后其学却式微，之后纵被提及，多是误解。直至新中国成立以前，即使有研究者进行研究，也多是使用清代训诂方法，而对于义理的阐发明显不足。可以说胡适是用西学范式对《指物论》进行诠释的第一人。但是其对于"指"的解释，前后变化，并不一致。冯友兰在所著《中国哲学史》中，率先采用"共相"来解释"指"。抛开正误不谈，其思考方向便值得推崇。之后，杜国庠发表的《论〈公孙龙子〉——公孙龙的哲学和逻辑》中，用马克思主义哲学的理论和方法，对公孙龙哲学进行了剖析和评价。之后关于《公孙龙子》以及《指物论》的解释逐渐多元，比如谭业谦的《公孙龙子译注》从逻辑学角度思考《指物论》的核心命题："物莫非指，而指非指"。曾祥云的论文《〈公孙龙子〉辩题求解——从语言哲学的角度》从现代语言哲学角度思考之前被认为是诡辩的那些命题。而朱前鸿在其著作《先秦名家四子研究》以及论文《以符号学析公孙龙子的〈指物论〉》中，都用符号学的理论进行了分析和解读。总的来说，现在对于公孙龙的研究，以逻辑哲学和符号学、语言哲学几个方向为主，并且有越来越侧重语言符号学角度的趋势。

## （三）研究方法

关于《指物论》之解，牟宗三如此评价："此篇难得的解，未能着笔。历来解《指物论》者多矣，皆以为能得其解。实则如将作者所参加之思想抽掉，原文仍看不出确定的表意。"①所以本文准备基于以下原则来解读《指物论》一文。

### 1. 既以现代逻辑科学为借鉴，又尊重当时历史条件

本文将会广泛借鉴中外学者的解读，并使用现代语言哲学、逻辑哲学等多

---

① 牟宗三：《名家与荀子》，吉林出版集团有限责任公司 2010 年版，序 1 页。

方面知识来解读文本，但是绝不是用现代的逻辑理论去苛责古人或者硬套前人思想，而是尊重公孙龙当时的历史条件，尊重历史。

**2. 既着重思想阐发，又注重文字考辨**

因为《指物论》文本，可能存在讹脱衍倒现象，如果非必要，笔者不会随便改动原文，更不会作精巧却非原文思想的阐释。但是在必要的时候，又不会被文本桎梏，而是敢于做出解释。

**3. 平衡作者原意、文本自主性与诠释者的解释**

如同牟宗三批判的那样，很多对于指物论的解读，正是太过偏重诠释者的解读，而忽视了文本的自主性，更别提是否合乎作者原意了。但是另一方面，作者原意本不可考，而且随着时代进步，一些思想已经落后，我们不应一味追求作者原意而忽略了对于文本的更好解读。在笔者看来，应当平衡这三者的关系。所以本文会在尊重作者原意，不胡乱改动曲解的同时，也尝试运用笔者预设的"问题框架"，来解读这个时代观点下的《指物论》。如此解读可能不是"公孙龙子"之观点，但是可算作《公孙龙子》之观点，若能引起具有学术价值的"争论"，亦不失为好事。

本文将在接下来的论证中，采取以下方法：

第一，先不加以释诂，而是先分析其文本本身的逻辑关系与结构；

第二，先不通过别的时代的思想加以分析，而是从同时代的思想加以对比研究；

第三，面对具有争议但是并非严重影响内核的问题，加以悬搁。

# 一、《指物论》与先秦诸子的名实之辩

## （一）先秦诸子名实思想简述

先秦是我国逻辑思想发展史上最具中国特色、成果最多、贡献最大的时期。而公孙龙的思想就是基于这一名辩思潮大发展而产生的。中国先秦时期虽然没有专门的语言学著作,但是却可以在诸子的著作中窥见其对这方面的思考,不仅形成了以《墨辩》和《荀子·正名》篇为代表的比较完整的古代逻辑体系,还对名、辞、说辩等方面做了三大贡献,达到了一定的水平。而名实关系之所以成为先秦学术的重要议题,起源于孔子"必也正名乎"(《论语·子路》)的主张。

### 1. 儒家

在孔子所处时期,"礼坏乐崩",一方面,已有的"实"被破坏,另一方面,与新的"实"对应的新"名"尚未建立,形成了当时"名实相怨""名实散乱"的社会乱象,所以孔子认为"必也正名乎"。不过孔子的"正名"思想主要在于伦理政治角度,他追求的是"克己复礼""君君臣臣父父子子"。不过在《论语·雍也》篇中,孔子也提出了"觚不觚"的问题,虽然其本意仍旧是"正名""复礼",但是这也是对于语言符号的一次思考。

### 2. 墨家

实用主义者墨子坚持耳目经验,他认为名决定于实,实变则名变,无实则无名,"有文实也,而后谓之。无文实也,则无谓也"(《墨子·经说下》)。同时,墨子认为名实一致才是正确的名实关系,需要名实相符才正确,"所以谓,名也。所谓,实也。名实耦,合也"(《墨子·经说上》)。

### 3. 道家

在老子看来,"道可道,非常道。名可名,非常名"(《道德经》)。相较于语言,他更关心超越经验的"道"。在他看来,名是变动的,不具有绝对性的,不仅不能描述道,甚至还会阻碍人们对于道的认知。

同是道家,庄子则提出:"名者,实之宾也。"(《庄子·逍遥游》)他虽然不如老子那么极端,但是他同样认为名具有很多限制,比如相较于事物的"实","名"永远是第二位的,次要的。在《庄子·天道》中,庄子提到"子呼我牛也而谓之牛,呼我马也而谓之马",说明他认识到了语言只是指称事物的符号,并不会影响事物的本质。

### 4. 小结

以上诸家之言论,多是将名实问题纳入政治与道德的领域,目的是解决"名实相怨"的问题。而以惠施和公孙龙为代表的名家兴起,则是将名实问题纳入了一个"纯明理"的,逻辑与形而上学的领域。语言被分离了出来,从工具变成了思考的对象。

### (二)《指物论》与名辩思想

#### 1.公孙龙的思想特征

《史记·孟子荀卿列传》载:"而赵亦有公孙龙,为坚白同异之辩。"虽就公孙龙的籍贯而言,赵、魏之说尚不确定,但是其学说却一直被看成"坚白同异之辩"而为众人所知,还被称为"诡辞数万以为法"(《法言·吾子》)。不过与同时代的辩者惠施相比,我们就可以发现,惠施的观点更着重于"合同异"之"合"。而公孙龙则在于"别同异,离坚白"之"离"。若仔细探究《公孙龙子》的思想内核,发现它是以"离也者天下"之"离"以"正名实"的一次尝试。(关于这点,后文会展开详细论述)所以公孙龙的"离"并不是为了辩而辩,而是他察觉用语言描绘事物时不可避免与事物本身的相"离"。而他对于"离"的探索,正是为了解决这种"名实相怨",为了达成"正"的目的。而且区别于早就有对于"名""实"有所讨论的儒、道、墨诸家,公孙龙是从明理角度或者说语言学角度进行思考的,并非之前偏向政治伦理角度的思考。正是这样的努力,使得名家可以独立成家,而语言问题也被提到了一个有着特殊探讨价值的高度。

#### 2.《指物论》的文本特征

有学者说过,还没有两个注者对《指物论》的解释达成一致。对于《指物论》的解读之所以多,在于众多原因。

首先,公孙龙本人擅长诡辩,在论辩过程中,或有偷换概念、双重标准、不相干类比等诡辩之术,如不察则陷入困惑。加上公孙龙喜欢在开篇提出一些乍看之下违背常识的论点,所以《指物论》开篇便是让人迷惑的"指非指"。在解读文本时,如果不厘清公孙龙采取了怎样的技巧,便会寸步难行。

其次,中文尤其是文言文的特殊性质,导致了解读文本的多样性。单说一"指"字,可做手指这一名词解,也可作"用手指指"的动作解,还可进一步作"能被手指指"这一性质解。而且由于文言文的省略,在扩充翻译时,运用怎样的逻辑,补充怎样的主语全凭诠释者的个人主观。加上古文本无句读,所以在处理句读上又得花一番功夫，即使不考虑真伪，也得考虑一些错漏现象。如此看来，即使有所谓的权威版本，也很难有相同的理解。

比如对于指的训释，众说纷纭，历来无定诂。陈澧训"以手指指物"，吕思勉训"方向"，金受申训"代名词"，王琯训"指定"，伍非百训"指而谓之"，陈柱训"名"，沈有鼎训"属性"，虞愚训"物德"，钱穆训"名相"，冯友兰训"共相"，胡适训"标志"，周昌忠训"概念"。① 即使做个简单分类，也有性质（表德、物德）、动作（指而谓之）、共相、意识（观念）等众多说法。而现在随着研究《指物论》的人数增加，又多了不少有趣的看法，比如从指号学（符号学）角度来解读或者以"可指性"来解读。前人的解释已经很多，但很难有能服众的，这在于难得有能符合作者原意又科学合理的文本。

# 二、《指物论》名实观的思想内容

## （一）文体之辩

《指物论》是否是主客对辩体，学界一直存在分歧，虽然一般主流认为其是主客对辩体，像《中国逻辑史资料选》等书在收录时，也仿照庞朴，在段落前面补上"曰"字，但是不认同这一观点的人也不在少数。关于这一问题的答案，我们只能从文本中寻求。

首先，现存公孙龙六篇，除了《迹府》之外，剩下有三篇是确实无疑的主客对辩体，即《坚白论》《白马论》和《通变论》。我们从这三篇中各自截取一段，即可明了其特点。

曰："坚白石三"可乎？

曰：不可。

曰：二可乎？

---

① 陈澧《公孙龙子注》；吕思勉《经子解题》；金受申《公孙龙子释》；王琯《公孙龙子悬解》；伍非百《中国古名家言》；陈柱《公孙龙子集解》；沈有鼎《沈有鼎文集》；虞愚《中国名学》；钱穆《惠施公孙龙》；冯友兰《中国哲学史》；胡适《先秦名学史》；周昌忠《公孙龙子新论》。

曰：可。

曰：何哉？

曰：无坚得白，其举也二；无白得坚，其举也二。

《坚白论》

曰："白马非马"，可乎？

曰：可。

曰：何哉？

曰：马者，所以命形也；白者，所以命色也。命色者非命形也，故曰："白马非马"。

《白马论》

曰：二有一乎？

曰：二无一。

曰：二有右乎？

曰：二无右。

曰：二无左乎？

曰：二无左。

《通变论》

首先，主客对辩体的三篇，都是以对中心论点的提问开始的。虽然《指物论》也是开头就提出了核心论点，但是明显不是以提问的方式展开的。而且在三篇对辩体中，问句往往层层递进，直至核心，通过一问一答来加强论证。而《指物论》明显缺乏这类的疑问句，仅有的几个问句往往是假设或者自问自答，没有体现出对辩体的特色。

其次，主客对辩体主客界限明确。一是通过"曰"字提示主客变化，二是两者观点明显对立或者冲突，即使没有"曰"字也可以较为明确地区分段落。而在《指物论》中，不仅没有"曰"字，而且客与其说是与论主冲突，不如说是一个"捧哏"，是鼓励论主进一步阐述的。所以在段落划分时，并不那么明确，会出现争议。所以我们在看待《指物论》时，不应将其看成主客对辩体，而应该与其姊妹篇，同为说理而不论具体事的《名实论》一样当作论述文体来看待。

· 282 ·

## (二) 名实之辩

正如前文所言,《坚白论》《白马论》和《通变论》三篇是借助讨论具体事物,而探讨名与实关系的,而《名实论》和《指物论》则是对名、实、物、指关系的讨论。所以在研究《指物论》时,我们可以从《名实论》得到借鉴。比如根据《名实论》与《指物论》,我们可以找到这四个概念的定义:

### 1. 物

"天地与其所产焉,物也"。(《名实论》)

这与"物也者,天下之所有也"(《公孙龙子·指物论》)的论述一致。不仅如此,我们还可以看到其他人对于物的定义:

"物,万物也。牛为大物,天地之数起于牵牛,故从牛。"(许慎《说文解字》)

"万物虽众,有时而欲遍举之,故谓之物。物也者,大共名也。"(《荀子·正名》)

都是将"物"作为囊括万物的最高概念。这是诸子百家在正名这方面的共同理论基础。但是如同《墨子·经说上》所载:"物,达也,有实必待之名也命之。"在"物"与"实"这两个概念的关系上,诸家并不尽同。

### 2. 实

"物以物其所物而不过焉,实也。"(《名实论》)

关于"实"的解释,前人有说是实在、本体的,也有说是人类凭借感官去经验(此处经验作动词解)"物"之后所得就是实。但是无论如何有一点可以明确:实的外延要比物小,这就与墨家的观点(物与实是外延相同的两个最高称谓概念)不同。而在理解"物以物其所物而不过焉"这句话时,我们不妨与庄子的观点对比来看。

"先天地生者物邪? 物物者非物,物出不得先物也。"(《庄子·知北游》)

这个"物物者",就是"物以物其所物",只不过这个使得"物"成为"物"的存在,在庄子眼里是"道",而在公孙龙这里是"实"罢了。"故彼彼当乎彼,则唯乎彼,其谓行彼"(《名实论》),用现代逻辑学的语言来说,"实"应当是 A 且非 A 的原因。这种解释,正是为公孙龙"正名"的目的所做的铺垫。

### 3. 名

"夫名,实谓也。知此之非此也,知此之不在此也,则不谓也;知彼之非彼也,知彼之不在彼也,则不谓也。"(《名实论》)

这个解释与墨家的"所以谓,名也"(《墨子·经说上》)是基本一致的。既然"名"是"实谓",所以可知"名"是与"实"对应的关系,是称谓"实"的。这一对应关系也是"正名"的哲学基础。在这点上,墨家有过类似但是更为具体的描述:

"知是之非此也,又知是之不在此也,然而谓此南北,过而以已为然。始也谓此南方,故今也谓此南方。"(《墨子·经说下》)

这就是墨家所谓的"过名"。正因为会有"过名",所以才会有孔子所谓的"觚不觚"的感慨,也就有了"正名实"的必要。《荀子·正名》中的"故智者为之分别制名以指实"也是体现了这一精神与需求。

### 4. 位

如何做到"正名"?怎样才能做到"名副其实""实应其名"?这时候就需要一个标准,也就是"位"的概念了。

"实以实其所实而不旷焉,位也。出其所位非位。"(《名实论》)

"位"就是这么一种名实的符合、对应关系。而墨家所说的那种"过名"就是典型的"非位"。再比如说"白马",就是同时意味着马形与白色两种涵义。公孙龙要做的就是将"实"从"出其所位,非位"纠正到"为其所位"。这一过程,就是"正"。

### 5. 正

"出其所位,非位;位其所位焉,正也。"(《名实论》)

"以其所正,正其所不正。"(《名实论》)

正如上文所说,公孙龙所做的就是从"出其所位"到"位其所位"的"正名实"工作。而如何做呢?公孙龙提出的正名方法乍一看有些抽象,也就是以"正名"去正那些"出位"的名。但是实际上,公孙龙的诸篇章(除了《迹府》)都是为了这个中心服务的。从最直接的《白马论》《坚白论》提出的坚、白、马等的相离("白"与"定所白者"),到《指物论》的物、指、物指相离,正可谓"离也者天下,故独而正"(《坚白论》)。公孙龙的"离",最终还是为了"正"。而《公孙龙子》中最难解的一篇——《指物论》,正是以"离"为底蕴的。

**6. 指**

"指,手指也。"(许慎《说文解字》)

公孙龙在其著作中,并未对"指"字下一个明确的定义。如果按照《说文解字》解,明显与文意不符。而直至现代,"指"字也无定诂,所以在解读《指物论》时,关于"指"字争议尤其多。我们唯一可以确定的是,"指"与"物"是一对对应的范畴,就和"名""实"类似,只不过"指"与"物"在外延上要比"名"与"实"更大。

虽然公孙龙本人没有对"指"下过明确定义,但是先秦诸子却对"指"有过论述,其中不乏与公孙龙所论有所关联的定义。所以有学者认为,《指物论》是针对"敌论"所写的,而它可能的敌论,无外乎庄墨了。

**(三)《指物论》与墨家、道家之关系**

**1.《指物论》与墨家**

有人说公孙龙的《指物论》针对墨家指物观而作,并非没有根据。鲁胜所作《墨辩注序》,即有公孙龙祖述墨学之说:"墨子著书,作辩经以立名本。惠施、公孙龙祖述其学,以正形名显于世。"在梁启超看来:"惠施公孙龙,皆所谓名家者流也,而其学实出于墨。"[①]胡适也认为,《墨经》内容有和《公孙龙子》相同之处。[②] 笔者虽不完全认同这点,但是公孙龙的很多观点都与《墨经》相通,这点是无可驳斥的。因此,即使不将公孙龙所著当作针对《墨经》的反驳,只是将两者对比着看,也能有不少收获。比如说"指"这一概念,除了上文所引,在《墨经》中还存在如下论述。

"或以名视人,或以实视人。举友富商也,是以名视人也。指是霍也,是以实视人也。"(《墨子·经说下》)

"所知而弗能指。说在春也、逃臣、狗犬、遗者。"(《墨子·经说下》)

也就是说在墨家看来,指称方式有两种:以名示人和以实示人。其中以名

---

① 梁启超:《梁启超全集6》,北京出版社1999年版,第3300页。

② 参见胡适:《中国哲学史大纲》,耿云志等导读,上海古籍出版社1997年版。

示人是用名来称谓，以实示人就是用手指直接指认了。而以手指指认又存在限制，比如对于已死、已逃、已丢的存在，或者不知道以什么名称谓的物体，都难以达到目的。由此我们可知，《墨经》对于"指"的认识是有限的，基本与常识一致。他们对于"指"的限制较多，比如仅仅只能用手指指认、必须有名、必须有实。可能正是因为这样，所以公孙龙在其《指物论》中针对性地提出了包括"天下无指者，生于物之各有名""非指者天下，而物可谓指乎""物不可谓指者"等句子。

### 2.《指物论》与道家

除了墨家，道家也对"指"有所涉及并可能成为敌论。这点似乎《庄子》给了我们佐证：

"以指喻指之非指，不若以非指喻指之非指也；以马喻马之非马，不若以非马喻马之非马也。天地一指也，万物一马也。"（《庄子·齐物论》）

"指不至，至不绝"。（《庄子·天下》）

抛开第二条，怀疑主义的辩者的悲观言论不谈，单纯看待庄子对于"指"的看法，也可以看出这是对于《指物论》（或者说是当时名家的指物之论）的反驳。其反驳的核心就是"以指喻指之非指，不若以非指喻指之非指也"，再结合"天地一指"，那么"一"就应当是以"非指"为核心的了。虽然不知道庄子是在何种意义上理解"指"与"非指"，但是"以非指喻"和"以指喻"的差别应该就是"以道观之"（《庄子·秋水》）与"以物观之"的差别吧。而这点上，道家无疑认为"以道观之"是更高一筹的。

### 3. 小结

虽然限于字数，不能展开讨论整个《公孙龙子》与道家、墨家的关系，但是单从"指"字一字上我们就能窥得一斑：道家因为关注点在于道，所以更注重那种形而上的本源。而道是永恒的、不变的，所以道家更注重"齐物论"，正如《庄子·齐物论》记载的"道通为一"。但是这样的观点，就与"正名实"相去甚远了。而墨家在"正名实"这个问题上，与公孙龙存在诸多相似。无论是在"名"的认识上，在"正名"的标准上，还是在单名与兼名的关系上，包括用名原则的认识上，二者都有过相关且相似的论述。唯有在"指"的问题上，《墨经》仅限于常识的认识，而公孙龙无疑走得更远。

# 三、《指物论》的解读逻辑

在笔者看来,如要避免拒掉作者所加的思想而仍能读懂原文,最好的方法莫过于从逻辑的角度直接分析文本内容。此项工作并非笔者首创,譬如成中英就试过将《指物论》的论证形式化。但是这些论证,往往是一种以个人意思解读过文本后,再将符合自己解释的那个版本符号化。笔者采取直接分析文本这条路,唯有力求中立客观,或可窥见公孙龙本意一角。在自然演绎法中,分为语义推出关系和语法推出关系,从这个角度来说,本章节或可称得上是一次语法推出关系的证明了。

## (一)分析题干

如果说对于《指物论》的解读是做题的话,那么我们首先要做的就是明晰题干给出了什么。

### 1. 两个版本

《指物论》虽然都以道藏本为底,但是在具体句读上存在一定差异,包括一些字(无与兼等)的差异,所以笔者将其分为主流版本和保留各种不同意见的其他版本。

(1)主流版本

(曰):物莫非指,而指非指。

(曰):天下无指,物无可以谓物。非指者天下,而物可谓指乎?

指也者,天下之所无也;物也者,天下之所有也。以天下之所有,为天下之所无,未可。

(曰):天下无指,而物不可谓指也。不可谓指者,非指也?非指者,物莫非指也。

天下无指而物不可谓指者,非有非指也。非有非指者,物莫非指也。物莫非指者,而指非指也。

（曰）：天下无指者，生于物之各有名，不为指也。不为指而谓之指，是无不为指，以有不为指之无不为指，未可。

（曰）：以"指者天下之所无"。天下无指者，物不可谓无指也；不可谓无指者，非有非指也；非有非指者，物莫非指、指非非指也，指与物非指也。使天下无物指，谁径谓非指？天下无物，谁径谓指？天下有指无物指，谁径谓非指、径谓无物非指？

且夫指固自为非指，奚待于物而乃与为指？[①]

（2）其他版本

Ⅰ 物莫非指，而指非指。天下无指，物无可以谓物。非指者，天下而（无）物，可谓指乎？

Ⅱ 指也者，天下之所无也；物也者，天下之所有也。以天下之所有，为天下之所无，未可。

Ⅲ 天下无指，而物不可谓指也；不可谓指者，非指也；非指者，物莫非指也。天下无指而物不可谓指者，非有非指也；非有非指者，物莫非指也；物莫非指者，而指非指也。

Ⅳ 天下无指者，生于物之各有名，不为指也。不为指而谓之指，是兼（无）不为指。以有不为指之无不为指，未可。

Ⅴ 且"指者天下之所兼（无）"。天下无指者，物不可谓无指也；不可谓无指者。非有非指也；非有非指者，物莫非指。指，非非指也，指与物，非指也；使天下无物指，谁径谓非指？天下无物，谁径谓指？天下有指无物指，谁径谓非指、径谓无物非指？

且夫指固自为（非）非指，奚待于物而乃与为指？

**2. 破立二论**

为求后文引用及分析方便，首先将《指物论》分为各自表述基本完整的小节：

①物莫非指，

②而指非指。

---

① 中国逻辑史研究会资料编选组：《中国逻辑史资料选·先秦卷》，甘肃人民出版社 1991 年版，第 83-86 页。

③天下无指,物无可以谓物。

④非指者,天下而(无)物、可谓指乎?/非指者天下,而物可谓指乎?

⑤指也者,天下之所无也;

⑥物也者,天下之所有也。

⑦以天下之所有,为天下之所无,未可。

⑧天下无指,而物不可谓指也;/。

⑨不可谓指者,非指也;/?

⑩非指者,物莫非指也。

⑪天下无指而物不可谓指者,非有非指也;/。

⑫非有非指者,物莫非指也;/。

⑬物莫非指者,而指非指也。

⑭天下无指者,生于物之各有名,不为指也。

⑮不为指而谓之指,是兼(无)不为指。/是无不为指,

⑯以有不为指之无不为指,未可。

⑰且"指者天下之所兼(无)"。/以"指者天下之所无。"

⑱天下无指者,物不可谓无指也;

⑲不可谓无指者。非有非指也;

⑳非有非指者,物莫非指。/物莫非指、

㉑指,非非指也,/指非非指也

㉒指与物,非指也;/指与物非指也。

㉓使天下无物指,谁径谓非指?

㉔天下无物,谁径谓指?

㉕天下有指无物指,谁径谓非指、径谓无物非指?

㉖且夫指固自为(非)非指,/且夫指固自为非指,奚待于物而乃与为指?

无论是将其作为主客对辩本,还是说针对《墨经》作者的指物观做的反驳和立论,不能否认的就是,"它的论辩过程一波三折,层出不穷,在这个意义上肯定了的东西,到另一个意义上又把它否定"①,所以无论认为《指物论》一文是什么

① 中国逻辑史研究会资料编选组:《中国逻辑史资料选·先秦卷》,甘肃人民出版社1991年版,第84页。

体裁，我们都需要区分出立（主论、正、公孙龙子论）和破（客论，反，常识之论）两类内容。而无论是根据庞朴的区分，还是像江向东的论文《〈公孙龙子·指物论〉新诠》中的区分，基本可以看出，原文中两个"未可"都是"破"的结束与新一段"立"的开始。唯一的争议在于，在庞版中，将"天下无指，物无可以谓物。非指者天下，而物可谓指乎？"③、④节也归于破的部分，而在江版中，④节采用了俞樾、谭戒甫的句读，并且将③、④节归于立的部分。如果审视这两种差异，可以看出两句的态度是一致的。

非指者天下，而物可谓指乎？

非指者，天下而（无）物，可谓指乎？

我们在此将"可谓……乎"的问句等价替换为"不可谓"，两句都可以理解为：若非指，则（物）不可谓指。也就是说这一小节的态度以承认"物可谓指"为前提来论述天下非"非指"。如是来看，当归入立的部分。

则《指物论》全文变为：

（1）立（主论）

①物莫非指，

②而指非指。

③天下无指，物无可以谓物。

④非指者，天下而（无）物，可谓指乎？／非指者天下，而物可谓指乎？

⑧天下无指，而物不可谓指也；／。

⑨不可谓指者，非指也；／？

⑩非指者，物莫非指也。

⑪天下无指而物不可谓指者，非有非指也；／。

⑫非有非指者，物莫非指也；／。

⑬物莫非指者，而指非指也。

⑰且"指者天下之所兼（无）"。／以"指者天下之所无"。

⑱天下无指者，物不可谓无指也；

⑲不可谓无指者。非有非指也；

⑳非有非指者，物莫非指。／物莫非指、

㉑指，非非指也，／指非非指也

㉒指与物，非指也；／指与物非指也。

㉓使天下无物指,谁径谓非指？

㉔天下无物,谁径谓指？

㉕天下有指无物指,谁径谓非指、径谓无物非指？

㉖且夫指固自为(非)非指,/且夫指固自为非指,奚待于物而乃与为指？

(2)破(客论)

⑤指也者,天下之所无也。

⑥物也者,天下之所有也。

⑦以天下之所有,为天下之所无,未可。

⑭天下无指者,生于物之各有名,不为指也。

⑮不为指而谓之指,是兼(无)不为指/是无不为指,

⑯以有不为指之无不为指,未可。


## (二)按部解题

分析了题干后,可以更方便去分析文章的内在逻辑。如同解题一般,我们将采取由浅入深,由易到难的步骤,所以结构上是通过问题推进而非通过结论推进。

### 1. 不破不立

首先来看破的部分,如果将其分为两个部分,则两个部分都是以"未可"结尾的运用逻辑定律的反驳。第一段运用了矛盾律(同一思维过程中,两个互相否定的思想不能同真,必有一假,即"非(既 A 又非 A)",说明了"天下之所有"与"天下之所无"的矛盾关系,不能共存也不能等价。第二段运用了同一律,斥责立的部分,将"名"与"指"混淆,从而将不为指的也变为了指。从论证形式上,这两段的论证都是合理的,至于内容如何,留待后文讨论。

### 2. 破而后立

再来看立的部分。立的部分因为还存在一些乍一看明显的矛盾与反常识,如②而指非指,所以需要分门别类地仔细论证。首先文中明显矛盾的几句在于:

②而指非指

如果认为②是有意义的，那么就要承认两个指是不同的，即②句应变为：而指 A 非指 B。

⑩非指者，物莫非指也。

⑳非有非指者，物莫非指。

这两句有两种看待方法：

a. 不论非指或者非非指，指莫非指；

b. 非指并且非非指，推导出（或者并且）指莫非指。

在解读 a 中，"指莫非指"成了不以非指真假而恒真的重言式，形式上没有问题。

在解读 b 中，根据逻辑学定律，非指并且非非指恒假，所以这句话恒假。如果采取这一视角看待这一问题，那么也就是说两个非指必须不一样（或者说非指与非非指不存在矛盾关系），所以这两句应该改为：

非指 A，物非非指 X；

非非指 B，物非非指 X。

根据奥卡姆剃刀原理，如果在文章其他小节中，非指只有一个意思，那么我们应当倾向于采取解释 a，除非其他地方也需要引入不一样的非指，才采取解释 b。[①]

厘清了矛盾，就可以根据文中的一些小节，来整理逻辑，发现问题，寻求答案了。

比如文中关于"天下无指"，存在这么几段论述。

③天下无指，物无可以谓物。

⑧天下无指，而物不可谓指也；

⑱天下无指者，物不可谓无指也；

根据这三个小节，合并开头，我们可以得到这样一句话：天下无指，物无可以谓物，不可谓指，不可谓无指。又根据矛盾律，物不可谓非物（无物），所以我们可以得出结论：（若）天下无指，则物不可谓物且不可谓无物，不可谓指且不

---

[①] 根据成中英的论文《公孙龙〈指物论〉中的逻辑和本体论》，其实也可以采取将"物"分为两种物（潜存的不可判分的存在之场和具体有形之物）来解读这两句，不过基于上文相同的理由，暂且不讨论这点。

可谓非指。这是明显不符合逻辑规律的。那么说明我们的前提是错误的,由是可得:非"天下无指"。如果根据这样的方式看待这三小节,那么公孙龙无疑是采取了一次反证法,通过假设相反事实,推导出了明显与事实不符的结论,从而证明了他的观点:天下有指。

而如果承认这一结论,我们再来看:

㉕天下有指无物指,谁径谓非指、径谓无物非指?

如果转化成比较逻辑化的语言,则当是:(若)天下有指且无物指,(那么)不可谓非指且不可谓无物非指。也即需谓指且并非"无物非指"。因为"无物非指"等于"物莫非指",所以相当于如果承认㉕,便是对于①的否定。那么①是不是正确的呢?我们可以通过⑧至⑫小节的内容来证明。

⑧天下无指,而物不可谓指也;

⑨不可谓指者,非指也;

⑩非指者,物莫非指也。

⑪天下无指而物不可谓指者,非有非指也;

⑫非有非指者,物莫非指也;

这几个小节的内容,可以说是一次二难推理的运用。⑧假设天下无指,则物不可以称为指;⑨不可以称为指的,并不是指。

a 假设存在"非指"这一概念,那么物并不是"非指"。

b 假设并不存在"非指"这一概念,那么物自然不可能是"非指"。

这个二难推理中最大的问题更在于假设 a 中,如果存在"非指"这一概念,那么根据⑧、⑨小节,"物"应当是"非指",为何会得出"物莫非指"这一结论呢?公孙龙在后头的㉒、㉓小节中给出了解释:

㉒指与物,非指也;

㉓使天下无物指,谁径谓非指?

也就是说根据这两小节内容,只有"指与物"①(即物指)才是非指。而根据"天下无指",所以不存在"指与物",所以即使存在"非指",物仍旧不是"非指"。

既然⑧至⑫小节的推理成立,那么无论是否存在"非指",都可以得出结论

---

① 与,陈澧谓当作"于"。谭戒甫:"与,义犹故也,对也。盖以指与物对待言之,则指始为非指矣。"庞朴:"此'与'字即《白马论》'马与白'之'与';'指与物非指也',就句法说,犹'马与白非马也'。"(中国逻辑史研究会资料编选组:《中国逻辑史资料选·先秦卷》,甘肃人民出版社1991年版,第85页。)

"物莫非指"。反过来，①就得到了证明，从而反证㉕是错误的。因为㉕的错误是由假设导致的，而假设中的一个分支"天下有指"已经得到了前文证明，所以有问题的自然是第二个分支"无物指"。据此我们可以得出结论：有物指。

㉖且夫指固自为（非）非指，奚待于物而乃与为指？

这一小节的内容，根据其句式及中文语言习惯，可知其表述内核应当是 P 固自是 X，不需 Q 而成 Y。也就是说，当我们用"指"来代 Y 时，X 应当与 P 意思相同，解作指。而根据前文，②中"指非指"，前后两个指并不同意，所以应当采取㉑中的理解，将其替换为"非非指"。所以在文本训诂上，本文根据牟宗三见解补一非字。①

⑰且"指者天下之所兼（无）"。此一句，如果理解为"指者天下之所无"，恰好承接下文"天下无指者，物不可谓无指也"。但是如果考虑到此句应当是对他人观点（常识认为）的引用，且根据我们之前的梳理，"天下有指"，所以此句作兼字解似乎更好。②

### 3. 正反而合

由上面的论述可以看出关于《指物论》中立的部分的基本架构了，它以㉒"指与物，非指也"作为前提，从而展开了一系列论证，最后都归到了最初的两个论点："物莫非指""而指非指"。而文中大部分的小节，都是推理论证的一部分，仅有㉔天下无物，谁径谓指？一节可以说是作者想表达而未论证的另一个观点了。

现在再回头看破的部分，就会发现其已经不足以称之为破了。因为其论证的核心，在于"以物为指，未可"。无论是将"物"作为"天下之所有"，"指"作为

---

① 至于"且夫指固自为非指，奚待于物而乃与为指？"这一句话，牟宗三认为在"且夫指固自为非指"之"非指"一词之前当再补入一"非"字，而王琯、谭戒甫、徐复观、谭业谦等人则均不主此处再补入一"非"字，与牟说相异。但金受申、伍非百、陈癸森等人却均认为在"奚待于物而乃与为指"之"指"字之前应补入一"非"字。如果按照最后一种意见，就变为"奚待于物而乃与为非指"，则是用"非指"代 Y。那么意思上可成为"P 自固为 X（非指），不需要 Q 而成 X（非指）"，并无矛盾。可是这与前文推理逻辑不符，因为"指"正是"与物"之后才是非指，所以不采用此种看法。

② 俞樾云："无与兼，相似而误。上文云：指也者，天下之所无也。下文云：且指者，天下之所兼。兼亦无字之误。"（可参看《诸子平议补录》）而王琯、谭戒甫、徐复观、萧登福等人则主此处当从"兼"字，与俞说相异。（可分别参看《公孙龙子悬解》《公孙龙子形名发微》《公孙龙子讲疏》《公孙龙子与名家》）但谭业谦、丁成泉等人仍主此处应为一"无"字之误，与俞说相同。（可分别参看《公孙龙子译注》《新译公孙龙子》）

"天下之所无"，或者说将"可谓物"的称之为"名"从而"不为指"，都是为了说明这一点的矛盾。可是仔细研究公孙龙的论证可以发现，"物莫非指"一句，不可以简单地消去否定理解为"物是指"，而是为了说明"物"与"非指"的关系。既然公孙龙从头到尾不曾提及"物是指"，那么何来的"以天下之所有，为天下之所无"和"以有不为指之无不为指"呢？诚如是，则反论立消。

## （三）寻得答案

关于《指物论》的解读，一般都在于如何"理解"，而笔者自知能力有限，避开了这一理论难点，换而从逻辑角度进行推理，放弃了语义推出。如此得到的结果，是作者原意、文本自主性、诠释者问题视角三者的平衡的结果。

烦琐的论证过后，其实结论却只有短短几行字。抛开得出的自认为合理的版本句读不提，我们得到的《公孙龙子》之《指物论》核心观点大概如下：

物莫非指；

指非非指；

物指非指；

物是物，指是指；

指与物，不可分开称谓，使天下无物、无指皆不可；

指，非非指，但是非非指，并非等于指。

这一核心观点的意义，正如上文与结论将揭示的，无疑是公孙龙名实观的一次具体体现。

# 结论

通过第二、三小节，可以发现《公孙龙子》中的很多问题，是对于诸子的一些观点（或者说先秦热点名实问题）的个人见解。公孙龙本人对于很多名实问题的看法，已经超越了同时代很多人，具有理论化的高度。而《指物论》一文，可以说是他对于常识意义上的"指"的思考。他在《指物论》中主要做了这么几个区分：

"指"与"物指"不同，也就是说存在着单纯的"指"，以及与"物"结合看待的"物指"。而这两者往往在讨论时被混为一谈，所以需要警惕：物指非指。

"指"与"物"不同但又联系。也就是说，虽然我们说"物莫非指"，但是不是说"物"就是"指"，要清楚两者是不同的（同时也要区分"指"与"名"）。但是两者并非毫无关系，两者都确实存在，而且往往一起讨论，若天下无指则物无可以谓物，若天下无物则指无可以谓指。

而这些观点，正好如本文之前所言，是"离"的体现。"指物"中"指"与"物"还有"物指"的"相与"而"离"，是与《白马论》《坚白论》《通变论》所揭露的通则一脉相承的，都反映了概念对于物，概念对于概念的"相与"而"离"。只有认识了这种"离"，人们才能明白语言的可能限度，才能更好地看待名与实、物与指的关系。如果换用现代逻辑的观点，就是公孙龙通过对于"矛盾论"的理解、运用，更好地解释了"同一律"，并且展现了其重要性。

可惜的是，公孙龙的这些思想，在后世不仅逐渐消亡，还被人误解颇多。吾辈绝不可将其只当作一位诡辩之徒，而选择性地忽视了他在语言哲学以及"正名实"上做出的颇多贡献。

在最后需要说明的是，虽然本文不讨论具体含义，但是在诸多研究文献中，有两篇论文还是引起了笔者的兴趣。一篇是成中英的《公孙龙〈指物论〉中的逻辑和本体论》，一篇是西南大学徐莹的《罗素意义指称理论述评及与〈指物论〉之比较》。两者一位是注意到了被很多学者忽视的"物"的多样化诠释，一位是选择了用专名来解释"指"字，如用专名来解释"物莫非指，而指非指"句，可以得到：事物没有不是用符号来指称的，但是符号（专名）指称的（是内容）不是符号自身。如有机会，当再做仔细研究。

# 参考文献

[1]公孙龙子（外三种）[M].黄克剑，译注.北京：中华书局，2012.

[2]中国逻辑史研究会资料编选组.中国逻辑史资料选·先秦卷[M].兰州：甘肃人民出版社，1985.

[3]杨俊光.惠施公孙龙评传[M].南京：南京大学出版社，1992.

[4]庞朴.公孙龙子研究[M].北京:中华书局,1979.

[5]朱前鸿.先秦名家四子研究[M].北京:中央编译出版社,2005.

[6]牟宗三.名家与荀子[M].长春:吉林出版集团有限责任公司,2010.

[7]李匡武.中国逻辑史[M].兰州:甘肃人民出版社,1989.

[8]冯友兰.中国哲学史新编:上卷[M].北京:人民出版社,1998.

[9]朱前鸿.以符号学析公孙龙子的《指物论》[J].学术研究,1997(2):40-44.

[10]曾祥云.《公孙龙子·指物论》疏解[J].湖南大学学报(社会科学版),1999(1):56-60.

[11]朱前鸿.公孙龙子《指物论》逻辑哲学思想分析[J].学术研究,2002(1):47-51.